Taschenwörterbuch der Botanik
A Pocket Dictionary of Botany

Deutsch – Englisch
English – German

Taschenwörterbuch der Botanik
A Pocket Dictionary of Botany

Theodor C. H. Cole

Deutsch – Englisch
English – German

1994
Georg Thieme Verlag
Stuttgart · New York

Theodor C. H. Cole
Biology Faculty
University of Maryland
European Division

Im Bosseldorn 30
69126 Heidelberg

*Die Deutsche Bibliothek
CIP-Einheitsaufnahme*

Cole, Theodor C. H.:
Taschenwörterbuch der Botanik :
deutsch – englisch –
A pocket dictionary of botany /
Theodor C. H. Cole. -
Stuttgart ; New York : Thieme, 1994
NE: HST

© 1994 Georg Thieme Verlag
Rüdigerstraße 14
D-70469 Stuttgart

Printed in Germany

Satz: Büro Mihr, 72070 Tübingen
Druck: Druckhaus Götz,
71636 Ludwigsburg

ISBN 3-13-139901-5

1 2 3 4 5 6

„Die Bedeutung eines Wortes
ist sein Gebrauch in der Sprache"

Ludwig Wittgenstein, PU 43

Vorwort

Dies ist ein botanisches Wörterbuch unter vielen, aber das einzige seiner Art. Als einfache Wortliste konzipiert, soll es der schnellen Orientierung beim Lesen und Abfassen von Publikationen dienen. Die Format- und Preisgestaltung ermöglicht einem breiten Interessentenkreis den Zugang zu sonst nur in teuren Spezialwörterbüchern enthaltener Fachterminologie.

Internationale Kommunikation spielt eine Schlüsselrolle für Naturwissenschaftler. Dem universellen Wesen der Naturwissenschaft wurde man gerecht durch die Wahl historisch dominanter Sprachen beim Abfassen wissenschaftlicher Publikationen. Griechisch und Latein bilden nach wie vor die Grundlage unserer Wissenschaftssprache. Nachdem Deutschland lange als wichtiges Zentrum der Naturwissenschaften galt und viele botanische Begriffe in deutsch geprägt wurden, ist heute durch politische und soziologische Entwicklungen das Englische zur führenden Fachsprache geworden. Das Englische hat aufgrund seiner einfacheren Grammatik viele Vorteile. Der fast unermeßliche Wortschatz des Englischen beruht auf seinen romanischen und angelsächsischen Wurzeln. Für viele Begriffe gibt es mehrere Synonyme oder nah verwandte Termini.

Das Buch beschränkt sich auf allgemeine Begriffe, d. h. es finden sich weder Pflanzennamen noch Bezeichnungen einzelner Pflanzengesellschaften. Die 10 000 Begriffe dieses Werkes wurden auf Grund der Häufigkeit ihres Gebrauchs v. a. in Lehrbüchern ausgewählt; es erfaßt somit sicherlich nicht alle Details der botanischen Terminologie. Schwerpunkte liegen in der Morphologie und Anatomie – allerdings findet sich auch ein Grundstock von Begriffen aus der Pflanzengeographie, Ökologie, Physiologie, Zytologie, Histologie, Mikroskopie, Genetik, Forstbotanik, Gartenbau, Landwirtschaft, Erdgeschichte, Bodenkunde und Klimatologie.

Das vorliegende Wörterbuch orientiert sich an der amerikanischen Schreibweise. Im Amerikanischen steht oft ein „z" wo im Britischen ein „s" verwendet wird, z. B. die Endung „-ize" gegenüber „-ise" in: compartmentalize vs compartmentalise, organization vs organisation.

Das Wissenschaftsenglisch wird immer noch von griechischen und lateinischen Begriffen dominiert, lediglich Schreibweise und Wortendungen werden angepaßt. So wird der Plural heute vielfach durch ein einfaches „s" gebildet: algas statt algae, antennas statt antennae, formulas statt formulae, taxons statt taxa, und mitochondrions statt mitochondria. Beim Abfassen von Publikationen sei dem Fremdsprachler empfohlen, zunächst noch die traditionellen Endungen zu verwenden.

Viele deutsche Autoren gehen heute dazu über, bei wissenschaftlichen Begriffen die „c"-Schreibung einzuführen, wo in älteren botanischen Lehrbüchern traditionell ein „k" oder „z" stand, z. B. Caruncula statt Karunkula, calcicol statt kalzikol, Glucose statt Glukose (siehe „Strasburger" 33. Auflage). Dieser Übergang ist derzeit noch nicht einheitlich akzeptiert. Im vorliegenden Wörterbuch finden Sie sowohl neue als auch alte Schreibweisen.

Bei Wörtern, die in verschiedenen Bedeutungen vorkommen, wird mit einschränkendem Kommentar – in Klammern – der Bedeutungsunterschied erläutert. Synonyme und gleichwertige Schreibweisen sind mit Schrägstrich voneinander getrennt. Viele zusammengesetzte Wörter erscheinen zusätzlich unter dem Hauptstichwort, wobei der erläuternde Wortteil jeweils in Klammern mit Tilde nachgestellt wird. Die Literaturliste im Anhang weist auf Definitionswörterbücher und Fremdsprachenwörterbücher hin, die für die Erfassung von Bedeutungsunterschieden zu Rate gezogen werden können.

Autor und Verlag wären den Benutzern des Wörterbuches dankbar für Hinweise auf Fehler und mögliche Verbesserungsvorschläge.

Danksagung. Die Durchsicht und Überarbeitung des Manuskriptes übernahm Prof. Dr. Wilhelm Nultsch (Lehrstuhl für Botanik, Universität Marburg). Wertvolle Hilfestellungen leisteten: Dr. Dietrich Schulz (Umweltbundesamt, Berlin), Dr. Ingrid Haußer-Siller (Universität Heidelberg), Dr. Willi Siller (Universität Heidelberg), Frau Marie Mermet (Eurotext, Heidelberg), Dan Bennette, M. S. und Scott Culton (University of Maryland) und – ganz besonders – meine Frau Erika Siebert-Cole, M. A. (Universität Heidelberg), deren Assistenz bei der Einschätzung des deutschen Sprachgebrauchs maßgeblich für diese Arbeit war. Allen Beteiligten möchte ich ganz herzlich danken, Besonderen Dank richte ich an Frau Margrit Hauff-Tischendorf und an die Mitarbeiter des Thieme Verlags für die vertrauensvolle Begleitung bei der Umsetzung des Projektes.

Sämtliche noch enthaltenen Fehler gehen alleine zu Lasten des Autors.

Ohne die segensreiche Unterstützung meiner Familie wäre dieses Werk sicherlich nicht zustande gekommen.

Gewidmet ist dieses Buch meinem verehrten Lehrer und Mentor, Herrn Dr. Bernhard Ziegler (Englisches Institut, Heidelberg).

Heidelberg, im Sommer 1994

Theodor C. H. Cole

Preface

This pocket dictionary intends to serve German biology students in gaining access to the highly specialized terminology of botany. English native speakers may find this dictionary equally helpful in studying the wealth of German botanical literature.

The dictionary contains some 10,000 general terms mainly from the fields of anatomy and morphology, while also including a „rootstock" of terminology in biogeography, ecology, physiology, cytology, histology, microscopy, forestry, horticulture, agriculture, soil science, earth history, and climatology – selected from major botany textbooks.

International communication has become essential to science. Historically dominant languages have served this unifying purpose. Greek and Latin still dominate contemporary scientific terminology, while English has become the language of scientific communication. The majority of international journals and books are written in English, which forces „non-native speakers" to devote considerable efforts to communicating in a foreign language. Dictionaries become indispensible. Adequate specialty dictionaries are expensive, which makes users depend on libraries – or an adequate budget.

Germany has been an important center of botanical study within the last two centuries. Many highly respected sources of botanical expertise have been written in German without ever being translated into English. This includes the treatise of such scholars as Adolf Engler, Karl Prantl, Wilhelm Troll, and Werner Rauh, copies of which are often found in the collections of university libraries abroad. During and after the Third Reich many reputable German botanists emigrated and helped to transfer this knowledge into the body of English scientific literature. Without translations of the original sources, the younger generation will depend on these indirect references, and dictionaries.

In both languages there have been some interesting developments in the spelling of scientific terms: Among German authors one observes a tendency to change from the traditional „k" and „z" spelling to the English „c" spelling: e.g. Collenchym vs. Kollenchym, coccal vs. kokkal, calcicol vs. kalzikol, or Glucose vs. Glukose.

Some English/American authors are now suggesting the adaptation of the plural endings in scientific terms to the normal English language endings, e.g. algas vs. algae, taxons vs. taxa, mitochondrions vs mitochondria, antennas vs antennae. The present author favors this development, while being aware of controversial standpoints on this matter.

Synonyms, different spellings, and very close terms are separated by slash marks. In many German compound words, the main word element is secondmost – in which case the main word element has been chosen as the main entry, followed by the adjunct with swung dash (tilde) in parentheses: e.g., Meristem (Flanken~) *to be read as:* Flankenmeristem.

The reference list in the back of the book includes the German and English titles which have been consulted to find the most appropriate equivalences. As the concept of this book as a simple *word list* does not allow for detailed definitions, the reader is referred to the corresponding sources for definitions and fine nuances in the meanings of like terms.

All remaining inconsistencies are the sole responsibility of the author. The author and publisher would be grateful for any comments and suggestions for future editions.

Acknowledgements. I am indepted to Prof. Dr. Wilhelm Nultsch (Department of Botany, University of Marburg) for reviewing the manuscript and making valuable suggestions. Equally important has been the assistance granted by Dr. Dietrich Schulz (Federal Environmental Agency – UBA, Berlin), Dr. Ingrid Haußer-Siller (University of Heidelberg), Dr. Willi Siller (University of Heidelberg), Marie Mermet (Eurotext, Heidelberg), Dan Bennette, M. S. and Scott Culton (University of Maryland) – and my wife Erika Siebert-Cole, M. A. (University of Heidelberg) whose expertise in the German language has played a significant role in this project.

Without the support of my family this book would never have been possible.

My gratitude be wholeheartedly expressed to all the above. Finally, I want to thank Mrs. Margrit Hauff-Tischendorf and the crew at Thieme Verlag for their support in materializing the project.

This book is dedicated to my biology teacher Dr. Bernhard Ziegler of the Englisches Institut, Heidelberg.

Heidelberg, in the summer of 1994

Theodor C. H. Cole

Inhalt

Taschenwörterbuch der Botanik

Theodor C. H. Cole

Deutsch – Englisch

A

Aapamoor / Strangmoor   aapa mire, string bog
Aasblume   carrion flower
Aasfliegenblume / Sapromyiophile   dung-fly flower, sapromyophile
Aasfresser   scavenger, carrion feeder
Abart / Spielart / Varietät   variety; sport
Abbau (Stoffwechsel)   digestion, catabolism
Abbau (Zersetzung)   decomposition, degradation
Abbau, biologischer   biodegradation
Abblühen / Verblühen   defloration
abfallend   deciduous, falling, shedding
Abfallfresser / Detritophage   detritivore, detritus-feeder
Abfallstoffe (organische)   organic debris, organic waste
Abfluß (Drainage)   drainage
Abfluß (oberflächlich abfliessend) / Abschwemmung   runoff
abforsten / abholzen / kahlschlagen (größere Fläche)   clearcut, deforest
abfressen   browse (woody shoots/ leaves/bark), graze (herbaceous plants)
abgehärtet   hardy
abgerundet   rounded
abgrasen / grasen   graze (herbaceous plants), browse (sensu lato)
Abhang / Hang (Hügel / Berg)   hillside, slope
abhärten   hardening off
Abhärtung   hardening
abholzen   fell, clear, clearcut
Abholzung   felling, clear cutting, deforestation
Abkömmling / Derivat (abgeleitet)   derivative
Abkömmling / Deszendent / Nachkomme   descendant, offspring, progeny
Ablagern (Holz)   seasoning
Ablagerung   sedimentation, deposition; deposit
Ableger / Absenker   layer, set
Ableger / Ausläufer   runner, sucker, offshoot

Ableger / Pfropfableger   scion, cutting, sarment
Ableger treibend   surculose, producing suckers
ableiten   derive
Ableitung   derivation
Ablösungsschicht   abscission layer
Abscheidung   exudate, exudation, secretion
Abschlußgewebe   dermal tissue, boundary tissue, exodermis
Abschlußgewebe, primäres / Epidermis   epidermis
Abschnitt (Teil des Ganzen)   section, part, moiety
Abschreckstoff / Schreckstoff   deterrent, repellent
Absenker / Ableger   set, layer
Absonderung / Abscheidung / Exsudat   exudate, exudation, secretion
Absonderungsgewebe / Abscheidungsgewebe   secretory tissue
Abstammung   descent, origin
Abstammungsachse   principal axis
Abstammungsgeschichte / Stammes-entwicklung / Evolution / Phylogenie / Phylogenese   evolution, phylogeny
abstammungsgeschichtlich / evolutionär / phyletisch   evolutionary, phyletic
Abstammungslehre   evolutionary studies
Abstammungstheorie / Evolutions-theorie   theory of evolution, evolutionary theory
absterben   die off
absterben, teilweise   dieback
Absterberate   mortality rate
abstoßen (z. B. Blätter)   shed
abstoßen / ablösen (Rinde)   slough, sloughing (off)
Abstrich (für Mikroskopie)   smear
Abstufung / Staffelung / Stufenfolge   gradation
Abszission / Abwerfen / Abwurf   abscission, falling off, dropping off, shedding
Abszissionsschicht   abscission layer, separation layer
Abteilung   division, phylum
Abundanz / Individuenzahl   abundance
Abwasser   wastewater, sewage

Abwehr defense

Abweichung deviation

Abweide-Nahrungskette grazing food chain

abwerfen shed, drop, abscise

abwerfend shedding, abscising, deciduous

Abwurf / Abwerfen / Abszission shedding, falling off, dropping off, abscission

Abyssal / Meeresgrund abyssal, ocean floor

Achäne, einblättrige achene, akene

Achäne, zweiblättrige *(Asteraceen)* cypsela, bicarpellary achene

achlamydeisch achlamydeous

Achsel axil

Achselbulbille axillary bulbil

Achselknospe / Seitenknospe axillary bud

achselständig axillary

Achsenbecher hypanthium

achsenbürtig stem-borne

Achsensporn axial spur

achsenständig axial, axile

Acker field, land, farmland

Ackerbau cropping, plant production, tillage

Ackerbaukunde / Ackerbaulehre / Agronomie agronomy

Ackerland farmland, tillage, tilth, cultivated land, arable land

Ackerrain / Feldrain field boundary strip, balk

Ackerwirtschaft farming

Ader / Nerv / Rippe (Blatt~) vein, rib

Aderung / Nervatur / Nervation / Venation *(siehe:* **Blattaderung)** venation

Adhäsion adhesion

Adkrustierung / Akkrustierung (Kork) adcrustation, accrustation

adossiert / rückseitig addorsed, addossed

Adultpflanze adult plant

Advektionskälte / Advektionsfrost advective chill, advective frost

Adventivsproß / Adventivtrieb / Zusatztrieb adventitious shoot

Adventivwurzel adventitious root

Aecidium aecium, aecidium

aerob aerobic

Aethalium / Sammelfruchtkörper aethalium

Agronom / diplomierter Landwirt agronomist

Ahne ancestor, forebear, progenitor

Ährchen spicule, spicula, spikelet

Ährchenachse (Grasblüte) rachilla

Ähre (Fruchtstand) ear, head (of grain), spike (infructescence)

Ähre (Infloreszenz) spike, spica

Akkrustierung / Adkrustierung (Kork) adcrustation, accrustation

akropetal / basifugal acropetal, basifugal

Akrotonie acrotony

aktinomorph actinomorphous, star-shaped, radial

Aktionspotential action potential

akzessorisch accessory

Aleuronschicht aleurone layer

Alge alga (*pl.* algae, algas)

Algenblüte algal bloom

Algenhaftorgan / Algenhaftscheibe / Rhizoid holdfast

Algenkunde phycology

Algenspreite / Phylloid lamina, phyllid

Algenstiel / Kauloid / Cauloid stipe, caulid

Algenteppich / Algenmatte algal mat

alkalisch / basisch alkaline, basic

Alkoholreihe / Äthanolreihe, aufsteigende graded ethanol series

Alles-oder-Nichts Reaktion / ~Antwort all-or-none response

Allheilmittel / Universalmittel / Wundermittel / Panazee panacea

Allianz / Verband / Assoziationsgruppe alliance

Allogamie / Fremdbefruchtung allogamy, xenogamy, cross-fertilization

alpin alpine

Altbestand (Wald) old-growth (forest), mature forest

altern age, become old, senesce

Alternanz alternation

Alternanzregel alternation rule

Altersaufbau age structure

Alterung / Seneszenz ageing, aging, senescence

Ameisenausbreitung myrmecochory, ant-dispersal

Anabiose / latentes Leben anabiosis, suspended animation

anaerob anaerobic
analog analogous
Anatomie anatomy
anatrop anatropous
Anbau cultivation, cropping
Anbaueignung cultivability
anbauen cultivate, till, crop, grow
anbaufähiger Boden arable land, tillable land
Anbaufähigkeit/Garezustand tilth
Anbaumethode/Anbauverfahren cropping method/technique/procedure
Anbaurotation/Fruchtwechsel crop rotation
Androgynophor androgynophore, gynandrophore
Anemophilie/Windbestäubung anemophily, wind pollination
Anfälligkeit susceptibility
anfärbbar dyable, stainable
angeboren congenital, innate, inborn
angewachsen/verwachsen (der Länge nach) adnate
angewandt applied
angrenzend/anliegend/anstoßend contiguous, adjoining, boardering
Anhängsel/Anhangsgebilde appendage, appendix
Anhäufung/Akkumulation accumulation
Anheftung attachment, affixment
Anisogamie anisogamy
Ankerwurzel anchorage root, adhesion root
Anlage/Keim/Ansatz preformation, early form
Anlage, öffentliche Grün~/Park public gardens, public park
Anlage/Primordium primordium
Anlagerung/Apposition adsorption, apposition
Anlandung aggradation
anliegend (entlang anderem Gegenstand) accumbent (along/against other body)
Anlockung attraction
Anmoor early bog, half-bog
anmooriger Boden half-bog soil
Annuelle/Einjährige/Therophyt annual (plant), therophyte
Annulus/Anulus annulus

Annulus inferus/Ring/Kragen (Rest des Velum partiale) inferior annulus, ring
Annulus superus/Manschette/Armilla superior annulus, manchette, armilla
Anordnung arrangement
anpassen/akklimatisieren acclimate, acclimatize
Anpassung adaptation, acclimation, acclimatization
Anpassungsfähigkeit adaptability
anpflanzen plant, cultivate, grow
Anpflanzung/Pflanzung/Plantage plantation
Anregung stimulation, excitation
Ansatzstelle attachment site
anspruchslos undemanding, modest, having low requirements/demands
anspruchsvoll demanding, having high requirements/demands
ansteckend contagious, infectious
Ansteckung infection, contagion
Anthere anther
Antheridium antheridium
Antheridiumzelle/generative Zelle (Cycadeenpollen) antheridial/generative cell
Anthese/Blütezeit/Floreszenz anthesis, flowering period, florescence
Anthocladium anthoclade
Antipode antipode, antipodal cell
Antwort (auf Reiz) response
anwachsen/anwurzeln/bewurzeln take root
Anzeiger/Indikator indicator
Anzeigerpflanze/Indikatorpflanze indicator plant
Anzucht (Samen~) seed starting
Apertur (Blende)/Öffnung/Mündung aperture, opening, orifice
apetal apetalous
Apfelfrucht/Pomum pome, core-fruit
apochlamydeisch apochlamydeous
apokarp/chorikarp apocarpous
apopetal apopetalous
Apophyse apophysis
Appressorium/Haftscheibe/Haft-organ (allgemein) appressorium, holdfast
Äquatorialteilung equatorial division
Äquidistanz equidistance

Ar

Arboretum arboretum
Archaikum (erdgeschichtliches Zeitalter) Archean Era, Archeozoic Era (early Precambrian)
Archegonium archegonium
Archespor archespore, sporoblast
Areal/Verbreitunggebiet area of distribution, geographic range
Arealkunde/Chorologie/Verbreitungslehre chorology, biogeography
Areole areole
Arillus aril
arktisch arctic
Armilla/Manschette/Annulus superus armilla, manchette, annulus superus
Art species, kind
Artbildung/Speziation speciation
Artenvielfalt species diversity
Artmächtigkeit cover abundance index, species importance value
Artname/Artbezeichnung/Epitheton specific epithet
Arzneibuch pharmacopeia
Arzneipflanze/Heilpflanze medicinal plant
asexuell asexual
Askus ascus
Askushaken(zelle) crozier
Assimilation assimilation, anabolism
Assimilationsparenchym/Chlorenchym chlorenchyma
Assimilationswurzel assimilative root
Assimilatstrom assimilate stream
Ast branch, limb
Ästchen twig, branchlet, sprig
Ästivation/Knospendeckung estivation, aestivation
Aststumpf/Knorren snag
Ästuar/Flußmündung estuary
Atavismus atavism
Atemöffnung *(Marchantia)* air pore
Atemwurzel pneumatophore, air root, airial root, aerating root
ätherisches Öl essential oil
Atmung respiration, breathing
Atmungskette respiratory chain
atrop atropous, orthotropous
Außenhaut/Exodermis exodermis
Außenkelch/Hochblatthülle epicalyx, sepal-like bracts
Außenschicht outer layer, exterior layer

Außenschicht/Exine (Pollen/Spore) exine
außerzellulär extracellular
Aue riverine floodplain
Auenwiese/Auwiese/Überschwemmungswiese riverine floodplain meadow, bottomland meadow
Aufbau (Stoffwechsel) anabolism
Aufbau (Struktur) construction, structure, body plan, anatomy
Aufblühfolge flowering sequence
Auferstehungspflanze/Wiederauferstehungspflanze resurrection plant
Aufforstung/Wiederaufforstung/Wiederbewaldung afforestation, reforestation, reafforestation
aufgeblasen inflated
aufgerauht roughened, scabrid
aufgerollt (schneckenförmig) circinate, coiled
aufgewickelt coiled, twisted, wound
Aufheller/Aufhellungsmittel clearant, clearing agent
Auflagehumus (allgemein; ungenauer Begriff) organic layer
Auflagehumus, saurer/Rohhumus raw humus, mor humus
Auflagerung (Zellwandwachstum durch) apposition, accretion
Auflicht epi-illumination
Auflösung, optische resolution
Auflösungsvermögen resolving power
Aufnahme, mikroskopische micrograph, microscopic picture
aufplatzen/aufspringen dehisce
Aufplatzen/Aufspringen dehiscence
aufrecht erect, strict, upright, straight
aufrecht (Samenanlage) atropous, orthotropous
aufsaugen soak up, absorb
aufsitzend sessile
Aufsitzerpflanze/Epiphyt/Luftpflanze epiphyte, air plant, aerial plant, aerophyte
Aufspaltung/Segregation (genetisch) segregation
Aufspringen/Dehiszenz dehiscence
Auftrieb (im Wasser) buoyancy
Aufwinden coiling
Auge (Holz) knot
Auge (z. B. Kartoffel) eye, node, bud

Augenfleck/Stigma eyespot, stigma
Ausbeute yield
Ausbreitung/Propagation spreading, expansion; propagation, dispersal, dissemination
Ausbreitungseinheit/Propagations-einheit/Fortpflanzungseinheit/Diaspore dispersal unit, propagule, diaspore
Ausbreitungsgebiet area of expansion
Ausbuchtung protrusion
Ausdauer/Dauerhaftigkeit endurance, persistence, hardiness, perseverance
ausdauernd/perennierend (mehrjährig) perennial
ausdauernd (wiederstandsfähig) hardy, persistent, enduring
ausdünnen thinning
Ausformung/Aushaltung/Holzaus-haltung (Holzstamm-Zuschnitt) bucking
Ausgangsgestein/Grundgestein/Muttergestein bedrock, rock base, parent rock
ausgeizen removing side shoots, removing suckers
ausgerandet emarginate
ausgestorben extinct, died out
ausgewachsen full-grown
auslaufend/astlos in die Spitze auslaufend (Baum) excurrent
Ausläufer/Ausläufersproß/Stolon/Stolo (allgemein) stolon
Ausläufer bildend sarmentose
Ausläufer/Erdsproß (unterirdisch/geophil) rhizome
Ausläufer/Kriechsproß (oberirdisch/photophil) runner, sarment
Ausläuferknolle stolonial tuber
Auslaugung (Boden) leaching
Auslese/Selektion selection
auslichten/zurückschneiden thin out, prune
Auslöser/Elicitor elicitor (e.g. stimulating phytoalexin production)
Auslösung (einer Reaktion) elicitation
ausmerzen eliminate, eradicate
Ausrottung extirpation
Ausscheidung (allgemein) secretion
Ausscheidung (Exkrete) excretion
Ausscheidungsgewebe excretory/secretory tissue

ausschlagen/sprießen (Bäume/Blätter) leafing, budding, sprouting
ausschlagen/sprießen (Wurzel/Sproß) sprout, sprouting
Ausschlagswald coppice forest, sprout forest
Ausschlagvermögen budding potential/rate
Ausschluß exclusion
Ausschnittszeichnung cutaway drawing
Ausschüttung (Blatt~) (rapid) leaf flushing, bud bursting
Ausstellung exhibition, show, display
aussterben become extinct, die out
Aussterben extinction, dying out
Ausstreuung dissemination, dispersal, spreading, releasing
Austausch exchange
austreiben (allgemein) sprout, put forth
austreiben (Blätter) producing leaves, coming into leaf
Austrieb sprout, sprouting, budding
austrocknen desiccate, dry up, dry out
Austrocknung desiccation
Austrocknungsschaden/Trocknis desiccation damage
Austrocknungstoleranz desiccation tolerance
Austrocknungsvermeidung desiccation avoidance
Auswaschung eluviation
Auswuchs (allgemein) outgrowth, protrusion
Auswuchs (bei *Lycophyta*) enation
Auswuchs, halbkugelförmiger (an bestimmten Bäumen) lignotuber, burl, woody outgrowth
Auswuchs (Höcker, Beule) protuberance
Auszackung serration
Autogamie autogamy, self-fertilization
Autophilie autophily, self-pollination
autotroph autotroph, autotrophic
autözisch autoecious
Auwald/Auenwald floodplain forest
Auwiese/Auenwiese/Überschwem-mungswiese riverine floodplain meadow
auxotroph auxotrophic

B

Bach brook, creek
Bakterie / Bakterium (pl. Bakterien)
  bacterium (*pl.* bacteria)
Bakterienknöllchen bacterial nodule
Balg / Balgfrucht / Follikel follicle
Balken beam
bandförmig band-shaped, fascial,
  fasciate
Bannwald / Schonwald protected
  forest
Bärlapp club moss
Bärlappgewächse club mosses,
  lycopods
Basalkörper basal body
basipetal basipetal
basisch / alkalisch basic, alkaline
Basitonie basitony
Bast / sekundäres Phloem bast,
  secondary phloem, secondary bark
Bastardisierung / Hybridisierung
  bastardization, hybridization
Bastfaser bast fiber
Baststrahl bast ray
Bastteil / Siebteil / Phloem phloem
Bathyal (Meeresboden) bathyal zone
Bathypelagial / mittlerer Tiefsee-
  bereich / mittlere Tiefseezone
  bathypelagic zone
Bauch (Archegonium) venter
Bauchkanalzelle venter cell
Bauchnaht / Ventralnaht (des
  Fruchtblattes) ventral suture / seam
Bauchpilz / Boviste / „Stäublinge"
  puffballs, globose puffball-type
  fungus
Bauchschuppe / Ventralschuppe
  ventral scale
bauchseitig ventral
Bauholz (structural) timber, lumber
Baum tree
Baum... / baumartig treelike, arboreal
baumartig verwachsen / verzweigt /
  sich ausbreitend arborescent
Baumbestand tree stand, stand /
  number of trees
Baumbestand, alter old-growth forest
Baumbestand, dichter close-set
  stand, dense stand

baumbewohnend arboreal
Bäumchen / Bäumlein sapling
Baumfarn tree fern
Baumgarten orchard
Baumgrenze timberline, tree line
Baumhain orchard, grove
Baumharz tree resin
Baumkrebs canker
Baumkrone treetop, crown
Baumkronenbereich canopy
Baumkunde / Gehölzkunde / Dendro-
  logie (*sensu stricto:* Taxonomie der
  Holzgewächse) dendrology
baumlos treeless
Baumplantage tree farm, plantation
Baumsavanne tree savanna
Baumschicht tree stratum
Baumschule tree nursery
Baumschwamm, konsolenförmiger /
  Baumpilz bracket fungus, shelf
  fungus, tree fungus
Baumstamm stem, trunk, bole
Baumstamm, gefällter log
Baumstumpf / Stubbe / Stock /
  Stumpen tree stump, stub, "stool"
Baumstumpf / toter stehender Baum
  (in Sümpfen) snag
Baumwipfel treetop
Baumwipfelzone (Wald) canopy
Baumzucht (speziell Ziersträucher /
  Zierbäume) arboriculture
Baumzüchter arborist, arboriculturist
Bauplan body plan, construction,
  structure
beblättert in leaf, leaved, bearing
  leaves, foliar
Beblätterung / Belaubung foliation
Bedecktsamer / Decksamer /
  Angiosperme angiosperm,
  anthophyte
bedroht threatened
Beere berry
Beerenobst berries
Beerensträucher fruit-bearing shrubs
Beerenverband / Beerenfruchtstand
  sorosis, fleshy multiple fruit
Beerenzapfen / Zapfenbeere fleshy
  cone, "berry"
Beet flowerbed, patch
befranst fimbriate(d), fringed
Befruchtung *sensu stricto:* fertilization
  (pollination *see* Bestäubung)

Begehung/Besichtigung (z. B. Geländebegehung) inspection (on-site inspection)

begeißelt flagellated

Begeißelung flagellation

Begleitzelle companion cell

begrannt/Grannen tragend awned, aristate

begrenzender Faktor limiting factor

behaart (haarig) pilose, piliferous, piligerous, bearing hairs (hairy)

Behaarung hair, hairiness

Behaarung (Flaum~/Fein~) pubescence

Beiknospe/akzessorische Knospe accessory bud

Beiknospengruppe eye/bud cluster

Beiname/zusätzliche Bezeichnung/ Zusatzbezeichnung/Epitheton (Artname/Artbezeichnung) epithet (specific epithet)

Beiwurzel/Nebenwurzel/Adventiv- wurzel supplementary root, adventitious root

beizen (Holz) stain

beizen (Saatgut) treat (with fungicides/pesticides)

Beizenfärbungsmittel/Beize mordant

Beizmittel (Saatgutbehandlung) fungicide/pesticide treatment (of seeds)

Belastbarkeit stress tolerance

Belastbarkeit, Grenze der ökolo- gischen/Kapazitätsgrenze/Umwelt- kapazität carrying capacity

Belastung (Verschmutzung) contamination

Belastungsfähigkeit/Grenze der ökologischen Belastbarkeit/ Kapazitätsgrenze carrying capacity

Belastungsursache strain

Belastungszustand stress

Belaubung/Beblätterung foliation

Belaubung/Blattwerk foliage

belebt animate (**unbelebt** inaminate)

Belebtschlamm activated sludge

Belegexemplar voucher specimen

Belegzelle (Holzparenchym) contact cell

Beleuchtung illumination, illuminance

Beleuchtung, künstliche artificial light(ing)

Belohnung (Lockmittel der Blüte) reward

Belüftung aeration

Benadelung needle arrangement

Benennung/Bezeichnung/Namens- gebung naming, designation, nomenclature

Benetzbarkeit wettability

Benthal (Meeresboden) benthic zone

Benthos (Organismen des Benthal) benthos, benthos community

beregnen sprinkle, spray

Beregnung, künstliche sprinkling irrigation

Beregnungsanlage/Berieselungs- anlage/Sprinkler sprinkler, sprinkler irrigation system

Bereicherungszone enrichment zone, paracladial zone

Berghang mountainside, mountain slope

Bergheide upland moor, moorland, montane heathland

Bergkamm/Bergrücken/Berggrat mountain crest, mountain ridge

Bergkette mountain chain, mountain range

Bergregenwald montane rain forest

Bergschlucht ravine

Bergstufe/Bergwaldstufe/montane Stufe montane zone, montane region

Bergwald (allgemein) mountain forest

Bergwald (immergrüne Coniferenstufe) montane forest

Bergwiese/alpine Matte alpine meadow

Berieselung flush irrigation

Berindung/Kortikation cortication

Bernstein amber

berührend touching, boardering, contiguous

Beschaffenheit consistency

Beschattung shading

beschneiden cut, prune, pruning

Beschneiden cutting, pruning

beschränkt/begrenzt/bestimmt determinate, restricted

Besiedlung colonization

bespitzt/kleinspitzig/mit auf- gesetzter Spitze blunt with a point

besprengen sprinkle

Bestand population; stand, standing crop, stock, number, quantity
beständig/resistent resistant
Bestandsaufnahme (to make an) inventory
Bestäuber pollinator
Bestäubung *sensu stricto:* pollination (fertilization *see* Befruchtung)
– (Fledermaus~)/Fledermausblütigkeit/Chiropterophilie bat pollination, chiropterophily
– (Insekten~)/Insektenblütigkeit/Entomophilie insect pollination, entomophily
– (Tier~)/Tierblütigkeit/Zoophilie pollination by animal vectors, zoophily
– (Vogel~)/Vogelblütigkeit/Ornithophilie bird pollination, ornithophily
– (Wasser~)/Wasserblütigkeit/Hydrophilie pollination by water, hydrophily
– (Wind~)/Windblütigkeit/Anemophilie wind pollination, anemophily
Bestäubungstropfen/Befruchtungströpfchen pollination drop, pollination droplet
bestehend extant
bestimmen (Pflanzen) identify
Bestimmung (Pflanzen~) identification
Bestimmungsbuch manual
Bestimmungsschlüssel key
Bestockung/Seitentriebbildung/Bestaudung tillering, sprouting (at base)
Bestockungstrieb tiller, stalk/sprout (from base)
Bestrahlung irradiation
Bestrahlungsintensität/~dichte irradiance, fluence rate, radiation intensity, radiant-flux density
Beute prey
Bevölkerung population
Bewahrung preservation
bewaldet forested, wooded, arboreous
Bewässerung irrigation
– (Beregnungs~) sprinkler irrigation
– (durch Überflutung) flood irrigation
– (Graben~/Furchen~) furrow irrigation

– (Riesel~) trickle irrigation
– (Tropf~/Tröpfchen~) drip irrigation
Bewässerungsgraben irrigation ditch
Bewässerungskultur irrigated crop
beweglich motile
Beweidung pasturing
bewimpert ciliate, ciliated
Bewuchs growth, cover, stand
Bewuchs, unterer (Waldschicht) undergrowth
bewurzeln root
Bewurzelung radication, rootage, rooting
Bezeichnung/Benennung/Namensgebung (Nomenklatur) name, term, designation, nomenclature
Bezeichnung, zusätzliche/Zusatzbezeichnung/Beiname/Epitheton (Artbezeichnung/Artname) epithet (specific epithet)
Bezeichnungssystem/Nomenklatur nomenclature
Biegefestigkeit/Tragfähigkeit bending strength
Biegesteifigkeit bending resistance
biegsam flexible, pliable
Biegsamkeit stiffness, pliability
bifazial/zweiseitig/dorsiventral/zygomorph bifacial, dorsiventral, zygomorph
Bild, mikroskopisches microscopic image/picture, micrograph
Bildungsgewebe/Meristem meristem
binäre/binominale Nomenklatur (zweigliedrige Bezeichnung) binary/binomial nomenclature
Bindegewebe connective tissue
Binnengewässer inland waterbody
Binnenklima/Kontinentalklima/Landklima continental climate
Binnenmeer (Salzwasser)/Binnensee (Süßwasser) inland sea
binsenartig rushy, rushlike, juncaceaous
binsenförmig rush-shaped, junciform
Biocönose/Biozönose/Biozön biocenosis
Biologe biologist
Biologie/Biowissenschaften biology, life sciences
biologisch/biotisch biological, biotic
biologisch abbaubar biodegradable
biologische Uhr biological clock

Biolumineszenz bioluminescence
Biomasse biomass
Biosphäre biosphere
biotisch/biologisch biotic, biological
Biotop/Lebensraum biotope, life zone
biotopfremd/bodenfremd
allochthonous
Biozön/Biozönose/Biocönose/
Lebensgemeinschaft/Organismen-
gemeinschaft biocenosis, biotic
community
birnenförmig pear-shaped, pyriform
bläschenartig bubblelike, bullate
bläschenförmig bubble-shaped,
bulliform
blasenartig/blasenförmig
bladderlike, bladdery, utriculate,
utricular
blasenartig/vesikulär vescicular,
vesciculate
Blasenhaar bladder hair
Blasenzelle bladder cell
Blattabwurf abscission
Blattachse leaf axis
Blattachse eines gefiederten Blattes/
Rhachis/Blattspindel rachis
(midrib of compound leaf)
Blattachsel leaf axil
Blattader/Blattnerv/Blattrippe leaf
vein, leaf rib
Blattaderung/Blattnervatur/Blatt-
nervation/Blattvenation leaf
venation
–, bogenförmige/Bogennervatur
arched/arciform/arcuate venation
–, fiederförmige/Fiedernervatur/
Fiederaderung striate venation
–, fingerförmige (fingernervig/
handnervig) digitate venation
–, gabelige/Gabeladerung
dichotomous venation
–, geschlossene closed venation
–, netzförmige/Netznervatur
reticulate venation, net venation
–, offene open venation
–, parallele/Parallelnervatur parallel
venation
–, streifenförmige/Längsnervatur/
Streifenaderung striate venation
Blattanlage/Blattprimordium leaf
primordium
Blattanordnung/Blattstellung leaf
arrangement

blattartig leaf-like, phylloid,
foliaceous, foliose
Blattausschüttung/Laubaus-
schüttung leaf flushing
Blattaustrieb production of leaves,
coming into leaf
Blattbasis leaf base
Blattbildung foliation
Blattbündel leaf bundle
blattbürtig leaf-borne
Blättchen leaflet
Blättchen (Fieder~) pinna (leaflet of
pinnate leaf)
Blattdorn spine
Blattdüngung foliar feeding
Blattentfaltung leafing, unfolding
of leaves
Blattentstehung leaf origin
Blattentwicklung foliation, leaf
development/ontogeny
Blätterdach (Wald) (forest) canopy
Blätterpilz/Lamellenpilz gill fungus,
gill mushroom
Blattfall/Laubfall leaf abscission,
shedding of leaves
Blattfall/Laubfall (frühzeitiger) leaf
drop
Blattflächenindex leaf area index
Blattfolge am Sproß phyllotaxy,
phyllotaxis, leaf sequence (relation
of leaves on stem)
Blattform leaf shape
Blattgalle leaf gall
Blattgemüse leaf vegetable, leafy
vegetable
Blattgemüse, gekochtes potherbs
Blattgrün foliage green
Blattgrund leaf base
Blatthäutchen/Ligula (Gräser) ligule
Blatthöcker (frühe Blattanlage) leaf
buttress
Blattkissen/Blattpolster/Gelenk-
polster/Pulvinus pulvinus
Blattknospenlage/Vernation
vernation, ptyxis, prefoliation
Blattlage in Knospe/Vernation
vernation, ptyxis, prefoliation
blattlos leafless, aphyllous
Blattlosigkeit/Aphyllie aphylly,
absence of leaves
Blattlücke leaf gap, foliar gap
Blattnarbe leaf scar

Blattnerv/Blattader/Blattrippe leaf vein, leaf rib

Blattnervatur leaf venation (*siehe* Blattaderung)

Blattoberfläche leaf surface

Blattöhrchen/Auricula (Gräser) auricle

Blattorgan/Phyllom phyllome

Blattpolster/Blattkissen/Gelenk-polster/Pulvinus pulvinus

Blattrand leaf margin, leaf edge

Blattranke leaf tendril

blättrig/plättchenartig geschichtet laminar, laminiform, laminous

Blattrippe leaf rib, leaf vein

Blattrosette rosette of leaves, whorl of leaves

Blattscheide leaf sheath

Blattschopf comal tuft

Blattspindel/Rhachis rachis

Blattspitze leaf tip, leaf apex

Blattspreite leaf blade, leaf lamina

Blattspreitengrund/Blattspreiten-basis base of leaf blade

Blattspreitenrand leaf blade margin/edge

Blattspur leaf trace, foliar trace

Blattspurstrang/Blattspurbündel leaf trace bundle

Blattsteckling leaf cutting

Blattstellung/Blattanordnung/Beblätterung/Phyllotaxis phyllotaxis, phyllotaxy, leaf arrangement/position

–, gedrängte crowded leaf arrangement

–, gegenständige opposite leaf arrangement

–, kreuzgegenständige (dekussiert) decussate leaf arrangement

–, schraubige spiral leaf arrangement

–, wechselständige alternate leaf arrangement

–, wirtelige whorled leaf arrangement

–, zerstreute (dispers) scattered leaf arrangement

–, zweizeilige (distich) distichous, distichate, two-ranked/two-rowed leaf arrangement

Blattstiel (allgemein) leaf stalk, petiole

Blattstiel (Algen, Farne, Palmen) stipe

Blattstiel (an gefiedertem Blatt)/Rhachis rachis

Blattstielkissen/Gelenkpolster/Pulvinus pulvinus

Blattstreu leaf litter

Blattwedel frond

blattwerfend deciduous, leaf-dropping

Blattwerk/Belaubung/Beblätterung foliage

Blaualge blue-green alga, cyanobacteria

blaugrün glaucous

bläulich-grün glaucous

Blende/Apertur (Mikroskop) aperture

Blickfeld field of view, visual field

blühen flower, bloom

Blühinduktion/Evocation evocation

Blume/Blüte/Anthium flower, blossom

Blume/Pflanze flower, plant

Blumenbeet flowerbed

Blumenhändler florist

Blumenhüllblatt/Blütenkelchblatt/Kelchblatt sepals

Blumenkrone corolla

Blumenschau horticultural show/exhibit

Blumentopf flower pot

Blumenzucht floriculture

Blumenzüchter floriculturist

Blumenzwiebel bulb

Blüte/Blume flower, blossom

–, eingeschlechtige unisexual flower, imperfect flower

–, radiäre/strahlenförmige radial flower, actinomorphic flower, regular flower

– (Staub~, männliche) staminate flower

– (Stempel~, weibliche) carpellate flower, pistillate flower

–, unvollständige incomplete flower

–, vollständige complete flower

–, zwittrige/zweigeschlechtige/Zwitterblüte bisexual flower, hermaphroditic flower, perfect flower

Bluten (Pflanzenwunde) bleeding

Blütenachse/Torus/Blütenboden receptacle, torus

Blütenachse, vergrößerte/scheiben-förmige hypanthium

Blütenährchen spikelet, spicule

Blütenbasis receptacle

Blütenbau flower structure
Blütenbecher/Cupula/Kupula flower cup, floral cup, cupule, cupula
Blütenbiologie floral biology
Blütenblätter floral leaves
Blütenboden/Blütenachse/Torus receptacle, torus
Blütenboden, vergrößerter/scheibenförmiger hypanthium
Blütendiagramm flower diagram, floral diagram
Blütenduft flower scent, flower perfume
Blütenentfaltung anthesis
Blütenfall flower abscission
Blütenhüllblätter, gleichartige tepals
Blütenhüllblattkreis, differenzierter perianth
–, einheitlicher perigon
Blütenhülle, differenzierte perianth
–, einheitliche perigon
Blütenhüllkreis, differenzierter perianth
–, einheitlicher perigon
Blütenkelch (aus Sepalen) calyx
Blütenkelchblatt/Kelchblatt/Blumenhüllblatt/Sepale sepals
Blütenknäuel glomerule, flower cluster
Blütenknospe flower bud
Blütenkolben/Spadix spadix
Blütenköpfchen capitulum, flower head
Blütenkronblätter petals
Blütenkrone corolla
blütenlos ananthous, flowerless
blütenlose Pflanze cryptogam
Blütenmal floral guide
Blütenorgan flower organ
Blütenpflanze flowering plant, angiosperm, anthophyte
Blütenrispe/Rispe panicle
Blütenröhre (Blütenboden) hypanthium, floral tube
Blütenröhre/Röhrenblüte (Kronblätter) corolla tube, tubular corolla
Blütenschaft peduncle, flower stalk
Blütenschaft (blattlos) scape, leafless stalk
Blütenscheide/Spatha spathe
blütenscheidenartig/-förmig spathaceous, spathal
Blütenschlund flower funnel
Blütenschopf flower tuft

Blütenstand inflorescence
Blütenstandsstiel peduncle
Blütenstaub pollen
Blütenstengel flower stalk
Blütenstiel flower stalk, peduncle
Blütenstiel (einzelner Blüte in Blütenstand) pedicel
Blütenstiel (einzelner Grasblüte) rachilla
Blütenzapfen cone
Blütenzweig, kleiner spray
Blütezeit/Anthese/Floreszenz flowering period, anthesis, florescence
Boden (Erd~) soil, ground, earth
Boden (Meeres~/Gewässeruntergrund) bottom
Bodenart soil type
Bodenbearbeitung, wendende tillage farming
Bodenbedeckung surface cover, ground cover
Bodenbedingungen soil conditions
Bodenbeschaffenheit soil consistency
Bodenbestandteile soil components
Bodenbestellung/Ackern/Ackerbau farming, tillage, cultivation
bodenbewohnend (Ozean) benthic
Bodendecker ground cover, herbaceous soil cover
Bodenerosion soil erosion
bodenfremd allochthonous
Bodenfrost ground frost
Bodenfruchtbarkeit soil fertility
Bodengefüge soil structure
Bodenhorizont soil horizon
Bodenkrume/Oberboden topsoil
Bodenkunde/Pedologie soil science, pedology
Bodenorganismus soil organism
Bodenpartikelgrößen soil texture
Bodenprofil soil profile
Bodenschicht ground stratum, ground layer
Bodenschutz soil conservation
bodenständig autochthonous
bodenstet restricted to certain soil type
Bodenteilchen soil particle
Bodentextur soil texture
bodenvag indifferent to soil type
Bodenverbesserer soil conditioner
Bodenverdichtung soil compaction

Bodenzeiger soil indicator

Bodenzone (Meeres~) benthic zone

Bogennervatur / Bogenaderung arched venation, arciform venation, arcuate venation (camptodrome)

Bohle plank

Borke / Rhytidom tertiary bark, dead outer bark, rhytidome

Borste bristle

borstenartig bristle-like, setaceous

borstenförmig bristle-shaped, setiform

Borstgras matgrass

borstig (allgemein) bristly, setose

borstig (kurzborstig) hispid

borstig (mit kurzgestrichenen Borsten / striegelig) strigose

borstig (rauhhaarig) hirsute

Böschung / steiler Abhang / Steilabbruch slope, scarp, escarpment

Böschung (künstliche) embankment

Böschung (Ufer~ / Fluß~) bank, riverbank, embankment

Botaniker botanist

Botanischer Garten botanical garden, botanic garden

Brache fallow

Brachsenkraut (*Isoetes*) quillwort

Brackwasser brackish water (somewhat salty)

Brandfläche burned area, area devastated by fire

Brandpilz smut

Brandrodung slash-and-burn

Brandrodungsfeldbau slash-and-burn agriculture

Brandung surf, breakers

Brauchholz lumber, timber

Braunkohlenwälder tertiary swamp forests

Brauntang kelp (brown seaweed: *laminariales*)

Brechung, optische optical refraction

Brechungsindex / Brechungskoeffizient / Brechzahl refractive index

Breitengrad degree of latitude; parallel

Brennebene focal plane

Brennhaar stinging hair, urticating hair / trichome

Brennholz firewood, fuelwood

Brennpunkt focal point, focus

Brennweite focal length

Brett board, plank

Brettwurzel buttress root

Broschüre / Informationsschrift brochure, pamphlet

Bruchfrucht / Gliederhülse / Gliederfrucht / Klusenfrucht loment, lomentum, lomentaceous fruit, jointed fruit

Bruchholz woody debris

Bruchkapsel septicidal capsule

Bruchwald / Bruchwaldmoor / Bruchmoor / Sumpfwald / Waldmoor carr (fen woodland), swamp woods / forest, wooded swamp, paludal forest

Bruchwaldtorf / Fen fen

Brunnenwasser well water

Brutbecher / Brutkörbchen gemma cup

Brutknöllchen / Brutknospe / Bulbille brood bud, bulbil

Brutknolle (*Gladiolus*) cormel, cormlet

Brutkörper / Brutkörperchen brood body, gemma (*pl.* gammae)

Brutkörper (unterirdischer Zwiebel~) bulblet

Brutpflänzchen (z. B. *Kalanchoe*) adventitious plantlet, foliar plantlet

Brutsproß bulbil

Brutzwiebel / Zeh offset bulb, bulblet, bulbil

Bucht bay, bight

buchtig / gebuchtet sinuate

Buckel / Erhebung hump, bulge, knoll, mound

Bulbille (oberirdische Brutknospe) bulbil

Bult / Bülte hummock, hillock, tussock

Bültgras tussock gras

Bündel / Faszikel fascicle (bundle, tuft of fibers, leaves)

Bündelrohr (Farne) hollow vascular cylinder with internal pith (ferns)

Bündelscheide bundle sheath

Bündelscheide, erweiterte bundle-sheath extension

buntblättrig variegated-leaved

Buntblättrigkeit / Scheckung / Variegation variegation

Buntsandstein (Epoche) Lower Triassic

Busch bush

Büschel bunch, cluster, tuft

Büschel / Faszikel / Faszikulus
(Infloreszenz) cyme with very
short pedicels, fascicle
Büschelwurzelsystem (Gräser)
fibrous root system
Buschfeuer brush fire
Buschformation shrubland
buschig bushy, shrubby, fruticose
Buschland brush, scrubland
Buschwald maquis
Buschwerk scrub, shrubbery

C

calcicol / kalzikol / kalkhold calcicole
calcifug / kalzifug / kalkfliehend /
kalkmeidend calcifuge
Caldarium / Warmhaus caldarium,
heated greenhouse, hot-house
Cambium / Kambium cambium
(*see*: Kambium)
–, etagiertes / Stockwerk-Cambium
storied cambium, stratified cambium
– (Faszikular~) fascicular cambium
– (Kork~) / Phellogen cork cambium,
phellogen
–, nichtetagiertes nonstoried
cambium, nonstratified cambium
– (Wund~) wound cambium
– (Zwischenbündel~) interfascicular
cambium
Cambrium / Kambrium
(erdgeschichtliche Periode)
Cambrian, Cambrian Period
campylotrop / kampylotrop
(Samenanlage) campylotropous,
bent
Carpell / Karpel / Fruchtblatt carpel
Caruncula / Karunkula caruncle
Casparischer Streifen Casparian strip
Caudex / Stamm von Palmen und
Baumfarnen caudex, trunk of tree
(palms and treeferns)
Caudex / Strunk / Wurzelstock caudex,
rootstock, stem base
Caudicula / Kaudikula / Stielchen
caudicle (stalk of pollinium)
Cauloid / Kauloid / Stämmchen
(Algen / Moose) caulid, stemlet,
stipe
Chamaephyt (Halb- und Zwerg-
sträucher) chamaephyte
Charakterart / Leitpflanze character
species
chasmogam chasmogamous
Chimäre (Pfropfhybride / Zellhybride)
chimera
Chitin chitin
Chlorenchym / Assimilationsparenchym chlorenchyma
chorikarp / apokarp apocarpous
choripetal choripetalous

Circumnutation circumnutation

Cladodium / Kladodium (Flachsproß eines Langtriebs) cladode, cladophyll

coeno-parakarp paracarpous

Coenobium / Cönobium / Zönobium (pl. Coenobien) coenobium (*pl.* coenobia), cell family

coenocytisch coenocytic

coenokarp / coeno-synkarp / synkarp syncarpous

Coleoptile / Koleoptile / Keimscheide / Keimblattscheide coleoptile, plumule sheath

Coleorhiza / Koleorhiza / Wurzelscheide coleorhiza, root sheath, radicle sheath

Collenchym / Kollenchym collenchyma

– **(Kanten~ / Ecken~)** angular collenchyma

– **(Platten~)** lamellar collenchyma, tangential collenchyma

Colletere / Kolletere (Leimzotte / Drüsenzotte) colleter, multicellular glandular trichome (sticky / viscous secretions)

Columella / Gewebesäule columella

Conidie / Konidie / Knospenspore conidium

Conidienträger / Konidienträger conidiophore

Cryptophyt / Kryptophyt / Geophyt / Erdpflanze / Staudengewächs cryptophyte, geophyte, geocryptophyte

Cupula / Kupula / Blütenbecher / Fruchtbecher cupula, cupule

Cuticula / Kutikula cuticle, cuticula

Cutikularisierung / Cutin Auflagerung / Cutin Anlagerung cuticularization

Cutinisierung / Cutin Einlagerung cutinization

Cyathium / Zyathium cyathium

Cyme / Cymus / Zyma / Zyme / Zymus / cymöser Blütenstand cyme, cymose inflorescence

cymös / cymos / zymös / trugdoldig / sympodial verzweigt cymose, sympodially branched

Cytokinese cytokinesis

Cytoskelett / Zytoskelett cytoskeleton

D

dachziegelartig / dachig / schindelartig überlappend imbricate, overlapping

Damm (allgemein) dam

Damm (Deich; am Meer) dike

Damm (Erd~) / Erdwall mound

Damm (Fluß~) river embankment, levee

Dauerfrostboden / Permafrostboden permafrost soil

Dauergewebe permanent tissue, secondary tissue

Dauerpräparat (mikroskopisch) permanent mount / slide

Dauerspore persistent spore

Dauerweide permanent pasture

Deckblatt / Tragblatt (Blüte) bract, subtending bract

Deckel / Operkulum lid, opercle, operculum

Deckel... / gedeckelt / mit Deckel versehen operculate, opercular, operculiferous, bearing a lid

deckelförmig / deckelartig lid-like, operculiform

Deckelkapsel lid capsule, circumscissile capsule, pyxis, pyxidium

Deckenmoor blanket bog, climbing bog

Deckglas coverslip, coverglass

Decksamer / Bedecktsamer / Angiosperme angiosperm, anthophyte

Deckschuppe bract-scale, subtending bract, secondary bract

Deckspelze lemma, lower palea, outer palea

Deckungsgrad coverage percentage / level

Deckungswert cover value

Dehnbarkeit expansivity

Dehyratation / Entwässerung dehyration

Dehydrierung dehydrogenation

Deich (Fluß) bank, embankment, levee, dike

Deich (Meer) dike

Dekussation / Wirtelung decussation

dekussiert/gekreuzt/kreuzgegen- ständig decussate, crossed
Dendrologe dendrologist
derb coarse, sturdy, rough, robust, tough, hard
Derbholz crude timber, crude wood
Deszendenztheorie/ Evolutionstheorie theory of evolution
Detritus detritus
Detritusernährer/Detritusfresser/ Detritivor detritus-feeder, detritivore
Deuter deuter cell, pointer cell, eurycyst
Devon (erdgeschichtliche Periode) Devonian, Devonian Period
Diaspore/Ausbreitungseinheit/ Disseminule diaspore, disseminule
Diatomee/Kieselalge diatom
Diatomeenerde/Kieselerde diatomaceous earth
Diatropismus diatropism
Dichasium/zweigablige Trugdolde dichasium, dichasial cyme
Dichogamie dichogamy
dichotom/gabelig verzweigt dichotomous, forked
Dichotomie/Gabelung/Gabelteilung dichotomy, (repeated) forking, bifurcation
Dichte density
dichtfaseriges Holz pycnoxylic wood
Dickenwachstum thickening, growth
–, primäres primary growth, primary thickening
–, sekundäres secondary growth, secondary thickening
dickfleischig succulent
Dickfleischigkeit succulence
Dickicht brush, thicket, thick shrubbery
Dictyosom/Diktyosom dictyosome, Golgi body
Differential-Interferenz (Nomarski) differential interference
Differentialart/Trennart differential species
Differenzierung differentiation
Dikotyle/Dikotyledone dicotyledon, dicot
Dilatation/Ausweitung expansion, dilation, dilatation

Dimorphismus dimorphism
Diözie/Zweihäusigkeit dioecy, dioecism
diplostemon diplostemonous
disjunkt/zerstückelt/voneinander isoliert disjunct, disjunctive
Disjunktion/Isolierung disjunction, discontinuity, isolation
Dislokatorzelle/Dislocatorzelle/ Wandzelle/Stielzelle (Cycadeenpollen) stalk cell
Dispersion (wechselständige/ zerstreute Blattstellung) alternate leaf arrangement
Dissimilation dissimilation, catabolism
Dissimilation, anaerobe/anaerobe Gärung anaerobic fermenation
distelartig thistle-like, thistly
Distichie distichy
disymmetrisch/bilateral disymmetrical, bilateral, biradial, bilaterally symmetrical, radially symmetrical
dissymmetrisch/asymmetrisch/ unsymmetrisch dissymmetrical, asymmetrical
Divergenz divergence, divergency
Dolde/Umbella/Sciadium umbel, sciadium
Dolde, einfache simple umbel
Dolde, zusammengesetzte compound umbel
Doldentraube corymb
doldig umbel-like, sciadioid
Domestikation domestication
domestizieren domesticate
Donor/Spender donor
Doppelachäne (Schizokarp der Umbelliferen) cremocarp
Doppelähre double spike
Doppeldolde double umbel
doppelte Befruchtung double fertilization
Doppeltraube double raceme
Dormanz (endogen bedingte Ruheperiode) dormancy
Dorn (Blatt~/Nebenblatt~) spine
Dorn (Sproß~) thorn (sharp-pointed modified branch)
Dornbusch thorny bush
Dornbuschformation/Dornstrauch- formation thorny thicket, thorny brush

Dorngestrüpp thorny thicket
dornig thorny, spiny
Dornstrauch / Dornenstrauch / Dorn-busch thorn shrub, thorny thicket, thorn brush
Dornwald thorn woodland
Dorsalnaht / Rückennaht (Mittelrippe des Fruchtblattes) dorsal suture, dorsal seam
dorsiventral dorsiventral, bifacial
drehen / verdrehen contort
Drehfestigkeit torsion(al) strength
dreiblättrig trifoliate
dreiblättrig gefiedert trifoliolate
Dreifelderwirtschaft three-field rotation, three-year rotation, three-field system
dreispaltig trifid
dreiteilig tripartite
dreizählig ternate
Druckfestigkeit compression resistance
Druckholz / Rotholz compression wood
Druckstromtheorie / Druckstrom-hypothese pressure-flow theory / hypothesis
Druse druse, granule
Drüse gland
Drüsenhaar glandular hair, glandular trichome
Drüsenzotte / Leimzotte / Colletere / Kolletere colleter, multicellular glandular trichome
drüsig glandular
Dschungel jungle
Duft fragrance, scent, smell
Duftdrüse scent gland
duftend (angenehm) fragrant
Düne dune
Dung (tierische Exkremente) dung, manure
Dünger / Düngemittel fertilizer, manure
Dunkelfeld dark field
Dunkelkeimer germinating in darkness, dark germinator
Dunkelreaktion dark reaction
dünnstämmig slender-stemmed, leptocaulous
dunstig misty
Durchfluß percolation, flowing through
Durchläßigkeit permeability

Durchlaßzelle passage cell
durchlässig permeable
Durchlicht transillumination, transmitted light illumination
Durchlüftung aeration
Durchlüftungsgewebe / Aerenchym aerenchyma
durchnäßt / durchweicht soggy
durchscheinend translucent, pellucid
durchschneiden transect, cut through
Durchschnitt (Mittelmaß) average
Durchschnitt (schneiden) transection
Durchsickern percolation
durchtränkt soaked
durchwachsen(blättrig) perfoliate
Dürre drought
dürreertragend / dürreüberdauernd drought-enduring
Dürrehärte / Dürrefestigkeit / Dürre-beständigkeit drought hardiness, drought tolerance
dürremeidend drought-avoiding
dürreresistent / dürrefest drought-resistant
Dürreresistenz drought resistance
dürretolerant / dürreduldend drought-tolerant
Dürrevermeidung drought avoidance
Dy dy, gel mud

E

Ebbe low tide, ebb tide, ebb
eben plane, level
Ebene plain
Ebenstrauß / Corymbus
 (inkl. Schirmrispe und
 Schirmtraube) corymb
Eckenkollenchym / Kantenkollenchym
 (auch: Collenchym) angular
 collenchyma
edaphisch edaphic
Ei / Eizelle (weibliche Geschlechtszelle) egg cell, egg, ovum
 (female gamete)
Eibefruchtung / Oogamie oogamy
Eichel acorn
eiförmig ovate, egg-shaped
Eigenname proper name
Eigenschaft characteristic, character
Einbettung embedding
Einbettungsmittel / Einschlußmittel
 mountant, mounting medium
Einblattfrucht simple fruit,
 apocarpous fruit, unicarpellary fruit,
 monocarpellate fruit
Einbuchtung indentation
einbürgern introduce
Einbürgerung establishment,
 settlement; naturalization,
 acclimatization
einfachblumenblättrig / monochlamydeisch / haplochlamydeisch
 monochlamydeous,
 haplochlamydeous
einführen introduce; import
eingebuchtet (Blattspitze) retuse
eingedrückt indented
eingeführt introduced, allochthonous;
 imported
eingekerbt / gekerbt / kerbig nicked,
 notched
eingerollt / seitlich eingewickelt /
 übereinandergerollt (Blattränder)
 convolute, rolled up
eingerollt (nach hinten) revolute
eingerollt (z. B. Farnblatt /
 eingewickelt) circinate, coiled
eingeschlechtig unisexual

eingeschnitten, gleichmäßig incised,
 cut
eingeschnitten, ungleichmäßig
 lacerate, torn
eingeschoben intercalary
eingewachsen ingrown
Eingewöhnung acclimation,
 acclimatization
Eingewöhnungsphase establishment
 phase
einhäusig monecious, monoecious
einheimisch indigenous, native,
 endemic
einjährig annual
Einjährige / Annuelle / Therophyt
 annual (plant), therophyte
Einkapselung encapsulation
einkeimblättrig monocotyledonous
Einkeimblättrige / Monokotyledone /
 Monokotyle monocotyledon,
 monocot
Einkerbung / Kerbung indentation,
 crenation, indenture, notching
Einlagerung inclusion, intercalation
Einlagerung (Zellwandwachstum
 durch) intussusception
einlagige Schicht / monomolekulare
 Schicht monolayer, monomolecular
 layer
einreihig single rowed, uniseriate,
 uniserial
Einrollung (seitlich eingewickelt /
 zusammengerollt; z. B. Blätter)
 convolution
einschneidig (Scheitelzelle) with one
 cutting face
Einschnitt indentation, cut
einseitig unilateral
Einstufung / Kategorisierung
 categorization
Einteilung (Gruppen~) classification
eintopfen pot
Einwaschung illuviation
Einzelblüte solitary flower, single
 flower
Einzelfrucht simple fruit
Einzeller unicellular lifeform
einzellig unicellular
einzeln solitary, single
Einzugsgebiet (Wasser~) catchment
 basin, drainage basin
Eisenhölzer ironwood

Eisüberzug / überfrorene Nässe / gefrorener Regen sleet, glaze, frozen rain

Eiszeit / Glazialzeit / Pleistozän / Diluvium Ice Age, Glacial Epoch, Pleistocene Epoch, Diluvial

eiweißlos exalbuminous

Eizelle / Ei (weibliche Geschlechtszelle) egg cell, egg, ovum (female gamete)

Elaiosom elaiosome

elastisch elastic

Elastizität elasticity

Elatere / Schleuderzelle elater

elliptisch elliptic, elliptical

Embolie embolism

Embryo embryo

Embryosack / Keimsack embryo sac

Embryoträger / Suspensor suspensor

Emergenz emergence

Emission / Ausstoß / Ausstrahlung emission

Empfänger receptor

Empfängnishyphe / Trichogyne trichogyne

empfindbar perceptible, sensible

Empfindbarkeit sensibility, sensitiveness

empfindlich (reizempfänglich) irritable, sensible

empfindlich (sensitiv / leicht reagierend) sensitive

empfindlich / zerbrechlich (Pflanze / Ökosystem) tender, fragile

Empfindlichkeit susceptibility

Endemismus endemism

Endemit endemic species, endemic organism / lifeform, endemic

Endknospe terminal bud

Endmeristem terminal meristem

Endmoräne terminal moraine

Endoderm endodermis

endoplasmatisches Retikulum endoplasmatic reticulum

Endosymbiontentheorie endosymbiont theory

Endozytose / Endocytose endocytosis

endständig terminal, terminate

Engholz / Spätholz summerwood, latewood

entblättert defoliated, denuded

Entfaltung unfolding; spreading

entkernt pitted

entlaubt stripped of leaves, denuded

Entlaubung / Entblätterung defoliation, denudation, stripping of leaves

entrinden / schälen (Rinde) decorticate, debark

Entrindung decortication

Entsalzung desalination

Entsorgung waste removal

entsprechend corresponding

Entwaldung deforestation

Entwässerung / Dehydratation dehydration

Entwässerung / Drainage drainage, draining

Entwässerungsgraben drainage ditch

entwickeln / entstehen develop, emerge, unfold

Entwicklung development

Entwicklung, dauerhaft-umwelt-gerechte sustainable development

Entwicklungs-Zyklus life cycle, life history

Entwicklungsgang course of development

entwicklungsgeschichtlich ontogenetic

Entwicklungsgeschichte (des Einzel-organismus) ontogeny, development

Entwicklungsstadium / Entwicklungs-phase developmental stage, developmental phase

Entwicklungsstufe developmental level

Enzym / Ferment enzyme

Eophytikum Eophytic Era

Eozän (erdgeschichtliche Epoche) Eocene, Eocene Epoch

Ephemere ephemere

Epicotyl / Epikotyl epicotyl

epigäisch epigeous

epigäische Keimung epigean / epigeal germination

Epikotyl / Epicotyl epicotyl

epipetal epipetalous

epiphyll (auf Blättern wachsend) epiphyllous

Epiphyt / Aufsitzerpflanze / Luft-pflanze epiphyte, air plant, aerial plant, aerophyte

episepal episepalous

Epoche (frühe/späte) epoch (lower/upper *or* early/late)
erben/ererben inherit
Erbfaktor/Gen gene
Erbgut hereditary material
Erbmerkmal hereditary trait
Erbträger hereditary material
Erdaltertum/Paläozoikum (erdgeschichtliches Zeitalter) Paleozoic, Paleozoic Era
Erdausläufer rhizome; rootstock
Erdboden/Erdreich/Erde soil, ground, earth
Erde (Welt) Earth (world)
Erdgeschichte earth history, history of the Earth, geologic history
erdgeschichtlich/geologisch geological
Erdhügel mound
Erdkunde/Geographie geography
Erdmittelalter/Mesozoikum (erdgeschichtliches Zeitalter) Mesozoic, Mesozoic Era
Erdneuzeit/Neozoikum/Känozoikum/ Kaenozoikum (erdgeschichtliches Zeitalter) Cenozoic, Cenozoic Era
Erdoberfläche soil surface, ground level
Erdreich/Erdboden/Erde soil, ground, earth
Erdsproß/Rhizom rhizome, creeping underground stem, rootstock
Erdwall mound
Erdzeitalter geological era
ergastische Substanz ergastic substance
Erhebung (Hügel) elevation, hill, mound
Erholungswald amenity forest, recreational forest
Erika Erica
Erkältung (Schädigung durch Unterkühlung) chilling injury
Erneuerungsknospe renewal bud
Ernte harvest
Ernte, reiche heavy crop
Erntebestand/stehende Ernte/auf dem Halm standing crop
Ernteertrag crop, crop yield, harvest
ernten harvest (a crop), pick (fruits)
Erregbarkeit irritability, excitability, sensitivity
Erreger (Krankheits~) disease-causing agent
Erregung excitation, irritation
Erregungsleitung transmission of signals
Ersatztrieb/Streßtrieb/ Proventivtrieb latent bud/shoot
Erscheinungsbild/Erscheinungsform appearance
Erstarkungwachstum primary growth
Erstbesiedlung primary settlement/ succession
Erweiterung/Erweiterungswachstum/ Dilatationswachstum expansion, dilation, dilatation
Erzeuger producer
Erziehungsschnitt training, form pruning, shape pruning
Etage/Stockwerk story
etagenförmig arranged in tiers
etagiert/stockwerkartig/geschichtet storied, stratified
Etikett (Namens~) name tag
Etiolement/Vergeilung etiolation
euphotische Zone euphotic zone
Eutrophierung eutophication
Evolution/Phylogenie/Phylogenese/ Stammesgeschichte/ Stammesentwicklung/ Abstammungsgeschichte evolution, phylogeny, phylogenesis
evolutionär/ abstammungsgeschichtlich/ phylogenetisch/phyletisch evolutionary, phylogenetic, phyletic
Evolutionstheorie/ Deszendenztheorie theory of evolution, evolutionary theory
Exemplar/Muster/Probe specimen
Exine exine
existierend existing, extant
Exkret/Exkretion excretion
Exkretzelle excretory cell
Exkursion excursion, field trip
Explodierfrucht explosive fruit
Explodierkapsel/Explosionskapsel (Springkapsel) explosive capsule
Exsudate exudate
Extensor extensor
extrors extrorse

Fa

20

F

Fach (Kapsel) valve
Fach / Lokulament / Loculament /
  Loculus (von Ovar / Anthere /
  Sporangium) locule, loculus
Fachbezeichnungen terminology
Fächel (Infloreszenz) rhipidium
  (fan-shaped cyme)
Fächer fan
Fächeraderung / Gabeladerung /
  Gabelnervatur dichotomous
  venation
fächerförmig fan-shaped, flabellate
fächerig / gefächert / gekammert
  valvate, chambered
Fächerpalme fan palm
Fächerung / Kompartimentierung /
  Unterteilung compartmen-
  ta(liza)tion, sectionalization, division
fachspaltig / lokulizid / loculicid
  loculicidal
Fachsprache terminology
Faden filament, thread
fadenförmig / trichal thread-shaped,
  filamentous, filliform
Fadenthallus filamentous thallus
Fahne (Fabaceen-Blütenblatt)
  standard, banner (petal)
Fahnenblatt / Fähnchenblatt flag leaf
fakultativ facultative, optional
Fallaubwald deciduous forest
Falle trap
fällen fell
Fällen (Baum~) felling, loggging
Fallenblatt trap leaf
Fallenblume / Fallenblüte trap
  blossom, trap flower, prison flower,
  pitcher plant
falsch false, spurious
Falte fold, plication, wrinkle
faltig folded, pleated, plicate(d)
Fangblase / Utriculus bladder trap,
  utricle, utricle
Fanghaar (Drosera) tentacle
Färben / Färbung / Einfärbung
  (technisch / mikroskopisch) stain,
  staining
Farbstoff (mikroskopisch) stain
Farbstoff (Pigment) pigment, colorant

Farbstoff (technisch) dye
Farn fern
Farnbaum tree fern
Farnblatt (eingerolltes junges)
  crozier, fiddlehead
Farnblattentwicklung aus aufgerollter
  Knospenlage circinate vernation
Faser fiber
Faser / Faserung (Schnittholz) grain
Faserholz pulpwood
faserig fibrous, stringy
Faserpflanze fiber plant, fiber crop
Faserschicht (der Anthere) fibrous
  layer
Fasertextur straight grain
Fasertracheide fiber tracheid
Faserung (Schnittholz) grain
Faserwurzel fibrous root
Faserzelle fiber cell
Fasziation / Verbänderung fasciation
Faszikularkambium fascicular
  cambium
Fäule rot, mold, mildew, blight
faulen rot, decay, decompose,
  disintegrate
Fäulnis decay, rot, putrefaction
Fäulnisbakterien putrefactive bacteria
Fäulnisbewohner saprobe, saprobiont
Fäulnisernährer / Fäulnisfresser /
  Saprovore / Saprophage
  saprophage, saprotroph, saprobiont
Fäulnispflanze / Saprophyt saprophyte
Faulschlamm / Sapropel sludge
Fauna fauna, animal life
Fazies facies
federförmig / fiedrig (Blatt) pinnate
federig feathery
Fegehaar (an Pappus) brush hair
  (hair-like capillary bristle / pappus
  hair)
fehlend wanting, lacking, missing
Feinbau / Ultrastruktur ultrastructure
feinbehaart / flaumig pilose, downy,
  pubescent
Feind (Fress~, natürlicher) natural
  enemy
feingesägt finely notched, serrulate
Feinjustierung fine adjustment
feinkerbig / feingekerbt crenulate,
  finely notched
Fekundität fecundity
Feld field
Feldbau plant production, cropping

Feldfrucht   crop, produce
Feldkapazität   field (moisture) capacity
Feldversuch / Freilanduntersuchung / Freilandversuch   field study, field investigation, field trial
Fels (Gestein)   rock
Fels (Klippe)   cliff
felsig   rocky
Felspflanze   petrophyte, rock plant
Felsrasen / Felssteppe (Hochland)   fellfield
Femelschlag / Femelhieb / Plenterschlag   shelterwood method: selective logging system, femel coupe
Femelwald / Plenterwald   shelterwood: uneven-aged stand, uneven-aged plantation (with selective logging)
Fenn / Fen / Fehn / Feen / Vehn (Moorland / Sumpf)   fen
fensterspaltig / foraminizid / foraminicid   foraminicidal
Fenstertüpfel   fenistiform pit
Ferment / Enzym   enzyme
Fermentationsschicht / Vermoderungshorizont   fermentation layer, F-layer
Ferntransport   long-distance transport
Festigungsgewebe   supporting tissue (collenchyma, sclerenchyma)
Festland   mainland
Festlandsockel / Kontinentalsockel / Schelf   continental shelf
festsitzend   sessile, sedentary, attached
Fettwiese   rich meadow / pasture
Feuchtbiotop   humid biotope
Feuchtgebiet   wetland
Feuchtigkeit   humidity, moisture
fibrillär   fibrillar
Fibrille   fibril
Fieder / Blattfieder / Fiederblättchen / Teilblatt / Blättchen   leaflet, foliole, pinna
fiederaderig / fiedernervig   pinnately veined, pinnately nerved, penninerved
Fiederaderung   pinnate venation
Fiederblatt (ganzes!)   compound leaf, divided leaf
Fiederblattachse / Rhachis / Blattspindel   rachis
Fiederblättchen (ersten Grades)   pinna

Fiederblättchen (zweiten Grades)   pinnule, pinnula
fiederig / fiedrig / fiederblättrig   pinnate, pinnated, foliolate
fiederlappig   pinnately lobed
fiedernervig / fiederadrig   pinnately veined, penninerved
Fiederpalme   pinnately-leaved palm
fiederschnittig   pinnately incised, pinnatisect
fiederspaltig   pinnately split, pinnately cleft, pinnatifid
fiederteilig   pinnately parted, pinnately partite
Fiederung   pinnation
fiedrig / fiederig / fiederblättrig   pinnate, pennate, foliolate
Figur (Holz)   figure
Filament (des Staubblattes)   filament
filzig   felty, felt-like, tomentose
fingerförmig / handförmig   fingerlike, fingershaped, digitiform
fingerförmige Nervatur / Aderung   digitate venation
Firn / Gletschereis   firn, névé
Firnregion   firn region / zone
Fixiermittel / Fixativ   fixative
Fixierung   fixation
flach-aufgesägt (Holzstamm)   flatsawn
Flächenquelle   non-point source
flächenständige Plazentation / laminale Plazentation   laminary / lamellate placentation
Flachmeerzone / neritische Region   neritic zone / province
Flachmoor / Niedermoor / Braunmoor / Fen   fen
Flachsproß / Phyllocladium   cladode, cladophyll, phylloclade
Flachsproß / Platycladium   platyclade
Fladerschnitt (Holz)   tangential section, flatsawn, plainsawn
Fladerung / Maserung (Holz)   figure, design
Flankenmeristem   flank meristem, peripheral meristem
Flattern (Blätter)   leaf flutter
flatternde Blätter   fluttering leaves
Flaum   down
Flaumbehaarung   pubescence
flaumig / feinstflaumig   downy, pubescent
Flechte   lichen

Flechtgewebe/Plectenchym plectenchyma

fleckig speckled, patched, spotted, spotty

Fledermausausbreitung bat-dispersal, chiropterochory

Fledermausbestäubung/Fledermausblütigkeit/Chiropterophilie bat-pollination, chiropterophily

Fledermausblume bat-pollinated flower, chiropterophile

fledermausblütig/chiropterophil bat-pollinated, chiropterophilous

Fledermausblütigkeit/Fledermausbestäubung/Chiropterophilie bat-pollination, chiropterophily

fleischfressend carnivorous

fleischig fleshy

Flexor flexor

Fließgewässer waterway, watercourse

Fliegenblume/Myiophile fly-pollinated flower, myiophile

Flimmergeißel flimmer flagellum, tinsel flagellum, pleuronematic flagellum

Flimmerhärchen flimmer, tinsel

Flimmerkörper shimmering body

flockig floccose

Floreneinheit floristic unit

Florengebiet floristic region

Florengefälle/Gesellschaftsgefälle/Zönokline plant community gradient, coenocline

Florenreich floral realm

Floreszenz/Blütezeit/Anthese florescence, flowering period, anthesis

florieren flourish, thrive

Floristik floristic(s), floriculture

Flügel/Ala (Fabaceen-Blüte) wing, ala

flügelartig wing-like, alary

flügelförmig wing-shaped, aliform

Flügelfrucht winged fruit, samara, key

Flur (Feld) field, plain, open fields; meadowland, pasture

Flurbereinigung reallocation of arable land, consolidation of arable land

Fluß (Licht/Energie) flux

Fluß (Volumen pro Zeit pro Querschnitt) flux

Flußaue riverine meadow

Flußbett riverbed

Flußebene fluvial plain

Flußeinzugsgebiet catchment area

Flußmarsch estuarine marsh

Flußmündung/Ästuar estuary

Flußniederung/Flußtal river plain, river valley

Flußrate fluence

Flußtal/Flußniederung river valley, river plain

Flußufer riverbank

Flut/Tide high tide, flood

Föhre pine

fokussieren focus, focussing

Folgeblatt/Laubblatt foliage leaf; metaphyll

Folgemeristem secondary meristem

Formation formation

Formbaum/Formstrauch (auch Zierschnitt) topiary

Forst/Kulturwald/Wirtschaftswald cultivated forest, tree plantation

Forstbaum forest tree

Forstbaumkunde silvics

Förster forester

Forstkultur/Waldbau silviculture

Forstkultur (Pflanzung) forest plantation

Forstkunde/Forstwissenschaft silviculture, forest science, science of forestry

Forstkundler/Forstwissenschaftler forest scientist, forestry scientist

Forstverwaltung forest administration, forest service

Forstwart forest warden, forest ranger, ranger

Forstwirtschaft woodland management, forest management, forest economy, forestry

Forstwissenschaft/Forstkunde silviculture, forest science, science of forestry

Fortbewegung/Lokomotion locomotion

Fortpflanzung/Reproduktion propagation, reproduction

Fortpflanzungszelle reproductive cell

Fortpflanzungszyklus reproductive cycle

fortwachsend accrescent

fransenartig fimbriate

fransig frayed, fringed, fimbriate(d)

fräsen (Holz) mill, shape

Fraßschaden browsing damage

frei schwebend free-floating, pendulous
freiblättrig (Fruchtblatt) apocarpous
freikronblättrig / freiblumenblättrig dialypetalous, choripetalous
Freiland range, field
Freilanduntersuchung / Freilandversuch / vor-Ort-Untersuchung / Feldversuch field study, field investigation, field trial
Freiwasserzone / Pelagial pelagial zone
fremd (Gesellschaftstreue) strange
Fremdbefruchtung / Kreuzbefruchtung / Allogamie cross-fertilization, allogamy, xenogamy
Fremdbestäubung / Kreuzbestäubung cross-pollination
fressen feed
Fressfeind enemy, predator
Frischgewicht (*sensu stricto:* Frischmasse) fresh weight (*sensu stricto:* fresh mass)
Frost frost, rime frost, white frost
frostbeständig / frostresistent frost-resistant, frost hardy
Frostbrand frost blight, nip, winter burn
frostempfindlich frost-tender, susceptible to frost
Frosthärte / Frostbeständigkeit frost hardiness
Frosthärtung frost hardening
Frostkeimer germinating after freezing, frost germinator
Frostloch frost pocket
frostresistent / frostbeständig frost-resistant
Frostriß frost crack, trunk splitting due to frost
Frostschaden / Frostschädigung frost damage, frost injury, freezing injury
Frostschütte leaf cast (abscission of leaves) due to frost
Frostschutzberegnung frost-protective irrigation
Frostschutzmittel cryoprotectant
frostsicher frost-proof
Frosttrocknis frost drought damage, frost desiccation damage, winter desiccation damage
Frostverträglichkeit frost tolerance
Frucht fruit

fruchtbar / fertil fertile
Fruchtbarkeit / Fertilität fertility
Fruchtbecher / Cupula cupula, cupule
Fruchtbildung fructification
Fruchtblatt / Karpel / Carpell carpel
Früchtchen / Karpidium / Karpidie fruitlet
fruchten set fruit
Fruchten fruitage
fruchtend / fruchttragend fruiting, bearing fruit, fructiferous
Fruchtfall fruit abscission, fruit drop
Fruchtfleisch fruit pulp
Fruchtfolge / Fruchtwechsel / Anbaurotation crop rotation
fruchtfressend / frugivor / fruktivor / karpophag fruit-eating, feeding on fruit, frugivorous, carpophagous
Fruchtfresser / Frugivor / Fruktivor frugivore, fructivore
Fruchthalter / Karpophor carpophore
Fruchtholz / Tragholz (Kurztrieb) spur shoot, fruit-bearing bough (short shoot)
Fruchtknoten / Ovar / Ovarium ovary
Fruchtknotenhülle (Gräser) perigynium
Fruchtkörper / Karposoma fruiting body, fruitbody, fructification, carposoma
Fruchtlager / Fruchtschicht / Hymenium hymenium
Fruchtmark / Obstpulpe (fruit) pulp
Fruchtmus fruit pulp
Fruchtrute (Beerensträucher) floricane
Fruchtsack perigynium
Fruchtschale fruit skin, peel
Fruchtstand / Fruchtverband (Zönokarpium) multiple fruit, infructescence
Fruchtstand / Fruchtverband (Beeren~) sorosis, fleshy multiple fruit
Fruchtstiel fruit stalk
Fruchtverband / Fruchtstand multiple fruit, infructescence
Fruchtwand / Perikarp fruit wall, ovary wall, pericarp
Fruchtwechsel / Fruchtfolge / Anbaurotation crop rotation
Frühbeet / Mistbeet forcing bed, hotbed

frühblühend (vor der Beblätterung)
precocious (flowering before leaf
formation)
Frühblüher early bloomer
Frühholz/Weitholz/Frühlingsholz
earlywood, springwood
Fuß/Haustorium foot, haustorium
fußförmig pedate
Fuge/Naht/Verwachsungslinie seam,
suture, raphe
Fühlhaar/Reizhaar sensitive hair,
trigger hair
Führer (Broschüre/Informations-
schrift) guide, pamphlet, brochure
Führer (Führungsperson) guide, tour
guide
Führung guided tour
Fundort/Lage site, location
fünfblättrig gefiedert quinquefoliolate
fünfteilig quinquepartite
fünfzählig pentameric
Funiculus/Nabelstrang funicle,
funiculus, seed stalk, ovule stalk
funktionsgleich analogous
Furche groove, furrow, sulcus
furchen cleave; groove, striate,
furrow, fissure
Furchenberieselung corrugation
irrigation
Furchenbewässerung/
Grabenbewässerung furrow
irrigation
furchig furrowed, grooved, fissured,
sulcate
Furchung/Furchungsteilung
cleavage; segmentation
Furnier veneer
Fusiforminitiale fusiform initial
Futterpflanze fodder, forage

G

Gabeladerung/Gabelnervatur/
Fächeraderung dichotomous
venation
Gabelblattgewächs (Psilotum) whisk
fern
Gabelung/Gabelteilung/Dichotomie
forking, bifurcation, dichotomy
Gabelung (Forstbaum) forking of
trunk (at midhight)
Galle (Pflanzen~)/Cecidium gall,
cecidium, gall nut
Galleriewald gallery forest, fringing
forest
gallertartig gelatinous, gel-like
Gallerte jelly, gelatin, gel
Gallertpilz jelly fungus
Gamet/Keimzelle/Geschlechtszelle
gamete, sex cell
Gametangienträger/
Gametangienstand gametophore
Gametogamie/Syngamie
gametogamy, syngamy
Gametophyt gametophyte
ganzrandig (Blatt) entire, simple
Gare (Boden) mellowness
Garten garden
Gartenbau horticulture, gardening
Gartenbauausstellung horticultural
show/exhibit
Gartenlaube arbor, bowery
Gartenpflanze garden plant
Gartenschau/Blumenschau
horticultural show, flower show
Gartenschere pruning shears
Gärtner gardener, horticulturist
Gärtnerei garden/gardening market,
horticulture shop
Gärtnereibedarf gardening supplies
Gärung fermentation
Gasaustausch gas exchange, gaseous
interchange
Gattung genus (pl. genera)
Geäst branches, boughs, branchwork
Gebälk rafters; framework,
timberwork, timber construction
gebändert/breit gestreift banded,
fasciate

gebärtet bearded, barbate (having hair tufts)

Gebiet (Verbreitungs–) geographic range, area of distribution

Gebietsassoziation regional association

Gebirge mountains

Gebirgskamm mountain crest, mountain ridge

Gebirgskette mountain chain, mountain range

Gebirgsstufe/subalpine Stufe subalpine zone, subalpine region

Gebirgswald mountain forest, montane forest

gebuchtet/buchtig sinuate

gebündelt bundled, fasciculate

Gebüsch bushes, shrubbery, thicket, underbrush (in forest)

gedeihen/florieren thrive, flourish

gedrängt (Blätter) crowded, tufted

gedreht/verdreht/gewunden twisted, contorted

Gefäß (Trachee) vessel

Gefäßbündel/Leitbündel/Leitbündelstrang vascular bundle, vascular strand

Gefäßpflanze vascular plant

Gefäßteil/Holzteil/Xylem xylem

gefächert/fächerig/gekammert valvate, chambered

gefährdet endangered

Gefälle/Gradient gradient

gefaltet folded, pleated, plicate

gefenstertes Blatt fenestrated leaf

gefiedert/pinnat/pennat pinnate

–, paarig equally pinnate, paripinnate

–, unpaarig odd-pinnate, unequally pinnate, imparipinnate (with single terminal leaflet or tendril)

–, zweifach bipinnate

gefingert fingered, digitate

gefleckt mottled

geflügelt winged, alate

gefranst fimbriate(d), fringed

Gefrierätzung freeze-etching

Gefrierbruch freeze-fracture, cryofracture

Gefriertrocknung freeze-dry

Gefüge (Holz) texture

gefurcht/gerieft furrowed, grooved, fissured, sulcate

gegabelt forked, furcate

gegabelt, einfach/dichotom bifurcate, dichotomous

Gegenfärbung counterstain

gegenseitig mutual, mutualistic

Gegenseitigkeit mutualism

gegenständig/gegenüberliegend opposite, opposing

gegliedert divided

Gehäuse casing

Gehölz woody plant

Gehölzausläufer sucker, stolon, sobole

Gehölzkunde/Baumkunde/Dendrologie dendrology

Gehölzschnitt pruning of woody plants

Geißel flagellum

Geißelhärchen mastigonema

geigenförmig fiddle-shaped, panduriform

Geiltrieb/Wasserschoß water sprout, water shoot

Geitonogamie/Nachbarbestäubung geitonogamy (*senso stricto*: geitonophily)

Geiz/Geiztrieb side shoot, lateral shoot, sucker

Geizen/Ausgeizen removal of side shoots/suckers

gekammert/gefächert/fächerig chambered, valvate

gekerbt/kerbig notched, nicked, crenate

gekielt keeled, carinate

gekreuzt-gegenständig/kreuzgegenständig/dekussiert decussate, crossed

gekrümmt/campylotrop/kampylotrop (Samenanlage) campylotropous, bent

Gelände terrain

Geländeübung field excercise

gelappt/lappig lobed, lobate

Gelatine gelatin

Gelee jelly

Geleitzelle companion cell

Gelenk joint

Gelenkzelle/motorische Zelle/Motorzelle (im Schwellkörper des Blattes) bulliform cell, motor cell

gelöster Stoff solute

gemäßigt temperate, moderate

gemäßigte Zone temperate zone, temperate region

Gemeinschaft community, association
Gemüse vegetable
Gemüseanbau olericulture
Gemüsebeet (vegetable) patch
Generationsdauer generation period
Generationswechsel alternation of
  generations
genießbar/eßbar comestible, edible
genießbar/schmackhaft palatable
Genotyp genotype
Geobotanik/Pflanzengeographie
  geobotany, plant geography,
  phytogeography
geöhrt auriculate, eared, ear-like
Geologie geology, Earth science
Geoökologie geo-ecology
Geophyt/Erdpflanze/Cryptophyt/
  Kryptophyt/Staudengewächs
  geophyte, geocryptophyte,
  cryptophyte (sensu lato)
gepanzert armored, thecate
gepunktet punctuated
geradläufig (Samenanlage) atropous,
  orthotropous, orthotropic
gerbsäurehaltig/gerbstoffhaltig
  tanniferous
Geröll rock debris (rounded
  by erosion), loose stones
  (of various size)
Geröllhalde scree, talus (slope)
Geruch (allgemein) smell, scent
Geruch (angenehmer) fragrance
Geruch (stechender) pungency
Geruchsstoff fragrance
Gerüst scaffolding, framework,
  stroma, reticulum
gesägt (Blatt) serrate, serrated,
  sawed, saw-edged
gesägt, fein serrulate, finely serrate,
  finely notched
gescheckt variegated
geschichtet laminated
geschlechtlich sexual
Geschlechtszelle/Keimzelle/Gamet
  sex cell, gamete
geschlitzt/zerschlitzt, gleichmäßig
  incised, evenly notched/cut
geschlitzt/zerschlitzt, ungleichmäßig
  lacerate, torn
Geschmacksstoff flavor, flavoring
geschützt protected
geschwanzt (Blattspitze) caudate,
  tail-pointed (leaf apex)

geschweift/leicht gewellt repand
geschwollen turgid, swollen
Geschwollenheit/Turgidität turgidity
Geselligkeit/Soziabilität sociability,
  gregariousness
Geselligkeitsgrad/Soziabilität
  gregariousness, sociability
Gesellschaft (z. B. Pflanzen~)
  community
Gesellschaftstreue fidelity to a
  particular community
gespalten split, cracked
gespornt spurred
gesprenkelt mottled
Gestalt shape, form, appearance,
  contour
gestaucht/zusammengezogen
  compressed, contracted
Gestein rock
gestielt stalked, petiolate, stipitate
gestielt (Blüte) pedunculate
gestreift striped
gestreift, breit broadly striped,
  fasciate
gestreift, fein finely striped, striated
Gestrüpp thicket, scrub, brush
gestutzt (Baum/Ast) pruned,
  trimmed
gestutzt (Blatt) truncate
geteilt divided, parted, partite
  (divided into parts)
Getreide cereals, grain
getrenntblumenblättrig/freiblumen-
  blättrig/freikronblättrig
  dialypetalous, choripetalous
getüpfelt pitted
Gewächs plant, growth, wort
Gewächshaus/Treibhaus greenhouse,
  hothouse, forcing house
Gewässer body of water, water body
Gewebe tissue
Gewebekultur tissue culture
gewellt undate, undulate
gewellt, leicht/geschweift
  (Blattrand) repand
Gewicht, spezifisches (Holz) specific
  gravity
gewimpert ciliate(d)
gewölbt tuberculate, vaulted
gewunden twisted, coiled, wound
Gewürz spice
gezackt/gesägt serrate
gezähnt toothed, dentate

Gezeiten/Tiden tides
Gezeitenzone/Tidebereich tidal zone, intertidal zone, littoral zone
gießen pour, irrigate, water the plants
Gift/Toxin poison, toxin; venom (from animals)
giftig/toxisch poisonous, toxic
Giftigkeit/Toxizität poisonousness, toxicity
Giftpflanze poisonous plant
Ginster broom
Gipfel (Baum) crown, treetop, apex, tip
Gipfelknospe apical shoot, terminal bud
Gipfeltrieb apical shoot, terminal shoot
Gischt/Spritzwasser foam, froth, sea spray, ocean spray
Gischtwasserzone spray zone
glänzend glossy
glatt smooth, even
Glatteis glaze
Glazialgeschiebe glacial drift
gleichartig/verwandt/kongenial congenial
gleichförmig uniform
gleichgestaltet similar-structured
Gleichgewicht equilibrium
gleichzählig/isomer isomerous
Gleitfallenblume/Kesselfallenblume slippery-trap flower/inflorescence, slip-slide flytrap
Gletschermoränenschutt/ Gletschergeröll/Glazialschutt glacial till, glacial detritus
Gliederfrucht/Gliederhülse/ Klausenfrucht/Bruchfrucht loment, lomentum, jointed fruit
Gliederschote lomentose siliqua
Gliederung classification
glockenförmig bell-shaped, campanular, campaniform
Golgi-Apparat Golgi apparatus, Golgi complex
Golgi-Vesikel Golgi vesicle
Graben ditch
Grabenbewässerung/Furchen- bewässerung furrow irrigation
Granne awn
Grannen tragend aristate, awned
granulär granular
Gras grass, lawn

grasartig graminoid, graminaceous, grassy
grasblättrig graminifoliose
Grasbüschel tuft of grass, tussock
grasbüschelartig/rasig/rasenartig cespitose, caespitose, caespitulose (growing densely in tufts)
grasen/abgrasen/abfressen/weiden graze (herbs), browse (twigs/leaves of shrubs)
grasendes Tier grazer (herbs), browser (twigs/leaves of shrubs)
Gräser grasses
Grashalm (Blattspreite) blade of grass, spire
Grashalm (Stengel) culm, haulm, halm, spire
Grashalmspitze spire
Grasheidenstufe grass heath (a tussock community)
Grasnarbe/Rasenstück/Sode sod, turf
Grasrispe juba, loose panicle of grasses
Grasstengel culm, spire, haulm, halm
Grat (Berg~) mountain ridge
graugrün/blaugrün grey-green, glaucous
Graupel/Graupelschauer/Schnee- regen graupel, sleet, soft hail
Grenzfaktor limiting factor
Griffel/Stylus style
Griffelpolster/Stylopodium stylopodium
Griffelsäule/Gynostemium gynostemium
großblättrig megaphyllous
grobfaserig coarse-grained
Grobjustierung coarse adjustment
Grübchen/kleine Grube fovea, small pit
Grube crypt
grubig pitted, foveate
grubig/kleingrubig foveolate, having small depressions
Grün (floristisch) green, greenery
Grünanlage (öffentliche) public park, public gardens
Grundgestein/Muttergestein/ Ausgangsgestein bedrock, rock base, parent rock
Grundgewebe/Parenchym ground tissue, fundamental tissue, parenchyma

Grundlage (Pfropf~) stock
Grundmeristem ground meristem
Grundsubstanz/Grundgerüst matrix,
base material
Gründünger green manure
Grundwasser ground water
Grundwassereinzugsgebiet
catchment area/basin, watershed,
drainage area/district
Grundwasserspiegel water table
Grünfutter/Grünzeug soilage, green
forage, greenstuff
Grünpflanze/Blattpflanze (floristisch)
foliage plant, leafy plant
Gruppe group, assemblage
Gruppe (derselben Organisations-
stufe) grade
Gruppenmächtigkeit group
importance value
Gruppenwert group value
Gruppierung assemblage
Gülle liquid manure
Gummiharz resinous gum
Gurkenfrucht/Kürbisfrucht/
Panzerbeere pepo, gourd
Gürteln/Ringelung (Baumrinde)
girdling, ringing
Guttation/Tropfenabscheidung/
Exsudation guttation, droplet
secretion, exudation
Gynoandrophor gynoandrophore,
androgynophore
Gynophor gynophore
Gynostegium (Asclepiadaceen)
gynostegium
Gynostemium/Säule/Säulchen/
Griffelsäule (Orchideen)
gynostemium, column
Gyttia/Gyttja/Grauschlamm/
Halbfaulschlamm gyttja, necron
mud

H

Haar/Trichom hair, trichome
haarartig piliform, trichoid
haarig (siehe behaart) hairy
haarlos/unbehaart hairless, glabrous
Haarschopf/Haarbüschel/Haarkranz
hair-tuft
Haarschopf/Haarbüschel/Haarkranz
(an Samen) coma
Hackfrucht root crop
Hackkultur/Hackbau hoe culture,
hoe cultivation, hoe agriculture
Hadal/Tiefseegrabenzone (Hänge)
hadal zone
Haftscheibe/Haftorgan/
Appressorium (allgemein)
holdfast, appressorium
Haftscheibe/Kletterorgan adhesive
disc
Haftscheibe/Saugscheibe/Saugorgan/
Haustorium (parasitäre Pilze)
sucker, haustorium
Haftwasser film water, retained water
Haftwurzel holdfast root
Hagebutte (rose)hip
Hagel hail
Hain/Gehölz/Waldung grove
Haken hook
hakenförmig hook-shaped, unciform,
hamiform
hakig hooked, hook-like, uncinate,
hamate
halbdurchlässig/semipermeabel
semipermeable
Halbinsel peninsula
Halbparasit/Halbschmarotzer/
Hemiparasit semiparasite,
hemiparasite
Halbstrauch half-shrub, semishrub,
shrubby herb, suffrutecsent plant
halbstrauchig (am Grunde verholzt)
suffruticose, suffrutescent, base
somewhat woody
halbtrocken semiarid
Halbwüste semidesert
Halm (allgemein) blade, stalk
Halm (Gras~) culm, haulm, halm,
spire; blade of grass
Halm (Stroh~) straw

Halmfrucht (Getreide) cereal
halmtragend culmiferous
Halskanalzelle neck canal cell
handförmig hand-shaped, palmate
handnervig palmately veined, palmate
Hang slope, incline
Hang (Berg~) mountain slope, hillslope
Hangaufwind anabatic wind
hängend pendulous
Hanglage hillside location, slope location
hapaxanth hapaxanthic, hapaxanthous, hapanthous
haplostemon haplostemonous
Hartbast hard bast
Härte toughness, hardness
Hartholz hard wood
Hartlaub hard-leaf, hard-leaved plant, sclerophyll
Hartlaubgebüsch/Hartlaubgehölz scrub, sclerophyll shrub
Hartlaubwald sclerophyllous forest
Harz resin
harzabsondernd resiniferous
Harzgalle resin gall
Harzgang/Harzkanal resin duct, resin canal
harzig resinous
Haselnußfrucht filbert
Haube/Kalyptra calyptra
Häufigkeit frequency of occurrence, abundance
Hauptachse main axis, principal axis
Hauptachse, rhizomartige (Algen/ Zygomyceten) stolon
Hauptanbauprodukt staple crop
Hauptassoziation chief association
Haupterzeugnis staple
Hauptsproß/Primärsproß/ Hauptachse leading/main/primary shoot, main/primary axis
Hauptwurzelanlage radicula
Haustorium/Fuß haustorium, foot
Haustorium/Saugorgan haustorium, sucker
Haut peel, skin
Hebelmechanismus leverage mechanism
Hecke hedge
Heckenpflanze hedge plant
Heckenschere hedge clippers
Hefe yeast

Heide heath
Heidegras heath sedge
Heidekraut heather *(Calluna vulg.)/ generell:* heath
Heideland heath, heathland, moorland
Heidemoor moor
Heidewald heath forest
Heilpflanze/Arzneipflanze medicinal plant
heimisch local, endemic
Heliotropismus/Lichtwendigkeit/ Sonnenwendigkeit heliotropism, solar tracking
Helix/Spirale helix, spiral
Hellfeld (Mikroskopie) bright field
Hellkeimer/Lichtkeimer (Samen) light-induced germination of seed, photodormant seed
Hellkeimung light-induced germination (photodormancy)
Helotismus helotism
hemizyklisch hemicyclic
hemmend/inhibierend inhibitory
Hemmung/Inhibition inhibition
herabhängend/schlaff drooping
herablaufend/herabhängend decurrent
herausragen emerge
Herbar herbarium
Herbst fall, autumn
Herbstfärbung autumn/fall coloration
Herbstlaub autumn/fall foliage
Herkunft/Provenienz origin, provenance
Hernie (z. B. Kohlhernie) club-root
herunterhängendes Blatt drooping leaf
hervorstehen protrude
herzförmig cordate, cordiform, heart-shaped
Hesperidium/Citrusfrucht/ Zitrusfrucht (eine Panzerbeere) hesperidium
heterochlamydeisch heterochlamydeous
heterogen/ungleichartig/verschieden- artig/andersartig heterogeneous (consisting of dissimilar parts)
heterogen/unterschiedlicher Herkunft heterogenous (of different origin)

Heterophyllie / Anisophyllie /
  Verschiedenblättrigkeit
  heterophylly, anisophylly
Heterosis heterosis, hybrid vigor
Heterostylie / Verschiedengriffeligkeit
  heterostyly
heterotroph heterotroph,
  heterotrophic
Heterözie / Heteröcie heteroecy,
  heteroecism
heterözisch heteroecious,
  heterecious, heteroxenous
heterozygot heterozygous
Heu hay
Hexenbesen witches' broom
Hexenei immature, closed
  fructification (fruit body) of *Phallales*
  (stinkhorn)
Hexenring fairy ring
Hibernakel hibernaculum, winter bud
Hilum hilum
Himbeer- und Brombeersträucher
  (*Rubus*-Arten) brambles, bush
  berries
Hirnholz cross-grained timber,
  crosscut wood
Hirnschnitt / Querschnitt (Holz) cross
  section, transverse section
hitzebeständig heat-resistant
hitzeverträglich heat-tolerant
Hochblatt (allgemein) hypsophyll
Hochblatt / Braktee floral bract
Hochblatthülle / Außenkelch sepal-like
  bracts
Hochfläche / Hochebene plateau,
  elevated plane, tableland
Hochgebirge alpine mountains,
  alpine mountain chain
Hochgebirgsmoor alpine marsh
Hochgebirgsregion alpine region
Hochgebirgsstufe alpine zone
Hochland highland
Hochmoor raised bog, (upland / high)
  moor, peat bog
Hochmoorwald (upland) bog forest
Hochsee / offenes Meer / Hochsee-
  bereich / ozeanische Region open
  sea, pelagic zone, oceanic zone /
  province
Hochstamm standard tree
Hochstaude tall, montane perennial
  herb
Hochwald high forest

Hoftüpfel bordered pit
Höhe, über dem Meeresspiegel
  altitude
Höhenlage altitude, elevation, higher
  location
Höhenstufe / Vegetationsstufe
  altitudinal zone / region / belt,
  vegetation(al) zone / region / belt
Höhentrieb / Haupttrieb leader
höhere Pflanzen higher plants
hohl hollow
Höhle cave, crypt, cavity
Hohlraum / Höhlung / Lumen cavity,
  lumen
Hohlraum (Blattparenchym) airspace
Höhlung crypt
hold / preferentiell (Boden /
  Gesellschaftstreue) preferential,
  favorably associated
Holoparasit / Vollschmarotzer /
  Vollparasit holoparasite, obligate
  parasite
Holozän / Jetztzeit / Alluvium
  (erdgeschichtliche Epoche)
  Holocene, Recent, Holocene Epoch,
  Recent Epoch
Holz wood
Holzapfel crab apple
Holzart kind / type of wood
holzartig woody
Holzbalken beam
Holzbestand stand of timber
Holzeinschlag wood felling; felling
  quantity
hölzern wooden
Holzertrag timber yield
Holzfällen logging, lumbering, felling
  of trees
Holzfäller lumberjack, woodcutter,
  woodchopper
Holzgewächs (Phanerophyt) woody
  plant (phanerophyte)
Holzhaufen wood pile
holzig / faserig woody, ligneous,
  fibrous
Holzkiste wood crate
Holzkohle charcoal
Holzkörper wood cylinder, wood
  corpus, wood body
Holzprodukt wood product
Holzqualität wood / lumber / timber
  quality
Holzschnitzel wood chips

Holzschwarte slab
Holzspäne wood shavings
Holzstamm (gefällt) log, lumber
Holzstrahl wood ray
Holzteil / Gefäßteil / Xylem tracheary
  elements, xylem
holzverarbeitende Industrie timber
  industry
Holzwirtschaft lumber industry,
  timber industry
homogen / einheitlich / gleichartig
  homogeneous (having same kind of
  constituents)
homogen / gleicher Herkunft
  homogenous (of same origin)
homoiochlamydeisch / gleichartige
  Hüllblätter homoiochlamydeous,
  homochlamydeous
homolog / ursprungsgleich
  homologous
Homöostase homeostasis
homozygot homozygous
Honigblatt nectariferous leaf
Honigdrüse / Nektarium nectar gland,
  nectary
Honigmal honey guide
Honigschuppe nectariferous scale
Honigtau honey dew
Hornmoos hornwort
Horst small (tree) stand, thicket
Hügel hill
Hügel, kleiner mound, knoll,
  hummock (rounded knoll)
hügelig (leicht hügelige Landschaft)
  sloping terrain, rolling hills
Hügelland hill country, rolling
  countryside
Hügelstufe / Hügellandstufe / kolline
  Stufe / Vorgebirge foothills, foothill
  zone
Hüllblätter (Blumen~) sepals, calyx
Hüllblattkreis / Hüllkelch / Involukrum
  (Infloreszenz) involucre
Hülle / Involukrum envelope, hull,
  involucre
Hülle / Mantel body covering, vesture,
  vesture
Hüllkelch / Hüllblattkreis / Involukrum
  (Compositen) involucre
Hüllspelze glume
Hülse legume, pod
Hülsenfrüchtler legume, leguminous
  plant

Humus humus
Humusauflage humus layer
Hut (Pilz~) cap, pileus
hybrid / durch Kreuzung erzeugt
  hybrid, crossbred
Hybride hybrid, crossbreed
Hybridisierung / Bastardisierung
  hybridization, bastardization
Hydathode / Wasserspalte hydathode,
  water pore, water stoma
Hydratation (Wassereinlagerung /
  Wasseranlagerung) hydration
Hydrierung (Wasserstoffanlagerung)
  hydrogenation
Hydrokultur hydroponics (soil-less
  culture, solution culture)
Hydrophyt / Wasserpflanze
  hydrophyte, aquatic plant
Hygrophyt (an feuchten Standorten)
  hygrophyte
Hypanthium hypanthium
Hyphe hypha
hypogäisch hypogeous
hypogäische Keimung hypogean /
  hypogeal germination
Hypokotyl hypocotyl
Hypokotylknolle (unterirdische)
  corm (swollen shoot base)
Hypothese hypothesis

I

Idioblast idioblast
Idioplasma / Keimplasma idioplasm, germ plasm, gonoplasm
Imbibition / Hydratation imbibition, hydration
immergrün evergreen
in Blüte in bloom
in Windrichtung leeward
indifferente Art indifferent species
Indigen indigenous species, native species / organism / lifeform
Indikatorpflanze / Anzeigerpflanze indicator plant
Indusium / Schleierchen indusium
Infloreszenz inflorescence, flower cluster
Infloreszenz, geschlossene determinate inflorescence
Infloreszenz, offene indeterminate inflorescence
Infloreszenz-Kurztrieb spur shoot
Initiale / Stammzelle / Primordialzelle / Primane initial, primordial cell, stem cell
Inkrustierung incrustation, encrustation
Innenhaut / Endodermis endodermis
Innenschicht inner layer, interior layer
Innenschicht (Pollen / Spore) / Intine intine
Insektenblume entomophile, insect-pollinated flower
Insektenfalle insect-trap
inseriert inserted
Integument integument
Interferenz-Mikroskopie interference microscopy
interkalar / eingeschoben intercalary (inserted between others)
interkalares Meristem intercalary meristem
Internodium / Zwischenknoten internode
interzellulär intercellular
Interzellulare / Zwischenzellraum intercellular space
Intine intine
intrors introrse

Involukralblatt / Involukralschuppe phyllary, involucral bract
Involukrum / Hülle (*siehe:* Hüllkelch) involucre
involutiv (Blatt / Knospendeckung: nach oben eingerollte Seitenränder) involute, rolled inward
Inzucht inbreeding, endogamy
Ionenkanal ion channel
Ionenschleuse gated ion channel
irdisch / landlebend terrestrial
Isidie isidium
Isogamie isogamy

J

Jagd (Raub) predation
Jäger (Räuber) predator
Jahresring annual ring, growth ring
Jahrestrieb annual shoot, one-year
    shoot
Jahreswachstum annual growth
Jahreszeit season
Jahreszeitenwechsel seasonal change
jahreszeitlich / saisonal seasonal
Jahreszuwachs annual growth
Jetztzeit / Holozän (erdgeschichtliche
    Epoche) Recent / Holocene, Recent
    Epoch, Holocene Epoch
Johannistrieb lammas shoot
Jugend / Jugendlichkeit juvenility
Jugendform juvenile form
Jugendstadium / Jugendphase juvenile
    stage, juvenile phase
junge Sprößlinge abfressendes Tier
    browser
Jungfernfrüchtigkeit / Parthenokarpie
    parthenocarpy
Jungfernzeugung parthenogenesis
Jungpflanze young / juvenile plant
Jungwald / junger Wald young forest
Jura / Jurazeit (erdgeschichtliche
    Periode) Jurassic, Jurassic Period
Justierung (Scharfeinstellung des
    Mikroskops) adjustment, focus

K

Käferblume / Coleopterophile / Cantha-
    rophile beetle-pollinated flower,
    coleopterophile, cantharophile
kahl bare, barren; bald, glabrous
Kahlfraß (durch Schädlinge)
    defoliation (by pests)
Kahlschlag clear-cut, clearance
kahlschlagen clear-cutting, land
    clearing
Kahmhaut (auf Teich) scum, film
    (pond scum)
Kai wharf, quay
Kalamitätennutzung (Holzernte)
    salvage logging, salvage felling
Kalk lime
Kalkalge calcareous alga
Kalkanreicherungshorizont / Caliche
    caliche, lime pan
Kalkflieher calcifuge, basifuge
kalkig / kalkartig / kalkhaltig calcareous
kalkliebend / kalziphil / kalzikol /
    kalkhold calciphile, calcicole
kalkmeidend / kalkfliehend / kalziphob /
    kalzifug calciphobe, calcifuge,
    basifuge
Kalkplättchen / Kalkkörperchen /
    Coccolith coccolith
Kalkschale calcareous shell
Kalkung liming
Kallus callus
Kalmen(gürtel) doldrums
Kältepflanze / Kryophyt cryophyt,
    plant preferring low temperatures
Kälteschaden / Kälteschädigung
    chilling damage / injury
Kälteschütte abscission of leaves due
    to chilling
Kältewüste cold desert
Kalthaus / Frigidarium (kühles
    Gewächshaus) cold house
kalzifug / calcifug / kalkmeidend
    calcifuge
kalzikol / calcicol / kalkhold calcicole
Kambium / Cambium cambium
    (siehe unter: Cambium)
Kambrium / Cambrium
    (erdgeschichtliche Periode)
    Cambrian, Cambrian Period

Kammer/Fach chamber, valve, case
Kammlage (Berg/Gebirge) along crest, ridge zone
Kammlinie (Berg/Gebirge) (mountain) crest, ridge
kampylotrop/campylotrop (Samenanlage) campylotropous, bent
Kanalisation sewer
kandelaberförmig candelabra-shaped
kannenartig/krugartig/sackartig/ schlauchartig ascidiate
Kannenblatt/Schlauchblatt pitcher leaf, ascidiate leaf
kannenförmig/krugförmig/ schlauchförmig ascidiform
Kannenpflanze pitcher plant
Känozoikum/Kaenozoikum/ Erdneuzeit/Neozoikum (erdgeschichtliches Zeitalter) Cenozoic, Cenozoic Era, Cainozoic Era, Neozoic Era
Kantenkollenchym/Eckenkollenchym (*auch:* Collenchym) angular collenchyma
Kantholz squared timber, square-edged lumber, squared log
kantig angular
Kapazitätsgrenze/Grenze der ökologischen Belastbarkeit carrying capacity
Kapillare capillary
kappen/köpfen (Baum) pollard, pollarding, beheading of tree, decapitation of tree
kapsal/capsal/kokkal/coccal nonmotile unicellular
Kapsel capsule
– **(Deckel~)** lid capsule, pyxis, pyxidium
– **(dorszide Spalt~)** dorsicidal capsule
– **(Loch~/Poren~)** poricidal capsule
– **(septizide Spalt~)** septicidal capsule
Karbon/Steinkohlenzeit (erdgeschichtliche Periode) Carboniferous, Carboniferous Period
Karpel/Fruchtblatt carpel
Karpogon carpogonium
Karpophor/Fruchthalter carpophore
Karposoma/Fruchtkörper carposoma, fruiting body, fruitbody
Kartierung mapping, plotting
Karton cardboard, paperboard, fiberboard

Karunkula/Caruncula caruncle
Karyogamie/Kernverschmelzung karyogamy, nuclear fusion
Karyopse/Caryopse/"Kernfrucht"/ Kornfrucht caryopsis, grain
Katalysator catalyst
Katapultfrucht/Katapultkapsel catapult fruit, catapult capsule
Kätzchen catkin, ament, amentum
Kaudikula/Caudicula/Stielchen caudicle (stalk of pollinium)
Kauleszenz/Cauleszenz caulescence
Kauloid/Cauloid/Stämmchen (Algen/ Moose) caulid, stemlet, stipe
Kaumittel (Gummiharz) masticatory, gum
Kavitation (von Leitelementen) cavitation (with rupture of water column)
Kegel cone
kegelförmig cone-shaped, conical
Keil wedge, peg
keilblättrig wedge-leaved
keilförmig cuneate, cuneiform, sphenoid, wedge-shaped
keilförmig zugespitzt attenuate, tapering
Keim/Keimling/Embryo germ, embryo
Keim (Mikroorganismus) germ
Keimblatt/Kotyledone/Cotyledone cotyledon, seminal leaf
Keimblattscheide/Keimscheide/ Koleoptile/Coleoptile coleoptile, plumule sheath
keimen germinate, sprout
Keimfähigkeit germinability
Keimknospe/Plumula/Stammknospe/ Sproßknospe/terminale Embryoknospe plumule, terminal embryonic bud
Keimling sprout, seedling
Keimmund micropyle
Keimplasma/Idioplasma germ plasm, idioplasm, gonoplasm
Keimpore (Pollen) germination/ germinating aperture
Keimruhe seed dormancy
Keimsack/Embryosack embryo sac
Keimscheide/Keimblattscheide/ Koleoptile/Coleoptile coleoptile, plumule sheath
Keimstelle (Pollen) aperture

Keimstimmung / Vernalisation
vernalization
keimtötend / bakterizid bactericidal
Keimung germination
Keimwarze (des Samens) strophiolar
plug, operculum
Keimwurzel / Radicula radicle,
embryonic root
**Keimzahl (Anzahl von Mikro-
organismen)** cell count, germ
count
Keimzahl (Samenkeimung)
germination percentage
Keimzelle (sexuelle) sex cell, gamete
Kelch calyx
**Kelchblatt / Blütenkelchblatt /
Blumenhüllblatt / Sepale / Sepalum**
sepal
Kennart diagnostic species
kenokarp / leerfrüchtig seedless fruit
**Kenokarpie / Kenocarpie /
Leerfrüchtigkeit** seedlessness
Kerbe indentation, notch
kerbig notched, nicked, crenate
Kern (Frucht / Obst) kernel, seed
Kern (Zell~) nucleus, karyon
Kernfäule heart rot
Kerngehäuse (Frucht) (fruit) core
Kernholz heartwood, duramen
Kernhülle nuclear envelope
kernlos seedless
Kernmembran nuclear membrane
Kernobst pomaceous fruit
Kernphase nuclear phase
Kernphasenwechsel alternation of
nuclear phase
Kernplasma / Nucleoplasma
nucleoplasm
Kernpore nuclear pore
Kernteilung nuclear division, mitosis
Kernverschmelzung fusion of nuclei,
caryogamy
Kesselfallenblume / Gleitfallenblume
pitfall trap, slippery-trap flower,
slippery-slide flytrap
keulenartig club-like, clavate
Keulenpilz club fungus
Keuper (Epoche) Upper Triassic
Kiel / Schiffchen keel
Kien / Kienholz resinous pinewood
Kienapfel pinecone, "pine"
kienig / harzreich resinous, resiny

Kienspan chip of pinewood,
pinewood chip
Kies gravel
Kieselalge / Diatomee diatome
Kieselerde diatomaceous earth
kieselsäurehaltig siliceous
Kieselstein pebble
Kiesgrube gravel pit
Kindel / Kindl (Bromelien / Bananen)
sucker
**Kindelbildung (Kartoffel: Knollen-
mißbildung)** formation of
miniature stolons due to water stress
Kistenbretter crate planks / boards
Kitt / Kittsubstanz adhesive, cement
Kladistik cladistics, phylogenetic
analysis
**Kladodium / Cladodium (Flachsproß
eines Langtriebs)** cladode,
cladophyll; *also*: phylloclade
Kladogenese cladogenesis
Klappfalle / Schlagfalle snap trap
klappig valvate
Klappmechanismus snap mechanism
Kläranlage sewage treatment plant
Klärschlamm sewage sludge
Klärung sewage treatment
Klärwerk sewage treatment plant
Klasse class
Klause cell, mericarpic nutlet
(one-seeded segment / fruitlet of
loment)
**Klausenfrucht / Gliederfrucht / Glieder-
hülse / Bruchfrucht** loment,
lomentum, jointed fruit
Klebfalle adhesive trap, flypaper trap
klebrig / glutinös sticky, glutinous,
viscid
Klebscheibe / Klebkörper (Orchideen)
viscidium (a sticky disc)
Kleie bran
kleingesägt serrulate
kleingrubig alveolate
kleistogam cleistogamous
Kleistogamie cleistogamy
Kleistothecium cleistothecium,
cleistocarp
Klemmfalle pinch trap
**Klemmfallenblume /
Klemmfallenblüte** pinch-trap flower
Klemmkörper (Asclepiadaceen)
adhesive body, clamp, corpuscle,
corpusculum

Klette bur, burr
Klettenfrucht / Klettenfrucht bur, burr, burry fruit
kletternd / klimmend climbing, scandent
Kletterpflanze climber, scandent plant, (climbing) vine
Kletterpflanze (holzig) liana
Klima climate
Klimaanpassung acclimation, acclimatization
Klimagürtel climatic belt
Klimaxformation climax formation
Klimaxgesellschaft climax community
Klimaxvegetation climax vegetation
klimmend / kletternd climbing, scandent
Kline / Klin / Cline / Merkmalsgefälle / Merkmalsgradient cline, phenotypic / character gradient
Knäuel cyme with sessile flowers
Knickfestigkeit buckling strength, folding strength
Knie knee, knee-root
Knöllchen nodule
Knöllchenbakterien nitrogen-fixing bacteria
Knolle, kleine tubercle, tuberculum
Knolle (Sproß~, unterirdische) tuber, underground stem-tuber
Knolle (Zwiebel~) bulb
knollenförmig bulb-shaped
knollig tuberous, bulbous
Knorren (an Baum) / Holzmaser / Maser / Maserknolle gnarl, burl, burr
knorrig gnarled
Knospe bud
Knospe, ruhende quiescent bud, dormant bud, resting bud
Knospenanlage bud primordium
knospend budding
Knospendeckung / Ästivation / Aestivation estivation, aestivation
Knospenhülle bud (envelope) bracts
Knospenlage / Vernation vernation, ptyxis, prefoliation
Knospenlage / Vernation, aufgerollte (Farnblattentwicklung) circinate vernation
Knospenlücke bud gap
Knospenruhe bud dormancy

Knospenschuppe / Knospendecke / Tegment (protective) bud scale, tegmentum
Knospenspore / Conidie conidium
Knospung budding
Knoten / Nodium node
Koevolution coevolution
Koexistenz coexistence
Kohäsionstheorie cohesion theory (cohesion-tension theory)
Kohl cabbage, cole
Kohlenstoffquelle carbon source
kokkal / coccal coccal
kokkoid coccoid
Kokkolit / Coccolit coccolith
Kokkus (pl. Kokken) coccus (*pl.* cocci)
Kolben (Mais) ear, cob
Kolben / Blütenkolben (Infloreszenz) spadix
Koleoptile / Coleoptile coleoptile, plumule sheath
Koleorhiza / Coleorhiza / Wurzelscheide coleorhiza, root sheath, radicle sheath
Kolk / Moorauge / Blänke pothole, deep pool
kollateral collateral
Kolletere / Colletere (Leimzotte / Drüsenzotte) colleter, multicellular glandular trichome (sticky / viscous secretions)
kolline Stufe / Hügellandstufe / Vorgebirge foothills, foothill zone
Kolonie colony
koloniebildend colonial, colony-forming
Kommensalismus commensalism
Kommissur commissure
Kompaßpflanze / Medianpflanze compass plant, heliotropic plant
Kompartimentierung compartmentalization
kompatibel / verträglich compatible
Kompensationspunkt compensation point
Kompetenz (zur Blühinduktion) competence
Kompost compost
Kondensator condenser
kongenial / verwandt / gleichartig congenial
kongenital / angeboren / ererbt congenital

Konidie/Conidie conidium
Konidienträger/Conidienträger conidiophore
Konifere/Conifere/Nadelbaum conifer, coniferous tree
Konkauleszenz concaulescence
Konkurrenz competition
Konnektiv/Mittelband connective
Konsanguinität consanguinity
Konservatorium conservatory
Konsistenz consistency
Konsole (Fruchtkörper von Baumpilzen, z. B. *Fomes*) bracket, conk (shelf-like sporophyte)
Konstanz constancy
Konsument consumer
Kontakthemmung contact inhibition
Kontaktparenchym boundary parenchyma
Kontinentalböschung continental slope
Kontinentalklima/Binnenklima/Landklima continental climate
Kontinentallage continental location
Kontinentalrand continental fringe
Kontinentalsockel continental shelf
konvergent convergent
Konzentrationsgefälle concentration gradient
Konzeptakel *(Fucus)* conceptacle
Koog young/juvenile marsh
Köpfchen/Korb/Körbchen/Capitulum/Cephalium capitulum, cephalium, flower head
köpfen/kappen (Baum) pollarding, beheading, decapitation (of tree)
Korb/Körbchen/Köpfchen/Capitulum/Cephalium capitulum, cephalium, flower head
Kork/Phellem cork, phellem, secondary bark
Korkkambium cork cambium, phellogen
Korkrinde/Phelloderm secondary cortex, phelloderm
Kormophyt cormophyte
Kormus cormus
Korn kernel, corn, grain
Korn (Getreide) grain
Kornfrucht/Caryopse/Karyopse/„Kernfrucht" (Grasfrucht) caryopsis, grain

Korngröße (Bodenpartikel) soil particle size
Körnung grain
Kosmopolit cosmopolitan, cosmopolite
kosmopolitisch cosmopolitan, worldwide
Kotyledone/Cotyledone/Keimblatt cotyledon, seminal leaf
kräftiges Wachstum vigorous growth
Kragen/Ring/Annulus inferus (Rest des Velum partiale) ring, inferior annulus
krankhafte Veränderung lesion
Krankheit disease, illness
Krankheitserreger disease-causing agent
kranzförmig coronal, wreath-shaped
kräuseln/gekräuselt (Blatt) ruffle/ruffled (strongly wavy margin)
Kraut (siehe: Krautpflanze) herb (annual and biennial); wort, weed
Kräuter (Küchen~) herbs
Kräuterbuch herbal
Kräutergarten herb garden
krautig herbaceous
krautige Pflanze (allgemein) herb, herbaceous plant
krautige Pflanze (nicht Gräser) forb
Krautpflanze (allgemein) herb, herbaceous plant
Krautpflanze (nicht Gräser) forb (nongraminoid herbaceous plant)
Krautpflanze (Unkraut) weed
Krautschicht herbaceous plant layer
Kreide/Kreidezeit (erdgeschichtliche Periode) Cretaceous, Cretaceous Period
Kreis circle
Kreis (Blütenhüll~) perianth
Kreis (Staubblatt~) androecium
kreisförmig/fast rund orbiculate, nearly round
kreisförmig/kreisrund orbicular, circular
Kreislauf cycle
Kreuzbefruchtung/Fremd-befruchtung/Allogamie cross-fertilization, allogamy, xenogamy
Kreuzbestäubung/Fremdbestäubung cross-pollination

kreuzgegenständig/dekussiert decussate

Kreuzung/Züchtung crossing, cross, crossbre(e)d, breed, crossbreeding, interbreeding

kriechend (am Boden entlang/an Nodien bewurzelnd) creeping, crawling, repent

Kriechpflanze creeper, trailing plant

Kriechsproß/oberirdischer Ausläufer (photophil) runner, sarment

Kronblätter petals, corolla

Krone (Baum~/Stamm~) treetop, crown

Krone (Blüten~/Blumen~) corolla

Kronendach (forest) canopy

Kronenregion/Kronenschicht, mittlere (Baum~) subcanopy, lower canopy

Kronenregion/Kronenschicht, obere (Baum~) canopy, crown layer, upper canopy; overstory

Krume/Bodenkrume/Oberboden topsoil

Krümelstruktur crumb structure

Krummholz stunted, miniature forest; Krummholz

krummläufig (Samenanlage) campylotropous

krummschaftig twisted shoot, contorted stem

Krümmung contortion, bending

Krümmungsbewegung campylokinesis

Krüppelkiefer stunted pine

krüppelig/krüppelhaft stunted

Krüppelwuchs/Krüppelform stunted growth, stuntedness

Krustenflechte crustose lichen

Krustenpilz crustose fungus

krustig crustose, crustaceous

Kryophyt/Kältepflanze cryophyt, plant preferring low temperatures

Kryptogame cryptogam

Kryptophyt/Cryptophyt/Geophyt/Erdpflanze/Staudengewächs cryptophyte, geophyte, geocryptophyte (*sensu lato*)

Küchenkräuter herbs, culinary herbs

kugelig/sphärisch spherical

kultivierbares Land arable land

Kulturform domestic variety, cultivar

Kulturlandschaft cultural landscape

Kulturpflanze crop plant, cultivated plant

Kulturwald/Forst cultivated forest, tree plantation

Kümmerwuchs/Nanismus dwarfishness, nanism, microsomia

Kupula/Cupula/Blütenbecher/Fruchtbecher cupula, cupule

Kürbisfrucht/Gurkenfrucht (eine Panzerbeere) pepo, gourd

kurzborstig hispid

kurzlebig short-lived

kurzlebig/hinfällig/früh abfallend/früh verblühend fugacious, falling off unusually early

kurzlebige Pflanze ephemeral

Kurzstreckentransport short-distance transport

Kurztagpflanze short-day plant

Kurztrieb short shoot/axis

Küste coast, seaboard, shore

küstenbewohnend/uferbewohnend (Meeresküste) littoral

Küstendüne coastal dune

Küstengewässer coastal waters

Küstenklima/Meeresklima maritime/coastal/oceanic climate

Küstenlinie coastline, shoreline, waterline

Küstensaum/Ufersaum littoral fringe

Küstenstreifen/Küstenstrich coastline, coastal strip

Küstensumpf coastal swamp/marsh

Küstenvegetation maritime/coastal vegetation

Küstenwüste coastal desert

Küstenzone/Uferzone coastal zone, littoral zone

Kutikula/Cuticula cuticle, cuticula

L

Lache / Pfütze puddle
Lackglanz glossiness
Lage (Ort) location
Lager / Thallus thallus
lagern (Holz) season, store
Lagerpflanze thallophyte
Lagg (Randsumpf von Hochmooren)
  lagg (drainage channel within a bog)
Lagune lagoon
Lamelle lamella
Lamelle (Pilz~) gill
Lamellenpilz / Blätterpilz gill fungus,
  gill mushroom
Lamellentrama gill trama, dissepiment
Landbauprodukt crop
Landbauprodukt, leicht verkäufliches
  cash crop
landeinwärts inland
Landerzeugnis / Naturerzeugnis
  produce, crop
landlebend / irdisch terrestrial,
  land-dwelling
ländlich rural
Landökosystem terrestrial ecosystem
Landpflanze terrestrial plant
Landschaft landscape, countryside
Landschaftsökologie landscape
  ecology
Landschaftspfleger environmental
  warden
Landschaftsplaner / Landschafts-
  architekt landscape architect
Landschaftsplanung landscape
  planning
Landwind offshore wind
Landwirt farmer
Landwirt, diplomierter / Agronom
  agronomist
Landwirtschaft agriculture, farming
Längengrad degree of longitude
Längenwachstum / Streckungs-
  wachstum / Zuwachs elongation,
  elongational growth
Langhölzer logs
langlebig long-lived
Langlebigkeit longevity
länglich oblong

längsaderig / längsnervig / streifen-
  nervig striate veined
Längsaderung / Streifennervatur
  striate venation
langsamwachsend slow-growing
Längsschnitt longisection,
  longitudinal section, long section
Längsteilung longitudinal division,
  fission
Langstreckentransport long-distance
  transport
Langtagspflanze long-day plant
Langtrieb long shoot / axis
lanzettförmig / lanzettlich lanceolate
Lappen lobe
lappig / gelappt lobed, lobate
Latenzzeit latency period
lateral / seitlich lateral
Lateralorgan spur shoot
Latte lath, plank
Laub foliage, leaves, leafage
Laubausbruch foliage eruption
Laubbaum broadleaf, broadleaf tree
  (pl. broadleaves, hardwoods)
Laubblatt / Folgeblatt foliage leaf
Laubdach canopy of leaves
Laube arbor, bowery
Laubfall / Blattfall shedding of leaves,
  leaf fall
Laubflechte foliose lichen
Laubgehölze broadleaves, hardwoods
Laubmoos moss
Laubschicht leaf litter layer
Laubstreu leaf litter
Laubwald deciduous forest, broadleaf
  forest
Laubwerfen deciduousness, dropping
  of leaves, leaf-dropping
laubwerfend deciduous, dropping of
  leaves
Laubwerk foliage
Lauge (Bodenauslaugung) leachate
Leben life
lebend alive, living, biological, biotic
Lebendgeburt / Viviparie live-birth,
  vivipary
Lebensdauer life span
Lebenserwartung life expectancy
lebensfähig viable
Lebensform life form
Lebensgemeinschaft / Biocönose life
  community, biotic community,
  biocoenose

Lebensgemeinschaft (Pflanzen) guild
Lebensgemeinschaft, symbiotische symbiosis
Lebenskreislauf/Lebenszyklus life cycle
Lebensmittel foodstuff, nutrients
Lebensraum/Biotop life zone, biotope
Lebensspanne life span
Lebensvielfalt biodiversity
Lebensvorgänge life processes
Lebensweise lifestyle, mode/way of life, habits
Lebenszeit lifetime
Lebenszone life zone
Lebenszyklus/Lebenskreislauf life cycle, "life history"
Lebermoos liverwort
Lebewesen/Organismus lifeform, organism
leblos/tot lifeless, inanimate, dead
ledrig/lederartig coriaceous, leathery
leerfrüchtig/kenokarp/samenlos seedless (fruit)
Lehm loam
leierförmig lyre-shaped, lyrate
Leimzotte/Colletere/Kolletere (Drüsenzotte) colleter, multicellular glandular trichome (sticky/viscous secretions)
Leitbündel/Gefäßbündel/Leitbündel-strang/Faszikel vascular bundle, vascular strand, fascicle
Leitbündel, geschlossenes closed bundle
Leitbündel, offenes open bundle
Leitbündelring/Leitzylinder/ Leitbündelzylinder vascular cylinder
Leitbündelscheide bundle sheath
Leitbündelzylinder/Leitzylinder/ Leitbündelring vascular cylinder
leiterförmig ladder-shaped, scalariform
Leitertrachee scalariform vessel
Leitfossilie index fossil
Leitgewebe conducting tissue, vascular tissue
Leitpflanze/Charakterart character species
Leitung conduction, conductance, transport, translocation
Leitungswasser tap water
Leitzylinder/Leitbündelzylinder/ Leitbündelring vascular cylinder

Lentizelle/Korkpore lenticel
Leuchtbakterien luminescent bacteria
Liane (verholzte Kletterpflanze) liana, woody climber
Libriformfaser/Holzfaser libriform fiber
Lichtbrechung optical refraction
Lichtempfindbarkeit light sensitivty
lichtempfindlich (leicht reagierend) light-sensitive
lichter Wald low-density stand
Lichtmikroskop light microscope
Lichtpflanze/Heliophyt sun plant, heliophyte
Lichtquelle light source
Lichtreiz light stimulus
Lichtstärke/Lichtintensität light intensity
Lichtung/Schneise clearing, glade, aisle
Lichtwendigkeit/Sonnenwendigkeit/ Heliotropismus heliotropism
liegend/niederliegend prostrate, procumbent, trailing, lying
Liesche/Lieschenblatt (Hüllblatt an Maiskolben) (corn) husk
Lignifizierung lignification
limnisch/im Süßwasser lebend limnetic
Limnologie (Binnengewässerkunde) limnology
linealisch/linear lineal, linear
linsenförmig lentil-shaped, lentiform, lenticular
Lippe/Labellum lip, labellum, mesopetalum
Litoral/Litoralzone/Litoralbereich littoral, littoral zone
Löß loess
löcherig perforated
Lochkapsel/Löcherkapsel/Poren-kapsel/porizide Kapsel poricidal capsule
lochspaltig/porizid/poricid poricidal
locker gebautes Sekundärholz manoxylic wood
Lockmittel/Lockstoff attractant
Loculament locule, loculus
löffelartig/cochlear spoon-like, cochlear
lokulizid/rückenspaltig loculicidal, dorsally dehiscent

Lorica (Gehäuse einiger *Chrysophyceen*) lorica
Löslichkeit solubility
Löslichkeitspotential solute potential
Lösung solution
Lösungsmittel solvent
Luch bog, swamp
Lücke gap
Luftablegerverfahren air layering
Luftabsenker adventitious root
Luftalge terrestrial alga
Luftembolie air embolism (due to cavitation)
Luftfeuchtigkeit air humidity
Luftkammer *(Marchantia)* air chamber
Luftknolle/Pseudobulbe pseudo-bulb
Luftsack (Pollen) air pocket/bag/sac, vesiculum
Luftwurzel aerial root, air root
Lumineszenz luminescence
Lupe/Vergrößerungsglas lens, magnifying glass
Lyse lysis
lysigen lysigenous, lysigenic
Lysosom lysosome

M

Maar volcanic lake, maar
Macchie maquis
Magerwiese poor grassland, rough pasture/meadow
Mahd cut grass, hay, mowing
Mähwiese hay meadow, mowed meadow
Maiskolben (Fruchtstandachse) cob (of corn)
Maiskolben (gesamter Fruchtstand) ear (of corn)
Mangel/Defizienz deficiency
Mangelerscheinung/Defizienzerscheinung/Mangelsymptom deficiency symptom
Mangrove mangrove
Mangrovensumpf mangrove swamp
Mannbarkeit/Geschlechtsreife/Fähigkeit zur Fruktifikation sexual maturity
Mannigfaltigkeit/Vielfalt/Variabilität diversity, variability
männlich male; staminate
Manschette/Armilla/Annulus superus manchette, armilla, superior annulus
Mantelblatt/Nischenblatt nest leaf
Maquis maquis
marginal/randständig marginal
Mark pith, medulla, core
Mark.../medullär/markhaltig/markig medullar, medullary, pithy
Markstrahl pith ray, medullary ray
Markstrahlinitiale ray initial
Markstrahlparenchym ray parenchyma
Marsch marsh
Marschland marsh, marshland, fen
maschig meshy
Maserknolle/Kropf (Holz) burl, burr, gnarl, woody outgrowth, wood knot (with wavy grain)
Maserknolle, ebenerdige (durch Feuer/Trockenheit) lignotuber
Maserung (Faserorientierung) grain
Maserung/Fladerung (allgemein) figure, design
Massensterben mass extinction

Massenströmung (Wasser) mass flow, bulk flow

Massenvermehrung mass spread, outbreak

Matte/Mattenstufe alpine grassland

Matte/Teppich (z. B. Algen~) mat, layer (e.g. algal mat)

Meer sea, ocean

Meer, offenes/Hochsee open sea, pelagic zone

meeresbewohnend marine

Meeresboden/Meeresgrund seafloor, ocean floor

Meeresboden bewohnend benthic, benthonic

Meeresbodenbereich/Benthal benthic zone

Meeresbodenorganismen/Benthos benthos

Meeresbrandung surf, breakers

Meeresbusen bay, gulf

Meeresgrund/Meeresboden ocean floor, seafloor

Meereshöhe sea level, elevation

Meeresklima maritime/marine/oceanic climate

Meeresküste/Meeresufer seashore, seaboard, seacoast

Meeresküstenlage oceanic location, coastal location

Meeresleuchten marine phosphorescence

Meeresspiegel sea level

Meerwasser seawater, saltwater

Meerwasserintrusion seawater intrusion, saltwater intrusion

Megaspore/Makrospore megaspore, macrospore

Megasporenmutterzelle/Makrosporenmutterzelle megaspore/macrospore mother cell

mehlig mealy, farinaceous

Mehltaupilz mildew

mehrjährig/ausdauernd perennial

mehrjährig wachsend bis zur Blüte (Agave) plurienale

mehrreihig multiseriate, multiple rowed, in several rows

mehrzellig/vielzellig multicellular

Meiose/Reifeteilung/Reduktionsteilung meiosis, reduction division

membranös membraneous

Mergel marl

Merianthium/Teilblume merianthium, partial flower

Merikarp/Teilfrucht mericarp

Meristem/Bildungsgewebe meristem

– **(End~)** terminal meristem

– **(Flanken~)** flank meristem, peripheral meristem

– **(Folge~)** secondary meristem

– **(Grund~)** ground meristem

–, **interkalares/Restmeristem** intercalary meristem

–, **laterales** lateral meristem

–, **offenes** open meristem, indetermiare meristem

– **(Platten~)** plate meristem

– **(Rippen~)** file meristem, rib meristem

– **(Spitzen~/Scheitel~/Apical~)/ Vegetationspunkt** apical meristem, growing point

Merkmal trait, characteristic, feature

Merkmalsgefälle/Merkmalsgradient/ Cline/Kline/Klin cline, phenotypic/character gradient

Mesophyll (Schwamm- & Palisadenparenchym) mesophyll

Mesophyt mesophyte

Mesophytikum Mesophytic Era

Mesozoikum/Erdmittelalter (erdgeschichtliches Zeitalter) Mesozoic, Mesozoic Era

Metaphyt (pflanzlicher Vielzeller) metaphyte

Micellierung micellation

Mikropyle micropyle

Mikropylenwulst/Mikropylenwarze/ Karunkula/Caruncula caruncle

mikroskopische Aufnahme/ mikroskopisches Bild micrograph, microscopic image

Mikrospore microspore

Mikrotom microtome

Mikrotubulus microtubule

Milchröhre/Milchsaftröhre latex tube, laticifer

Milchröhre, gegliederte articulated lacticifer

Milchsaft/Latex latex

Mineralboden mineral soil

Miozän (erdgeschichtliche Epoche) Miocene, Miocene Epoch

Mischkultur mixed crop, mixed stand

Mischwald mixed forest
Mist manure
Mistbeet/Frühbeet forcing bed,
  hotbed
**Mitochondrium/Mitochondrion
  (pl. Mitochondrien)** mitochondrion
  (*pl.* mitochondria)
Mitose mitosis, nuclear division,
  duplication division
Mittelband/Konnektiv (Staubblatt)
  connective
Mittelgebirge low mountain range,
  highlands
Mittellamelle middle lamella
Mittelrippe/Costa midrib, midvein,
  costa
**Mittelrippe eines Fiederblattes/Fieder-
  blattachse/Rhachis/Blattspindel**
  rachis
mittelständig perigynous
Moder (Schimmel) mould, mildew
moderig/verfaulend decaying, rotting
moderig (Geruch) mouldy, putrid,
  musty
modern/verfaulen rot, decay,
  putrefy, decompose
Mole breakwater, jetty, mole
monadal/monadoid/monadial
  motile unicellular
Monochasium/eingablige Trugdolde
  monochasium, simple cyme,
  monochasial cyme
**monochlamydeisch/haplo-
  chlamydeisch/einfachblumen-
  blättrig/mit einfacher Blütenhülle**
  monochlamydeous,
  haplochlamydeous
Monokotyle/Monokotyledone
  monocotyledon, monocot
monophyletisch monophyletic
monopodial monopodial,
  indeterminate
Monopodium monopodium
monosymmetrisch
  monosymmetrical, zygomorphic
Monsunwald monsoon forest
Moor moor(land), mire, bog, fen,
  muskeg
Moorgrund quagmire
Moorlandschaft moorland
Moorpflanze/Sumpfpflanze
  helophyte, bog plant, marsh plant
Moos moss

Moosblüte moss flower
Moosdecke moss mat, moss cover
Moosfarn (*Selaginella*) spike moss
Mooshaube moss cap, haircap,
  calyptra
Mooskunde/Bryologie bryology
**Moospolster/Mooskissen/
  Moosrasen** moss cushion, moss
  carpet
Moosschicht moss layer
Moosstiel/Kauloid/Cauloid stemlet
Moosteppich moss carpet
**Moräne/Gletschermoräne/
  Gletscherschutt/Gletschergeröll**
  moraine, till, glacial till
Morast quagmire, swampy/muddy
  ground
Morphogenese morphogenesis
Morphologie morphology
morsch (Holz) decayed, rotten;
  brittle; frail, fragile
**Motorzelle/motorische Zelle/
  Gelenkzelle (im Schwellkörper des
  Blattes)** motor cell, bulliform cell
Mottenblume moth-pollinated flower
Mudde/organogener Schlamm peat
  clay, organic silt
Mulch mulch
Mulde depression, basin
muldenförmig trough-shaped
**Mull (fast neutraler Auflagehumus/
  milder Dauerhumus)** mull humus,
  mull
Mulm/Fäule rot, decaying matter,
  mold
multiseriat/vielreihig/mehrreihig
  multiseriate, multiple rowed
Muschelkalk (Epoche) Middle Triassic
Muster pattern
mutagen/mutationsauslösend
  mutagenic
Mutationsrate mutation rate
Mutierbarkeit mutability
**Muttergestein/Ausgangsgestein/
  Grundgestein** bedrock, rock base,
  parent material/rock
Mutterpflanze mother plant
Mutualismus mutualism
Mykologe mycologist
Mykologie/Pilzkunde mycology
Myzel mycelium

N

Naßfäule wet rot
Naßpräparat (Frisch-/Lebend-/Nativ-präparat) wet mount
Naßwiese damp meadow, wet meadow, wetland
Nabel/Hilum hilum, funiculus scar
Nabelstrang/Funiculus seed stalk, ovule stalk, funicle, funiculus
Nachblüte/Postfloration postfloration
Nachkomme progeny, descendant, offspring
Nachreifen after-ripening
Nachtpflanze/Nachtblüher nocturnal plant
nachwachsen regenerate, regrow, reestablish
Nacktsamer/Gymnosperme naked-seed plant, gymnosperm
Nacréschicht nacreous layer
Nacréwand Nacré wall, nacreous wall
Nadel needle
Nadelbaum/Konifere/Conifere coniferous tree, conifer, softwood tree
nadelförmig needle-shaped, acicular
Nadelschicht needle litter layer
Nadelstreu needle litter
Nadelwald coniferous forest
Nadelwaldstufe/hochmontane Stufe upper montane/subalpine conifer forest zone
Nagel (des Kronblattes)/Unguis claw, unguis
Nährboden nutrient medium
Nährgewebe (allgemein) nutrient tissue
Nährgewebe (Embryosack) endosperm
Nährgewebe (nucellar) perisperm
Nährhumus unstable humus, friable humus, crustable humus
Nährlösung nutrient solution
Nährstoff nutrient
nährstoffarm nutrient-deficient, oligotroph(ic)
nährstoffarm und humusreich/dystroph dystrophic

Nährstoffarmut nutrient deficiency
Nährstoffaufnahme nutrient uptake
Nährstoffbedarf nutrient demand, nutrient requirement
nährstoffreich nutrient-rich, eutroph, eutrophic
Nahrungskette food chain
Nahrungskreislauf nutrient cycle
Nahrungsnetz food web
Nahrungspflanze food crop, forage plant, food plant
Nahrungspflanzenanbau food crop production
Nahrungspyramide biotic pyramid
Nährwurzel feeder root
Naht/Fuge/Verwachsungslinie seam, suture, raphe
Name, volkstümlicher common name, vernacular name
Namensbezeichnung name, term, designation, nomenclature
Namensetikett/Namensschildchen (für Pflanzen) name tag
Namensgebung/Benennung/Bezeichnung (Nomenklatur) naming, designation (nomenclature)
Nanismus nanism, dwarfishness, dwarfism
Nanophanerophyt (Sträucher) nanophanerophyt (shrubs under 2 m in height)
Napfblume bowl-shaped flower
Narbe (Fruchtblatt~) stigma
Narbe (Wund~) scar
Narbenfäden (Mais) tassel
Narbenkopf stigma head (clublike swollen stigma)
Narbenlappen stigmatic lobe
Nastie nastic movement
nastisch nastic
Nationalpark national park
Naturgeschichte natural history
Naturlandschaft natural environment/setting
Naturpark wildlife park, national park
Naturreservat nature reserve
Naturschutz environmental protection, nature protection/conservation/preservation
Naturschutzbewegung nature conservation movement
Naturschützer conservationist

Naturschutzgebiet nature/wildlife reserve, wildlife sanctuary, protected area; national park

Naturwiese native meadow

Naturwissenschaften natural sciences, science

Naturwissenschaftler natural scientist, scientist

Nebel fog

Nebel, leichter mist

nebelig foggy

nebelig, leicht misty

Nebelwald cloud/fog forest, humid/perhumid forest, montane rainforest

Nebelwüste fog desert

Nebenblatt/Stipel stipule

Nebenblattdorn spine

nebenblattlos/ohne Stipeln exstipulate, astipulate, estipulate

Nebenkrone/Parakorolle paracorolla

Nebentrieb offshoot, lateral shoot

Nebenwurzel/Beiwurzel/Adventiv-wurzel supplementary root, adventitious root

Nebenwurzel/Seitenwurzel lateral root

Nebenzelle (Spaltöffnung) subsidiary/accessory/auxiliary cell

Neigung/Neigungswinkel inclination

Nektarblatt/Honigblatt nectar leaf, honey leaf

Nektarium/Nektardrüse/Honigdrüse nectar gland, nectary

Nektarium, extraflorales extrafloral nectary

Nekton (starke Eigenbewegung) nekton (high mobility)

Neotenie neoteny

neritische Region neritic zone

Nerv/Ader/Rippe (Blatt~) vein, rib

Nervatur/Nervation/Aderung/Venation venation (siehe Blattaderung)

netzförmig net-like, reticulate

Netznervatur/Netzaderung reticulate venation, net venation, netted venation

netznervig reticulately veined

Netzwerk network

nickend nodding

Niederblatt cataphyll

niedere Pflanzen lower plants, primitive plants

niedergedrückt/niederliegend mit aufrecht wachsender Sproßspitze decumbent, lodged (cereals)

niederliegend prostrate, procumbent, trailing, lying

Niedermoor/Flachmoor/Braunmoor/Fen fen

Niederschlag precipitation

Niederung/Tiefland lowland

Niederungsmoor fen, fenland, valley bog

Niederwald (durch Rückschnitt) coppice

nierenförmig kidney-shaped, reniform

Nische niche

Nischenblatt/Mantelblatt nest leaf

nistend (eingebettet in einer Aushöhlung) nesting, nestling, nidulant

Nitrifizierung nitrification

nivale Stufe nival zone

Nodium/Knoten node

Nomenklatur (Gesamtheit der Fachausdrücke) nomenclature (system of terms)

Nomenklatur/Fachausdruck/Name nomenclature, designation, name

Nomenklatur, binäre/binominale binary/binomial nomenclature

nördlich (biogeographisch) northern, boreal

Nuß nut

Nüßchen nutlet

Nutation nutation

Nutzfläche, landwirtschaftliche cultivated land

Nutzholz timber, lumber

Nutzinsekt beneficial/beneficient insect

Nützling/Nutzart beneficial species, beneficient species

Nutzpflanze economic plant, useful plant, crop plant

Nuzellus/Nucellus/„Knospenkern" nucellus

O

obdiplostemon obdiplostemonous
Oberblatt (Blattoberfläche) upper
  leaf surface, adaxial leaf surface
Oberblatt / Epiphyll epiphyll
Oberboden (Auswaschungshorizont /
  A-Horizont) topsoil (zone of
  leaching / eluviation)
Oberfläche surface
Oberflächenabfluß surface runoff
Oberflächenfilm (in stehendem
  Binnengewässer) scum, mat
Oberflächenspannung surface tension
Oberflächenwasser surface water
Oberflächenwurzler shallow-rooted
  plant
oberflächlich superficial
Oberholz / Oberstand / Schirmbestand
  overstory
oberirdisch aboveground,
  overground, superterranean
oberschlächtig / incub overshot,
  incubous
Oberseite upper surface, upperside
oberständig hypogynous
Objektiv objective
Objekttisch (microscope) stage
Objektträger (microscope) slide
Obst fruit
Obstbau fruit growing
Obstbaukunde pomology
Obstbaum fruit tree, fruit-bearing tree
Obstplantage fruit orchard
Obststein pit, stone
Obturator (Gewebewucherung)
  obturator (outgrowth)
Ochrea / Tute ochrea, ocrea, mantle
Ödland wasteland
öffnend opening, dehiscent
Öffnung / Mund / Mündung opening,
  aperture, orifice, mouth,
  perforation, entrance
Öffnungsfrucht / Streufrucht /
  Springfrucht dehiscent fruit
Ökokline ecocline (gradient of
  vegetation and biotopes)
Ökologie ecology
Ökophäne ecophene
Ökosystem ecosystem

Ökoton / Übergangsgesellschaft
  ecotone
Ökotop ecotope
Okular ocular, eyepiece
okulieren / Okulation bud grafting,
  budding
Ölbehälter oil cavity
oligotroph / nährstoffarm oligotrophic
Oligozän (erdgeschichtliche Epoche)
  Oligocene, Oligocene Epoch
Ölkörper (Samen) elaiosome
Ontogenese ontogenesis
Oogamie / Eibefruchtung oogamy
Opfer victim, prey
opportunistisch opportunistic
Ordnung order
Ordovizium (erdgeschichtliche
  Periode) Ordovician, Ordovician
  Period
Organ organ
Organisationsstufe organizational
  level, grade of organization
Organisationstyp / Organisationsform
  organizational form
organisches Material organic matter
Organismus organism, lifeform
orthotrop orthotropous, orthotropic,
  atropous
Orthotropismus orthotropism
Ortstein / Eisenstein ironpan, ortstein
  (a hardpan)
Ortstreue / Philopatrie philopatry,
  homing
Osmose osmosis
osmotisches Potential osmotic
  potential
Ostwinde easterlies
Ovar / Ovarium / Fruchtknoten ovary
Ozean ocean
ozeanisch oceanic
ozeanische Region profundal zone,
  oceanic zone / region

P

Paläobotanik paleobotany
Paläontologie paleontology
Paläophytikum / Florenaltertum
  Paleophytic Era
Paläozän (erdgeschichtliche Epoche)
  Paleocene, Paleocene Epoch
Paläozoikum / Erdaltertum
  (erdgeschichtliches Zeitalter)
  Paleozoic, Paleozoic Era
Palisadenparenchym palisade
  parenchyma
Palmfarn / Cycadee palmfern, cycad
Palmwedel palm frond
Palsenmoor / Torfhügelmoor palsa
  bog
panaschiert variegated, mottled
Panzer armor, shell, theca
Panzerbeere (Hesperidium und
  Kürbisfrucht, *siehe dort*) berry with
  hard rind (hesperidium and pepo/
  gourd)
Papierholz pulpwood
Pappus / Haarkelch / Federkelch
  (Haarkranz des Blütenkelchs)
  pappus (tuft of calyx appendages)
parakarp syncarpous without septa
Paralladerung / Parallelnervatur
  parallel venation
parallelgestreift parallely striped
parallelnervig parallely veined
Parasit parasite
parasitär parasitic
Parenchym / Grundgewebe
  parenchyma, ground tissue,
  fundamental tissue
– **(Assimilations~) / Chlorenchym**
  chlorenchyma
– **(Kontakt~)** boundary parenchyma
– **(Markstrahl~)** ray parenchyma
– **(Palisaden~)** palisade parenchyma
– **(Pseudo~)** pseudoparenchyma,
  paraplectenchyma
– **(Rinden~)** cortical parenchyma
– **(Schwamm~)** spongy parenchyma
– **(Speicher~)** storage parenchyma
– **(Wund~)** traumatic parenchyma
parenchymatisch parenchymatous

Parietalplazentation / wandständige
  Plazentation parietal placentation
Parkbaum park tree
Parkwald parkland
parthenokarp parthenocarpic
Parthenokarpie / Jungfernfrüchtigkeit
  parthenocarpy
Passatwinde trade winds, trades
Peitsche whip
peitschend whipping
Peitschengeißel whiplash flagellum,
  acronematic
Pelagial / pelagische Zone pelagic
  zone
pelagisch / pelagial pelagic, pelagial,
  open-sea
Pelagos (Organismen des Pelagial)
  pelagic organisms, pelagic
  community
Pellicula pellicle, pellicula
Pendelverkehr / Schleusen shuttle
perennierend perennial
Perforationsplatte perforation plate
perforiert perforated
perforierte Endwand (Xylem)
  perforation plate
Perianth perianth
Periderm periderm, outer bark
Perigon perigon
Perikambium / Perizykel
  pericambium, pericycle
Periodizität periodicity
Periphyse periphysis
Periplasmodialtapetum plasmodial
  tapetum
Peristom peristome, peristomium
peritrich peritrichous
Perizykel / Perikambium pericycle,
  pericambium
perlmuttartig glänzend /
  perlmutterartig glänzend nacreous
permuttfarben / perlmutterfarben
  nacrine, mother-of-pearl colored
Pfahlstütze (für Pflanzen) stake
Pfahlwurzel taproot
Pfanne pan
pfeilförmig arrowhead-shaped,
  sagittate, sagittiform
Pflänzchen plantlet
Pflanze plant, "flower", wort
pflanzen plant
Pflanzenabfälle plant waste

Pflanzendecke plant cover, vegetational cover, vegetation
Pflanzendroge herbal drug
Pflanzenfarbstoff plant pigment
pflanzenfressend herbivorous
Pflanzenfresser herbivore
Pflanzengalle gall
Pflanzengeographie / Geobotanik plant geography, phytogeography, geobotany
Pflanzengesellschaft / Pflanzen-gemeinschaft plant community
– (allgemein / abstrakt) phytocoenon, community type, nodum, abstract plant community
– (spezifische) phytocoenose, concrete plant community
Pflanzenhaar trichome
Pflanzenkonsument plant consumer
Pflanzenkörper plant body
Pflanzenkrankheit plant disease
Pflanzenkultur crop
pflanzenlos devoid of plants
Pflanzenmaterial plant specimens
Pflanzenmaterial, sich zersetzendes plant debris
Pflanzenöl (diätetisch) vegetable oil
Pflanzenreich plant kingdom
Pflanzensaft sap, xylem / phloem fluid
Pflanzenschädling plant pest
Pflanzenschau plant show
Pflanzenschauhaus greenhouse (open to the public)
Pflanzenschutz plant protection
Pflanzenschutzmittel plant-protective agent, pesticide
Pflanzensoziologie plant sociology, pytosociology
Pflanzensystematik plant systematics, plant classification
Pflanzenvielfalt plant diversity
Pflanzung plantation
Pflock peg
Pflugbau tillage farming
pflügen plowing, till, tiling
Pfosten post
pfriemlich awl-shaped, subulate
pfropfen grafting
Pfropfgrundlage / Pfropfunterlage stock
Pfropfreis / Edelreis / Pfröpfling scion (cion), graft, slip
Pfropfsteckling scion, slip

Pfropfung grafting
Pfropfunterlage / Pfropfgrundlage stock
Pfütze puddle
Phanerophyt / Holzgewächs (Bäume / Sträucher; hochliegende Erneuerungsknospen) phanerophyte (siehe: Nanophanerophyt)
Phänologie phenology
Phänotyp phenotype
Pharmakognosie pharmacognosy
Phasengrenze phase boundary
Phasenkontrast phase contrast
Phellem / Kork phellem, cork, secondary bark
Phellogen / Korkcambium phellogen, cork cambium
Phloem / Siebteil / Bastteil phloem
Phloembeladung / ~entladung phloem loading / unloading
Phloemsaft phloem sap
photoallergen photoallergenic
Photosynthese photosynthesis
Phreatophyt phreatophyte
phyletisch phyletic
Phyllocladium (Flachsproß eines Kurztriebs) phylloclade
Phyllodium / Blattstielblatt phyllode
Phylloid / Algenspreite / Moos-blättchen phyllid, leaflet, blade, lamina
Phyllom phyllome
Phylogenese / Phylogenie / Stammes-geschichte / Stammesentwicklung / Abstammungsgeschichte / Evolution phylogenesis, phylogeny, evolution
phylogenetisch / phyletisch / stammes-geschichtlich / evolutionär phylogenetic, phyletic, evolutionary
physiologisch physiological
Pier pier, quay
pikieren transplant
Pilz mushroom, fungus
Pilzfaden hypha
Pilzfleisch / Fleisch flesh
Pilzhülle / Velum veil, velum
Pilzhut cap, pileus
Pilzkunde / Mykologie mycology
Pionierpflanze pioneer plant
Pistill / Stempel pistil
pistillat pistillate, carpellate

plagiotrop plagiotropic,
plagiotropous, obliquely inclined
Plagiotropismus plagiotropism
Planation planation
Planke plank
Plankton (passiv schwebend)
plankton (passive drifters)
planktonisch planktonic
Plantage plantation, orchard, grove
Plasmamembran/Zellmembran/
Ektoplast/Plasmalemma plasma
membrane, ectoplast, plasmalemma
Plasmaströmung/Dinese plasma
streaming, cytoplasmic streaming,
cyclosis
Plasmodesmos/Plasmadesma
(pl. Plasmodesmen) plasmodesm,
plasmodesma
Plasmolyse plasmolysis
Plastide plastid
Plastizität plasticity
Platte (Kronblatt) blade, lamina
Plattencollenchym/Platten-
kollenchym lamellar collenchyma,
tangential collenchyma
Plattenmeristem plate meristem
Platycladium/Flachsproß platyclade
Plazenta/Samenleiste placenta
Plazentation placentation
–, grundständige/basale/basiläre
basal placentation
–, laminale/flächenständige
laminary/lamellate placentation
–, randständige marginal placentation
–, wandständige/Parietal-
plazentation parietal placentation
– (Zentral~) free central placentation
–, zentralwinkelständige axile
placentation
Plectenchym/Plektenchym/
Flechtgewebe plectenchyma
Pleiochasium/vielgablige Trugdolde
pleiochasium
Pleistozän/Diluvium/Glazialzeit/
Eiszeit (erdgeschichtliche
Teilepoche) Pleistocene Epoch,
Glacial Epoch, Diluvial, Ice Age
Plenterschlag/Plenterbetrieb/Femel-
schlag/Femelbetrieb shelterwood
method: selective logging
Plenterwald/Femelwald shelter-
wood: selectively cut/uneven-aged
stand, uneven-aged forest/plantation

Pleuridium faucet gland
(of bucket orchid)
pleurokarp/seitenfrüchtig
pleurocarpic, pleurocarpous
Pliozän (erdgeschichtliche Epoche)
Pliocene, Pliocene Epoch
Plumula/Keimknospe/Stammknospe/
Sproßknospe/terminale Embryo-
knospe plumule, terminal
embryonic bud
plurilokulär/mehrkammerig
plurilocular, multilocular
Pneumatode/Atemöffnung
pneumathode
Pneumatophore/Atemwurzel
pneumatophore, aerating root
Podetium podetium
Polkern polar nucleus
pollakanth pollakanthic
Pollen pollen
Pollenfach/Pollensack pollen sac
(saccus, locule, loculus)
Pollenkammer (im oberen Bereich
der Samenanlage) pollen chamber
Pollenkitt pollenkitt, pollen coat
Pollenkorn pollen grain
Pollenkunde/Palynologie palynology
Pollensack/Pollenfach pollen sac
(saccus, locule, loculus)
Pollensackgruppe/Theka pollen case,
theca
Pollenschlauch pollen tube
Pollenschlauchbefruchtung/
Siphonogamie "pollen tube
fertilization", siphonogamy
Pollenschlauchzelle pollen tube cell
Pollinarium pollinarium
Pollinium pollinium
Polster mat
polsterförmig/kissenförmig
pulvinate, cushion-shaped
Polsterpflanze cushion plant
Polstervegetation mat-like vegetation
polyenergid polyenergid
polystemon polystemonous
Population/Fortpflanzungs-
gemeinschaft population,
reproductive group
Populationsdichte population density
Populationskurve population curve
Porenkapsel/porizide Kapsel/Loch-
kapsel/Löcherkapsel poricidal
capsule

porig porous
Porling pore mushroom, pore fungus, polypore
Porosität porosity
Präkambrium/Präcambrium (erdgeschichtliches Zeitalter) Precambrian, Precambrian Era
Präparat (Pflanzen–) preserved plant specimen
Präparat, mikroskopisches microscopical preparation/mount
präparieren prepare; dissect, mount
Prärie prairie
Preßspan pressboard
Primane primordial cell (*siehe* Initiale)
Primärblätter/Erstlingsblätter primary foliage leaves, first foliage leaves
Primärwachstum primary growth
Primärwand primary wall
Primärxylem primary xylem
Primordium/Anlage primordium, anlage
Probenahme sampling, take samples
Produktivität productivity
Produzent producer
Profilstellung vertical alignment of leaves, vertical orientation of leaves
Prolepsis/Vorzeitigkeit prolepsis, early development
Propagationseinheit/Fortpflanzungseinheit/Ausbreitungseinheit/Diaspore propagule, diaspore, disseminule, dispersal unit
Prophyll/Vorblatt prophyll, first leaf
Proplastide proplastid
prosenchymatisch prosenchymatous
Proteinkörper (in Siebröhren) P-protein body, phloem protein body, slime body/plug (in sieve tube cells)
Proterozoikum (erdgeschichtliches Zeitalter) Proterozoic Era (late Precambrian)
Prothallium prothallus
Proventivknospe/Ersatzknospe latent bud
proximal/ursprungsnah proximal
Pseudobulbe/Luftknolle pseudobulb
Pseudoparenchym/Scheingewebe pseudoparenchyma, paraplectenchyma, false tissue
puffern buffering

Pulpe pulp
Punktquelle point source
Pyramidenkrone pyramid-shaped treetop/crown, excurrent treetop, conical treetop

Q

Quartär (erdgeschichtliche Periode) Quaternary, Quaternary Period
Quelle/Produktionsort source
quellen (anschwellen) swell
quellen (hervor~) emanate
quellen (Wasseraufnahme) soak, steep
Quellflur/Quellflurvegetation source vegetation
Quellmoor spring fen
Quellwasser springwater
Querfaserung crossgrain
Querschnitt/Hirnschnitt cross section, transverse section
Querwand cross wall
Quetschpräparat squash (mount)
Quieszenz (exogen bedingte Ruheperiode) quiescence
Quirl/Wirtel whorl, verticil
quirlständig/wirtelig (Blattstellung) whorled, verticillate
Quotient/Verhältnis ratio, relation

R

Rabatte border, bordered flowerbed
racemös/razemös/racemos/traubig (monopodial verzweigt) racemose, botryose (monopodially branched)
Radialschnitt/Spiegelschnitt (Holz) radial section, quartersawn
radiär/radiärsymmetrisch/zyklisch/ strahlenförmig/aktinomorph radial, cyclic, radially symmetrical, regular, actinomorphic
Radiärsymmetrie radial symmetry
Radiation, adaptive adaptive radiation
Rain field boundary, margin of a field, balk
Rand edge, margin
Randgehänge rand/slope community of raised bog
randständige Plazentation marginal placentation
randwellig repand
Rangstufe/Kategorie category
Ranke tendril, cirrus, clasper
rankend twining, climbing, creeping
Rankengewächs twiner, creeper, climber
Rankenkletterer tendril climber
Rankenpflanze/rankende Pflanze tendril climber; vine, cane, sarment
Raphe/Samennaht/Samenwulst raphe
Rasen lawn
Rasendecke grass cover, sod, turf (nonforage grass)
Rasengräser turfgrass
rasig/rasenartig/grasbüschelartig cespitose, caespitose, caespitulose (growing densely in tufts)
Rasse race
Rasterelektronenmikrosop (REM) scanning electron microscope (SEM)
Raub predation
Räuber (Jäger) predator
räuberisch predatory
Räubertum predation
Raubtier predatory animal
rauh scabrous, rough

rauhblättrig rough-leaved, trachyphyllous

Rauhreif / Reif / Rauhfrost (fein / flockig) hoarfrost, white frost

Rauhreif (fest aufgefroren) rime

rautenförmig / rhombisch rhomboid

razemös / racemös / racemos / traubig (monopodial verzweigt) racemose, botryose (monopodially branched)

Reaktionsholz reaction wood

Rebe vine

Reduktionsteilung / Reifeteilung / Meiose reduction division, meiosis

Refraktärphase / Refraktärstadium refractory period, refractory stage

regelmäßig regular

Regenfälle rain showers

Regenschatten rain shadow

Regenschattenwüste rain-shadow desert

Regenwald rain forest

Regenzeit / Pluvialzeit rainy season

reißen (z. B. Wassersäule) break, cavitate

Reißfestigkeit tensile strength, breaking strength

reif mature, ripe

Reif / Rauhreif rime, hoarfrost, white frost

Reife maturity, ripeness

Reifen maturing, ripening

Reifeteilung / Reduktionsteilung / Meiose reduction division, meiosis

Reinkultur pure culture, axenic culture

reinrassig true-bred, pure-bred

Reis (Zweiglein / junger Zweig) young shoot, twig, spray

Reis / Pfropfreis scion

Reisig spray, brushwood

Reisveredelung / Pfropfen scion grafting

Reiz / Stimulus stimulus, irritation

reizbar irritable

Reizbarkeit irritability

reizempfänglich irritable, excitable, sensitive

Reizhaar / Fühlhaar trigger hair, sensitive hair

Reizschwelle stimulus threshold

Reizumwandlung stimulus transduction

Reizung stimulation, irritation

Relikt relict

Reservat reserve

Reservestoff reserve material, storage material, food reserve

Resistenz resistance

Restitution restitution

Restmeristem intercalary meristem

Resupination resupination (inversion)

Reusenfalle weir basket trap

rezent / gegenwärtig / heute lebend recent, contemporary, extant

Rezeptakel / Rezeptakulum receptacle, receptaculum

Rezeptor receptor

Rhachis / Blattspindel / Fiederblatt-achse (Mittelrippe eines Fieder-blattes) rachis

Rhachis, kleine sekundäre rachilla

Rhizoid (Algen / Moose) holdfast (algas); rhizoid, rootlet (mosses)

Rhizom / Erdsproß / Wurzelstock rhizome, creeping underground stem

rhizomartige Hauptachse (Algen / Zygomyceten) stolon

Rhizomknolle rhizomatous tuber, rhizome tuber

Rhizosphäre rhizosphere

Rhythmus-Anpassung (circadiane) entrainment (rhythm adjustment)

Riß / Spalte crevice

Ribosom ribosome

Ried reed

Riedgras / Segge (Sauergräser) sedge

Riedsumpf reed swamp

Rieselfelder sewage fields

Rinde bark

Rindenbildung cortication

Rindenbrand / Sonnenbrand sunscald

Rindenparenchym cortical parenchyma

Rinderwirtschaft cattle ranching

Ring / Kragen / Annulus inferus (Rest des Velum partiale) ring, inferior annulus

Ringelborke / Ringborke ringbark

Ringelung / Gürteln (Baumrinde) ringing, girdling

ringförmig annular

ringporig (cyclopor) ring porous

Rinne (anat / morph) groove, furrow

Rinnsal / kleines Bächlein rill, rivulet, streamlet

Rippe (z. B. Blatt~) rib, vein
Rippe (Mittel~)/Costa midrib, costa
Rippe ((Mittel~) eines Fiederblattes/ Rhachis/Blattspindel/Fiederblattachse rachis
Rippenmeristem rib meristem, file meristem
Rispe/Blütenrispe panicle
rispig/paniculat paniculate, panicular
Roßbreiten horse latitudes
Rodung felling, clearing
Rohdichte green density
Rohhumus/saurer Auflagehumus/ Trockentorf mor (humus)
Rohr/Röhre pipe, tube
Rohr (Schilf~) cane
Röhrenblüte/Scheibenblüte (Asterales) disk flower, disk floret, tubular flower
Röhrenblüte (verwachsene Kronblätter) corolla tube, tubular corolla
röhrenförmig/schlauchförmig siphoneous, siphonaceous, tubular
Röhrenpilz boletus mushroom
Rohricht reed bank, reeds
Rohrkolben cat's-tail, reedmace
Röhrling/Porling pore mushroom, pore fungus, boletus mushroom
Rohrstock cane
Rohrzucker cane sugar
Rohstoff raw material
Rosette rosette, whorl
Rosettenpflanze rosette plant
rostrot ferrunginous
Rostellum/Klebkörper (Gynostemium) rostellum, adhesive body
rösten/rötten (Flachsrösten) retting
Rostpilz rust
rötten/rösten (Flachsrösten) retting
Rübe (Beta) beet
Rübe/Speicherwurzel fleshy taproot, storage root
Rückbildung degeneration, regression
Rückennaht/Dorsalnaht (Mittelrippe des Fruchtblattes) dorsal suture, dorsal seam
rückenspaltig/lokulizid loculicidal
Rückentwicklung retrogressive development/evolution
Rückkreuzung backcrossing, backcross

Rückschlag/Atavismus (ursprüngliches Merkmal) atavism, throwback
Rückschnitt (Gehölz~) pruning
Rückschnitt (bis auf den Stumpf;für Neuaustrieb) coppice, coppicing
rückseitig dorsal
Rückstrahlvermögen albedo
rückwärts/nach unten gerichtet/. gebogen retrorse
ruderal/auf Schutt wachsend ruderal
Ruderalpflanze ruderal plant
rudimentär rudimentary
(sensu lato: vestigial)
ruhende Knospe/schlafende Knospe resting bud, dormant bud, quiescent bud
ruhendes Zentrum quiescent center, quiescent zone
Ruhephase/Ruheperiode dormancy period
Ruhepotential resting potential
Ruhezustand inactive state, dormant state, dormancy
Ruhezustand, endogen bedingte/ Dormanz dormancy
Ruhezustand, exogen bedingte/ Quieszenz quiescence
Rülle bog drainage rill
Rumpfinfloreszenz truncate synflorescence
rund round
rundblättrig rotundifolious
Rundfraß ringing
Rundholz roundwood, log timber
rundlich/abgerundet roundish, rounded, rotund
runzelig/gerunzelt/gewellt/geriffelt wrinkled, rugose; corrugative, corrugated
Rute (Beeren~) cane
rutenförmig rod-shaped

S

Saatbeet seedbed
Saatgut seed stock, seeds
Saatkasten seed pan
Saatzeit seedtime
säen sow
Saft (Pflanzen~) sap, xylem/phloem fluid
Saftfrucht fleshy fruit
Safthaar/Paraphyse paraphysis, paranema
Saftmal/Honigmal nectar guide, honey guide
Sägemehl sawdust
Sägewerk sawmill, timber mill
sagittal/in Pfeilrichtung/in Pfeil-ebene sagittal, median longitudinal
Sagittalebene (parallel zur Mittel-linie) median longitudinal plane
Sagittalschnitt sagittal section, median longisection
Saisonwald seasonal forest
Salinität/Salzgehalt salinity, saltiness
Salzdrüse salt gland
Salzgehalt/Salzigkeit salinity, saltiness
salzig salty, saline
Salzpfanne saltpan, salina
Salzpflanze halophyte
Salzsee salt lake
Salzsteppe salt flat
Salzsumpf saltmarsh
Salzwasser saltwater
Same seed
Samen.../den Samen betreffend seminal
Samenanlage ovule
Samenausbreitung dissemination, seed dispersal
Samenbank seed repository
Samenblatt/Makrosporophyll macrosporophyll
Samengehäuse seed casing, fruit
Samenhülle seed coat (develops from integuments)
Samenkapsel seed case, capsule
Samenleiste/Plazenta placenta
Samenmantel aril
Samennabel/Hilum hilum, funiculus scar

Samennaht/Raphe raphe
Samenpflanze/Spermatophyt seed-bearing plant, spermatophyt
Samenruhe (Dormanz/Quieszenz) seed dormancy (dormancy/quiescence)
Samenschale seed coat, testa
Samenschuppe/Fruchtschuppe ovuliferous scale, seed scale
Samenstiel funicle, seed stalk
Samenwarze (allgemein) aril
Samenwarze/Karunkula (Auswuchs an der Mikropyle) caruncle
Samenwarze/Strophiole (Auswuchs der Raphe) strophiole
Samenwulst/Raphe raphe
Samenzapfen seed cone, female cone
Samenzelle/Sperma (männliche Geschlechtszelle) sperm cell, sperm (male gamete)
Sämerei seed company, seeds
Sämling seedling
Sammelbecken catchment area
Sammelfrucht aggregate fruit
Sammelfruchtkörper/Aethalium aethalium
Sammlung collection
samtig velutinous, velvet-like, velvety
Sandbank sandbank, sandbar
Sandbank, längliche sandbar
Sandboden sandy soil
Sander outwash, outwash plain
Saprophyt saprophyte
Sarkotesta sarcotesta
Sättigung saturation
Sättigungsbereich/Sättigungszone range of saturation, zone of saturation
Sauergräser/Seggen/Riedgräser sedges
sauerstoffbedürftig aerobic
Saugfalle suction trap
Saugkraft/Wasserpotential water potential
Saugorgan/Haustorium sucker, haustorium
Saugorgan/Schildchen/Scutellum (Keimblatt des Graskeimlings) scutellum
Saugschuppe/Schuppenhaar (Bromelien) absorbing trichome
Saugspannung soil-moisture tension; suction

Saugwurzel suction root, seeker
Säule pillar, column
Säule / Säulchen / Griffelsäule / Gynostemium *(Orchideen)* column, gynostemium
Saum / Rand seam, border, edge, fringe
Saumgesellschaft fringe community, gallery community
Säuregrad / Azidität acidity
saurer Boden acid / acidic soil
Savanne savanna
Schabepräparat scraping (mount)
Schachtelhalm horsetail, scouring rush
Schädlinge pests
Schädlingsbefall pest infestation
Schädlingsbekämpfung pest control
Schädlingsbekämpfungsmittel pesticide
Schädlingskontrolle pest control
Schaft shaft, leafless stem, leafless shoot, rachis, trunk
Schaft (Blüten~) peduncle, flower stalk
Schaft (dünner) cane
Schale (allgemein) shell, testa; husk, coat, cover
Schale *(Diatomeen)* frustule
Schale (Haut) skin, peel
schälen / entrinden decorticate, debark
Schalenhälfte *(Diatomeen)* valve
scharf (Mikroskopie) in focus, sharp
Schärfe (Bild) sharpness, focus
Scharfeinstellung focussing
Schärfentiefe / Tiefenschärfe depth of focus, depth of field
Schattenblatt shade leaf, sciophyll
schattenliebend shade-loving, sciophilous
Schattenpflanze shade-loving plant, shade plant, sciophyte, sciaphyte, skiophyte, skiaphyte
schattieren shade
schattig shady
Schau show
Schaukasten showcase
Scheckung / Variegation variegation
Scheibenblüte / Röhrenblüte disk flower, disk floret, tubular flower
scheibenförmig disk-shaped
Scheide (Blatt~) sheath

Scheide (Blütenscheide / Spatha) spathe
scheidenförmig / blütenscheiden-förmig spathaceous, spathal
scheidenförmig / röhrenförmig sheathed, vaginate
Scheidewand / Septe / Septum dividing wall, cross-wall, partition, dissepiment, septum
scheidewandbrüchig / wandbrüchig / septifrag septifragal
scheidewandspaltig / septizid septicidal
Scheinachse / Sympodium sympodium
Scheinblüte / Pseudanthium pseudanthium
Scheindolde / Pseudosciadioid contracted cymoid, cymose umbel, pseudosciadioid
Scheindolde / Trugdolde / Cyme / Zymus cyme
Scheinfrucht pseudocarp, pseudofruit, false fruit, spurious fruit
Scheinfüßchen pseudopod
Scheingewebe / Pseudoparenchym false tissue, paraplectenchyma, pseudoparenchyma
Scheinquirl / Scheinwirtel / Doppelwickel false whorl, pseudowhorl, verticillaster
Scheinstamm / Blattstamm *(Musa)* false stem, leafy stem
Scheitelfurche / Scheitelgrube apical furrow
Scheitelhöhe top height, total height
Scheitelmeristem apical meristem
Scheitelzelle apical cell
–, dreischneidige apical cell with three cutting faces
–, einschneidige apical cell with one cutting face
–, zweischneidige apical cell with two cutting faces
scheren shearing
Scheren / Stutzen / Beschneiden clipping
Scherfestigkeit shear strength, shear resistance
Schicht layer, story, stratum, sheet
Schichtenbildung stratification
Schichtung stratification, layering
schießen (früh in Blüte) bolting, shooting

schief oblique
Schiffchen/Kiel (*Fabaceen*-Blüte) keel
Schildblatt/peltates Blatt peltate leaf
Schildchen/Scutellum (Saugorgan an Graskeimling) scutellum (a shield-shaped structure)
schildförmig shield-shaped, peltate, peltiform
Schilf/Schilfrohr/Schilfgras/ Schilfröhricht reed
schillernd shimmering; iridescent
Schimmel/Moder mould, mildew
Schimmelpilz mould
Schindel shingle
schindelig imbricate, overlapping
Schirmbestand/Mutterbestand shelterwood
Schirmrispe (ein Ebenstrauß/ Corymbus) umbel-like panicle
Schirmschlag shelterwood: even-aged stand
Schirmtraube (ein Ebenstrauß/ Corymbus) umbel-like raceme
schizogen schizogenic
Schizokarp/Spaltfrucht schizocarp, schizocarpium
Schlafbewegung/Nyctinastie sleep movement, nyctinasty
schlaff (welk) limp
Schlag (Wald~) clearing
Schlamm mud
Schlamm (Fluß~) silt, warp
schlankstämmig slender-stemmed, leptocaulous
Schlauch tube, siphon, ascidium
schlauchartig/röhrenartig/siphonal/ tubulär siphoneous, siphonaceous, tubular
Schlauchblatt/Kannenblatt (*Nepenthes*) siphonaceous leaf, ascidiform leaf, ascidium, pitcher-leaf
Schlauchfrucht/Utriculus utricle, utriculus
Schlauchpilz (*Ascomyceten*) ascomycete, "spore shooter"
Schlauchzelle tube cell
Schleier/Cortina (Rest des Velum partiale/universale am Hutrand) cortina
Schleier/Hülle/Pilzhülle/Velum veil, velum
Schleierchen/Indusium indusium
Schleierzone cortinal zone

Schleim mucilage (speziell pflanzlich), mucus, slime, ooze
Schleimdrüse mucilage gland
schleimführender Kanal mucilaginous canal
schleimig slimy, mucilaginous, glutinous
Schleimkörper/Schleimpfropfen/ Proteinkörper slime body, slime plug, P-protein body
Schleimpilz (*Myxomyceten*) slime mold
Schleimzelle mucilage cell
Schlenke bog hollow, bog ditch, bog rivulet (in raised bog)
Schleppgeißel trailing flagellum
Schleuderausbreitung ballistic dispersal
Schleuderfrucht/ballistische Frucht ballistic fruit, ballist
Schleuderkapsel ballistic capsule
Schleudermechanismus (Samenausbreitung) ballistic dispersal mechanism
Schleudervorrichtung ejection device, ballistic device
Schleuderzelle/Elatere elater
Schlick (alluvial) mud, silt, sludge
Schlickgrund mud bottom
Schlicksediment (angeschwemmt) warp
Schließfrucht indehiscent fruit
Schließzelle guard cell
Schlingpflanze/Windepflanze (generell) winder, twiner
Schlingpflanze/Windepflanze (verholzte) liana
Schlußgesellschaft terminal community
Schlucht/Bergschlucht/Klamm/ Hohlweg canyon, gorge; ravine
Schluckfalle/Saugfalle suction trap, suctory trap
Schluff silt
Schlund (Blüten~) throat
Schlundschuppe coronal scale
Schlüssel (Bestimmungs~) key
schmarotzend parasitic
Schmarotzer parasite
Schmelzwasser meltwater
Schmetterlingsblume butterfly-pollinated flower

schmetterlingsblütig butterfly-like, papilionaceous
Schnalle *(Basidiomyceten)* clamp
Schnallenverbindung *(Basidiomyceten)* clamp connection
schneckenhausförmig eingerollt coiled like a snail's shell, cochleate, cochleiform
schneckenhausförmig eingerolltes junges Farnblatt fiddlehead, crozier
Schneise clearing, aisle
schnellwachsend fast-growing, rapid-growing
Schnitt (Pflanze, Mikroskopie) section
Schnittblume cut flower
Schnittfläche / Schnittebene cutting face, cutting plane
schnittig / geschnitten / eingeschnitten cut, incised
Schößling / Schoß (kleiner Sproß) shoot, sprout, sprig
Schößling (speziell: Zuckerrohr / Banane; Stauden) ratoon
Schößling / Wasserreis (an Wurzel oder Baumstumpf) sucker, tiller
Schößlinge treiben (v.a. Stauden) ratoon
Scholle (Erd~) lump (of soil)
schollig lumpy
Schonung young, protected forest plantation
Schonwald / Bannwald protected forest
Schopf / Büschel tuft
Schopfbaum tree with terminally tufted leaves
schopfig / dichthaarig / haarschopfig tufted, comose
Schopfkrone tufted crown
Schopfrosettenpflanze / Schopfpflanze crown rosette plant, caulescent perennial herb, giant leaf-rosette plant
Schorf (Blatt) scurf
Schorf (Wund~) / Grind scab
schorfig scurfy, scabby
Schorfwunde scab lesion (crustlike disease lesion)
Schötchen silicle
Schote silique
Schotter gravel
Schotterbank gravel bar
schräg oblique

Schraube / Spirale / Helix spiral, helix
Schraubel (cymöse Infloreszenz) bostryx (helicoid cyme)
schraubenartig gewunden / schneckenhausartig gewunden / cochlear irregularly helical (like a snail shell), cochleate
schraubig / spiralig / helical spiraled, helical, spirally twisted, contorted
Schreckstoff / Abschreckstoff deterrent, repellent
schrotsägeförmig runcinate, hook-backed, retroserrate
Schubfestigkeit shear strength
Schubgeißel pushing flagellum
Schüppchen (Grasblüte) lodicule, paleola, glumellule
Schuppe scale
Schuppenblätter scale-like bracts, scale leaves, bracteole, bractlet
schuppenblättrig scale-leafed
Schuppenborke scale bark
schuppenförmig scale-like
schuppig scaly, scabrous
Schutt rubble, debris, detritus
Schutt / Gesteinsschutt rock debris, rubble
Schütte / Blattschütte / Nadelschütte (Kiefernadeln) leaf cast (caused by frost / dryness / fungal disease)
Schüttelklette shake burr, rattle burr
Schutthalde / Schuttflur talus, scree
Schuttpflanze / Ruderalpflanze ruderal plant
Schutzvorrichtung protective device
schwachwüchsig slow growing
Schwammgewebe spongy tissue
Schwammparenchym spongy parenchyma
Schwammpilz / Porling spongiose fungus, polypore, pore fungus
Schwankung fluctuation
Schwärmer / Zoospore swarm cell, zoospore
Schwarte (Holz~) slab
schwebend suspended
Schwebeorgan float
Schwefelbakterien sulfur bacteria
Schwelle threshold
schwellen / anschwellen / turgeszent swell, swelling, turgescent
Schwellenwert threshold value

Schwellkörper / Lodicula (Grasblüte) lodicule, paleola, glumellule

Schwellung swelling

Schwellunggrad turgidity

Schwemmkegel / Schwemmfächer alluvial fan

Schwemmland floodland, flood plain, alluvial plain

Schwermetallbelastung heavy metal contamination

schwertförmig sword-shaped, ensiform, gladiate, xiphoid

Schwesterzelle sister cell

Schwimmblase (Algen) air bladder, float, pneumatophore

Schwimmblatt floating leaf

Schwingrasen (Moor) quaking bog, quagmire

Schwundschicht (Anthere) disappearing layer

Sclerenchym / Sklerenchym sclerenchyma

Sclerenchym-Steinzelle / Sclereide / Sklereide stone cell, sclereid, sclereide, sclerid

sclerenchymatisch sclerenchymatous

Sclerenchymfaser sclerenchyma fiber, sclerenchymatous fiber

Scutellum / Schildchen (Saugorgan des Graskeimlings) scutellum

See (Binnensee) sea, lake

See (Ozean) sea, ocean

Seegras / Seetang / Tang seaweed

Seenkunde limnology

Seeufer lakeshore, shore / banks of a lake

Seewind onshore wind

Sehnenschnitt (Holz) tangential section

seidenhaarig sericeous, sericate, silky

Seife (geol.) placer

Seitenachse lateral axis, lateral branch

Seitenast lateral branch, offshoot

seitenfrüchtig / pleurokarp pleurocarpic, pleurocarpous

Seitenknospe / Achselknospe lateral bud, axillary bud

Seitenkrone side crown

Seitensproß side shoot, lateral shoot

Seitentrieb lateral shoot, side shoot, offshoot

Seitentrieb (am Wurzelhals) sucker

Seitentrieb, kurzer (am Wurzelhals) offset

seitenwendig lateral

Seitenwurzel / Nebenwurzel lateral root

seitlich / lateral lateral

Sekret secretion

Sekretdrüse secretory gland

Sekretion secretion

Sekretionsgewebe secretory tissue

Sekretionstapetum secretory tapetum

sekretorisch secretory

Sekretzelle secretory cell

Sekundärholz, lockeres manoxylic wood

Sekundärwachstum secondary growth

Sekundärwand secondary wall

Sekundärxylem secondary xylem

Selbstausbreitung self-dispersal, autochory

Selbstbefruchtung / Autogamie self-fertilization, autogamy

selbstbestäubend self-pollinating, autophilous

Selbstbestäubung self-pollination, autophily

selbststeril self-sterile, self-incompatible

Selbstversorgerwirtschaft subsistence economy

Selektionsdruck selective pressure

Selektionsvorteil selective advantage

selten rare, scarce

seltene Art rare species

Seltenheit scarcity, rarity

Senke sink; depression, valley

Senke / Verbrauchsort (von Assimilaten) sink (importer of assimilates)

Senker / Absenker set, layer

Senker / Haustorium holdfast, haustorium

Senkung / Absinken / Erdabsenkung subsidence

Senkwasser / Sickerwasser / Gravitationswasser seepage water, soakage, gravitational water

Sepale / Sepalum (pl. Sepalen) sepal

Septe / Septum / Scheidewand (pl. Septen) septum (pl. septa), partition, dissepiment, cross-wall, dividing wall

septifrag / scheidewandbrüchig septifragal

Serie (Rangstufe / Klassifizierung) series

Serie (Sukzessionsfolge) sere (a successional series)

Seta seta

Setzling seedling

Sexualität sexuality

Sichel / Drepanium drepanium (a helicoid cyme)

sichelförmig sickle-shaped, drepanoid, crescent, falcate, falciform

Sickerwasser / Senkwasser / Gravitationswasser soakage, seepage water, gravitational water

Siebelement / Siebröhrenelement sieve tube element

Siebfeld sieve area

Siebplatte sieve plate

Siebröhre sieve tube

Siebröhrenelement / Siebelement sieve tube element

Siebröhrenglied sieve tube member

Siebteil / Bastteil / Phloem phloem

Siebzelle sieve cell

Silur (erdgeschichtliche Periode) Silurian, Silurian Period

Simse rush

siphonal / röhrenartig siphoneous, siphonaceous, tubular

Sippe / Tribus tribe

sitzend (z. B. Blatt) sessile

Sklerenchym / Sclerenchym (siehe dort) sclerenchyma

Sklerokarp sclerocarp

Sklerophyt sclerophyte

Sklerotesta sclerotesta

Sklerotisierung sclerification

Sklerotium / Dauermyzel sclerotium, hypothallus

Sog / Zug (Wasserleitung) tension, suction, pull

Solifluktion solifluction

solitär / einzeln solitary, single

Solitärpflanze solitary plant

sommergrün deciduous

Sommerholz summer wood

sommerlich aestival (appearing in summer)

Sommerschlaf estivation, aestivation

Sonnenblatt / Lichtblatt sun leaf

Sonnenbrand / Rindenbrand sunscald

Sonneneinstrahlung insolation

Sonnenorientierung solar tracking

Sonnenwendigkeit / Lichtwendigkeit / Heliotropismus heliotropism, solar tracking

Soredium soredium

Sorokarp sorocarp

Sorte sort, type, kind, variety, cultivar

Sorus sorus, "fruit dot"

Soziabilität / Geselligkeitsgrad sociability, gregariousness

Sozialbrache social fallow

Spadix spadix (pl. spadices)

Spalier espalier, trellis

Spalierobst espalier fruit

Spalt cleft, crack, slit

Spaltbarkeit cleavage

Spalte crevice, crack

spalten split, cleave

Spaltfrucht / Schizokarp schizocarp, schizocarpium

spaltig / gespalten (Blattrand) split, (suffix) -fid

Spaltkapsel longitudinally dehiscent capsule

–, dorsicide dorsicidal / loculicidal capsule

–, septicide septicidal capsule

Spaltöffnung stoma, stomatal pore

Spanplatte chipboard

spät auftretend / öffnend / aufbrechend (z. B. Zapfen) serotinous, late in developing (e.g. cone)

spatelartig / spatelig spathose

spatelförmig spathulate, spatulate

Spatha / Blütenscheide spathe

Spätholz / Herbstholz / Engholz latewood

Speichergewebe storage tissue

Speicherparenchym storage parenchyma

Speicherwurzel storage root

Speisepilz culinary / edible mushroom

Spelze husk, glume (small bract)

Spender / Donor donor

Sperma sperm

Spermatophyt / Samenpflanze spermatophyte, seed-bearing plant

Sperrholz plywood

spezifisches Gewicht (Dichte von Holz) specific gravity, wood density

Sphagnum-Moor peat bog

spießförmig spear-shaped, hastate, hastiform

Spiegelschnitt/Radialschnitt (Holz) radial section, quartersawn

Spindel stalk, axis, spindle

Spindel (Blatt~)/Rhachis/ Fiederblattachse (Mittelrippe eines Fiederblattes) rachis

Spindelfaser spindle fiber

spindelförmig spindle-shaped, fusiform

Spirale/Helix spiral, helix

spiralig spiral, spiraled, twisted, helical

spiralig aufgewickelt spirally coiled, strombuliform

Spiraltextur spiral grain

Spirre/Trichterrispe/Anthela anthela

spitz acute, sharp, pointed, sharp-pointed

spitz zulaufen/spitz zulaufend tapering (tapered), attenuate

Spitze apex, summit, peak, point, spike, fastigium

Spitze (Blatt~) leaf tip

Spitze (zulaufende) spire

Spitzenmeristem apical meristem

Spitzenwachstum apical growth

spitzig (mit steifer/harter Blattspitze) pungent

Splintholz sapwood, alburnum

Sporangienbehälter sporangiocarp

Sporangienträger sporangiophore

Sporangium sporangium

Spore spore

Sporenbehälter sporangium

Sporenträger spore-bearing structure, sporophore

Sporn (z. B. an Blüte) (floral) spur

Sporophyt sporophyte

Spreite blade, lamina; phyllid; frond

Spreitenrand (Blatt~) leaf blade margin/edge

Spreitenspitze (Blatt~) leaf tip

spreitig/spreitenförmig laminar, laminiform, laminous

Sprenger/Sprinkler (Bewässerung) sprinkler

Spreu/Kaff chaff (small dry scales/bracts)

spreuartig/voller Spreu chaffy, paleaceous

Spreuschuppe/Spreublatt ramentum, chaffy scale, palea, pale

sprießen sprout, grow, bud

Springfrucht/Streufrucht/ Öffnungsfrucht dehiscent fruit

Sprinkler sprinkler

Spritzbewässerung sprinkler irrigation

Spritzwasser/Gischt sea spray, ocean spray

Spritzwasserzone/Spritzzone splash zone

Sproß shoot, sprout

Sproß (Erd~)/Rhizom/Wurzelstock rhizome

Sproßbündel stem bundle, shoot bundle

sproßbürtige Wurzel stem-borne adventitious root

Sproßdorn thorn (sharp-pointed modified branch)

Sproßknolle/Stengelknolle (oberirdisch) storage stem, stem-tuber

Sproßknolle, unterirdische tuber, underground tuber, underground storage stem

Sproßknolle, unterirdische (mit gedrungen-aufrechter Achse: *Gladiolus*) corm

Sprößling sapling

Sproßpol (Embryo) shoot apex

Sproßranke (shoot) tendril

Sproßscheitel/Sproßvegetations-punkt (Apicalmeristem des Sproßes) shoot apex, apical meristem of shoot

Sproßspitze shoot apex, shoot tip

Sproßzuwachs shoot elongation

Sprossung/Knospung sprouting, budding

Sprühregen mist, drizzle

Sprühwasser ocean spray

Sprungschicht thermocline

Spülsaum drift line, intertidal fringe

Spur (Blatt~, Ast~) trace

Spurenelement trace element, micronutrient

Staatswald state forest

Stachel *(sensu lato)* spike, spine

Stachel (Epidermisauswuchs) prick, prickle

stachelig/stachlig *(sensu lato)* spiky, spikey, spiny, thorny

stachelig/stachlig (Epidermisauswüchse) prickly

Stachelpilz toothed fungus
stachelspitz (mit von Costa
   abgesetzter Spitze) mucronate
   (hard-sharp pointed)
stachelspitzig cuspidate
Stadium (zeitlich) stage
Stadtwald/städtischer Wald/
   Kommunalwald//Gemeindewald
   urban forest, community forest
staminat/männlich staminate, male
Staminodium staminode,
   staminodium
Stamm (Bakterien~) strain
Stamm (Beerenrute) cane
Stamm (gefällt) log
Stamm (Holz~/Baum~) stem, trunk,
   shaft, bole
Stamm (Palmen, Baumfarne)/
   Caudex caudex
Stammbaum family tree, pedigree
stammbildend/stengeltreibend/
   cauleszent caulescent (with stem
   above ground)
stammblütig/kauliflor cauliflorous
Stammblütigkeit/Kauliflorie/
   Cauliflorie cauliflory
stammbürtig cauline, arising from
   the stem
Stämmchen stemlet
Stammesgeschichte/Stammes-
   entwicklung/Abstammungs-
   geschichte/Phylogenie/
   Phylogenese/Evolution phylogeny,
   phylogenesis, evolution
stammesgeschichtlich/phyletisch/
   phylogenetisch/evolutionär
   phylogenetic, phyletic, evolutionary
Stammform/Urform primitive form,
   basic form, parent form
Stammholz log, lumber
Stammkrone crown
Stammkultur stem culture, stock
   culture
stammlos acaulescent
Stammsukkulente stem succulent
Stammzelle/Initiale stem cell, initial
Ständerpilz mushroom
Standort habitat, place of growth
   (sensu stricto); site, location
   (see: Fundort)
Standortansprüche habitat
   requirements

Standortbewertung habitat
   assessment (sensu lato: site
   assessment)
Standortlehre habitat ecology
Stange pole
Stärke starch
Stärkekorn starch granule
Staubbeutel anther
Staubblatt stamen
Staubblattkreis androecium
Staubblüte/männliche Blüte
   staminate flower, male flower
Staubfaden filament
Staubgefäß stamen
stauchen compress
Stauchung compression
Staude hardy/perennial herbaceous
   plant (see: Staudengewächs/
   Geophyt)
Staudengewächs/Geophyt/Erd-
   pflanze/Kryptophyt/Cryptophyt
   geophyte, geocryptophyte,
   cryptophyte (sensu lato)
Staunässe (Boden) waterlogging,
   waterlogged soil
Steckling cutting, slip
steifhaarig hispid
Stein/Steinkern/Putamen (Endo-
   karp) stone, pit, putamen, pyrene
Steinbruch quarry
Steinfrucht stone, drupe, drupaceous
   fruit
Steinkern (Putamen)/Stein stone,
   pit, putamen, pyrene
Steinkohlenwälder carboniferous
   swamp forests
Steinobst drupaceous fruit
Steinschale pit casing
Steinzelle (in Blättern/Saftfrüchten)
   grit cell
Steinzelle, (isodiametrisch/palisaden-
   förmig)/Sclereide/Sklereide
   (Sclerenchym) stone cell, sclereid,
   sclereide, sclerid
Stelärtheorie stelar theory
Stele stele, central cylinder
Stempel/Pistill pistil
Stempelblüte/weibliche Blüte
   carpellate/pistillate flower, female
   flower
Stengel stipe, stalk
Stengelgemüse leaf stalk vegetable

Stengelknolle / Sproßknolle
stem-tuber, storage stem

Stengelknolle, unterirdische tuber, underground tuber, underground storage stem

Stengelknolle, unterirdische (mit gedrungen-aufrechter Achse: *Gladiolus*) corm

Stengelmark pulp

stengelumfassend / amplexikaul
stem-clasping, amplexicaul

Steppe steppe

Steppenroller tumbleweed

Sterblichkeit mortality

Sterilität sterility, infertility

sternförmig star-shaped, stellate

Sternhaar stellate hair

Stetigkeit constancy, presence degree

Stickstofffixierung nitrogen fixation

Stiel (Blatt~) leaf stalk, petiole
– (Blüten~) peduncle
– (eines Fiederblättchens) petiolule
– (einzelner Grasblüte) rachilla
– (einzelner Infloreszenzblüten) pedicel
– (kurzer) stipe
– (Moossporogon) seta
– (Pilz~) stipe

Stielchen / Caudicula / Kaudikula (Pollinienstielchen bei Gynostemium / Gynostegium) caudicle

stielrund terete

Stielzelle / Dislokatorzelle / Dislocatorzelle / Wandzelle (Cycadeenpollen) stalk cell

Stipel stipule

Stipulardorn stipular spine

Stoßfestigkeit shock resistance

Stock / Stecken stick, cane

Stock, Grund- / Grundlage (Fundament / Stammform) foundation, base, stock

Stock / Stubbe / Stumpen / Baumstumpf tree stump

Stock (Wurzel~) rootstock, stock

Stockausschlag / Stockreis root bud, root sucker, tiller; sucker formation after coppicing

Stockwerk-Cambium / etagiertes Cambium storied cambium, stratified cambium

stockwerkartig / etagiert / geschichtet
storied, in tiers; stratified, layered

Stoffkreislauf nutrient cycle

Stoffwechsel / Metabolismus
metabolism

Stoffwechselabbauprodukt catabolite

Stoffwechselprodukt / Metabolit
metabolite

Stolon / Stolo / / Ausläufer / Gehölzausläufer stolon

Storchennest / Abflachung der Baumkrone "stork's nest", Storchennest (stunted treetop / crown)

Strahl ray; beam (of light)

Strahlenblüte (Zungenblüte) ray floret, ligulate flower

strahlenförmig / aktinomorph / radiär / radiärsymmetrisch / zyklisch
actinomorphic, radial, radially symmetrical, regular, cyclic

Strahlung radiation

Strahlungsenergie radiant energy

Strahlungsintensität radiation intensity

Strang strand

Strangmoor / Aapamoor string bog, aapa mire

Strasburger Zelle / Eiweißzelle
Strasburger cell, albuminous cell

Stratifikation / Stratifizierung (Samenkeimung) stratification (seed germination)

Strauch (*pl.* Sträucher) shrub (*siehe*: Nanophanerophyt)

Strauch, stacheliger prickly shrub, bramble

Strauchbeeren / Strauchbeerenobst
bush fruit (*Ribes*: currents, gooseberries, etc.)

Strauchflechte fruticose lichen, shrub-like lichen

strauchig shrubby, frutescent, fruticose

Strauchsavanne shrub savanna

Streckung / Verlängerung elongation, extension

Streckungswachstum / Längenwachstum elongational growth, elongation

Streckungszone region of elongation

Streifenanbau strip cropping

streifenförmig strap-shaped, ligulate

streifennervig/längsnervig striately veined, striate veined

streifig/gestreift/parallelgestreift striped, parallely striped

streifig (breit~)/breit gestreift/ gebändert fasciate, broadely striped

streifig (fein~)/feingestreift striate, finely striped

Streu litter

streuen/verstreuen/ausstreuen/ verteilen scatter, spread, distribute

Streufrucht/Springfrucht/ Öffnungsfrucht dehiscent fruit

Streuschicht/Streuhorizont/Förna (Wald) litter layer

Streuung/Ausbreitung dispersal, dissemination

Streuung (Licht~) optical diffusion, dispersion, dissipation, scattering (light)

Streuung/Verstreuen/Verteilung scattering, spreading, distribution

Streuungstextur irregular grain

Stroh straw

Strohblume strawflower

Strom (großer Fluß) stream

Strom (Volumen pro Zeit) flow rate

Strömung current

Strömungswiderstand flow resistance

Struktur/Textur/Faser/ Fibrillenanordnung (Holz) grain

Strunk/Blattstiel stipe

Strunk/Schaft/Stengel/Achse stalk, stem, caudex

Strunk/Stumpf stump, stub, stool, caudex

Stubbe(n) (Baum~)/Baumstumpf tree stump

Stufe (Entwicklungs~) developmental stage

Stufe (Höhen~) altitudinal zone/ region/belt

Stufung, vertikale altitudinal zonation

stumpf obtuse, blunt

Stumpf/Strunk (Baum~) tree stump, tree stub, "stool"

Stumpfaustrieb stump sprout/ sucker, tiller

Sturmwurf/Windwurf wind fall

Stütze prop; stake (zusätzliche Pfahlstütze)

Stützgewebe supporting tissue

Stützorgan fulcrum

Stützwurzel prop root, stilt root

Stützzelle supporting cell

Süßgräser/echte Gräser/ Spelzenblütler *(Poaceae)* grasses

Süßwasser freshwater

subalpin subalpine

Suberinschicht suberin layer/lamella, suberized layer/lamella

Suberisierung/Verkorkung (Suberin-anlagerung/Suberinauflagerung) suberization; suberification

Subsistenz subsistence

Subspezies/Unterart subspecies

Substrat substrate

südlich (biogeographisch) austral

Sukkulente succulent

Sukkulenz/Dickfleischigkeit succulence

Sukzession succession

Sumpf swamp

Sumpferde muck

sumpfig swampy, boggy

Sumpfland/Sumpflandschaft swampland, moorland

Sumpfmoor muskeg

Sumpfpflanze/Moorspflanze helophyte, bog plant, marsh plant

Sumpfwald swamp forest

Suppengrün herbs/vegetables for soup making

Suppenkraut potherb

Suspensor/Träger suspensor; stalk *(Marchantia)*

Syconium syconium

Syllepsis syllepsis

sylleptischer Trieb sylleptic shoot

Symbiont (allgemein) symbiont

Symbiont (in gegenseitiger Lebensgemeinschaft) mutualist

Symbiose (allgemein) symbiosis

Symbiose (gemeinnützige) mutualistic symbiosis, mutualism

symbiotisch (allgemein) symbiotic

symbiotisch (gemeinnützig) mutualistic

sympetal sympetalous

Symphyse/Verwachsung symphysis, coalescence

sympodial sympodial, determinate

Sympodium/Scheinachse sympodium, pseudaxis

Syngamie / Gametogamie syngamy,
  gametogamy
synkarp syncarpous
Synthesestoffwechsel / Anabolismus
  anabolism
Synusie / Synusia / Lebensverein
  synusia
Systematik systematics

T

Tagblüher / Tagpflanze diurnal plant
Tagesrhythmik / circadiane Rhythmik
  circadian rhythm
tagneutrale Pflanze day-neutral plant
Tagpflanze / Tagblüher diurnal plant
Tal valley
Tang / Seegras / Seetang seaweed
Tangentialschnitt tangential section
Tapetum tapetum
Tau dew
Täuschblume deceptive flower
Tautropfen dewdrop
Taxon / taxonomische Einheit taxon,
  taxonomic unit
Taxonomie taxonomy
Teekräuter tea herbs
**Tegment / Knospenschuppe / Knospen-
  decke** tegmentum, protective bud
  scales
Teich pond
Teil (des Ganzen) moiety, part,
  section
Teilblume / Merianthium partial
  flower, merianthium
Teilblütenstand / Teilinfloreszenz
  partial inflorescence
Teilchengröße (Bodenpartikel) soil
  texture
**Teilfrucht / Karpidie (ein ganzes
  Karpell)** fruitlet
**Teilfrucht / Merikarp (Teil eines
  Karpells)** mericarp
teilig / geteilt (Blattrand) parted,
  partite
Teilung division, fission
Telomtheorie telome theory
Tentakel / Fanghaar tentacle
Terminalknospe terminal bud
Terminaltrieb / Endtrieb / Gipfeltrieb
  terminal / apical shoot
Terrasierung terracing
Territorialität territoriality
Tertiär / Tertiärzeit / Braunkohlenzeit
  Tertiary, Tertiary Period
**Textur / Struktur / Faser / Fibrillen-
  anordnung (Dichte der
  Leitelemente in Jahresring)**
  texture (*see* grain)

thallös membranous, foliose (body type/construction)
Theka theca
Theorie theory
Therophyt/kurzlebige Pflanze/ Annuelle/Einjährige therophyte, annual plant
Thylle tylosis, thylosis, tylose
Thyllenbildung tylosis formation, tylosis
Thyrse/Thyrsus thyrse, thyrsus
Tidebereich/Gezeitenzone tidal zone, intertidal zone
Tiefe (Meerestiefe) profundal depth
Tiefenschärfe/Schärfentiefe depth of focus, depth of field
Tiefland/Niederung lowland
Tiefsee deep sea
Tiefseebereich, mittlerer/mittlere Tiefseezone/Bathypelagial (Wasser) bathypelagic zone
Tiefseebereich, unterster/unterste Tiefseezone/Abyssopelagial (Wasser) abyssopelagic zone
Tiefseeboden/Abyssal (Boden) abyssal zone
Tiefseeboden bewohnend/ Abyssobenthal (Boden) abyssobenthic
Tiefseegrabenbereich (Wasser) hadopelagic zone
Tiefseegrabenzone/Hadal (Hänge) hadal zone
tiefwurzelnde Pflanze deep-rooted plant
Tierausbreitung zoochory, animal-dispersal
tierblütig zoophilous
Tierblütigkeit/Zoophilie pollination by animal vectors, zoophily
Tochterzelle daughter cell
Tochterzwiebeln bulblets
Toleranzgrenze tolerance limit
Ton clay
Topferde potting soil
Topfpflanze potted plant
Torf peat
Torfhügelmoor/Palsenmoor palsa bog
Torfmoor bog, peat bog, moor, muskeg
Torfmoos (Sphagnum) peat moss
Torfmull granulated peat, garden peat

Torfstich peat bank, peatery
toxisch/giftig toxic, poisonous
Trachee vessel
Tracheenglied vessel member, vessel element
Tracheide tracheid
Tracheophyt/Gefäßpflanze tracheophyte, vascular plant
Tragblatt/Deckblatt bract, subtending bract
Träger suspensor; stalk (*Marchantia*)
Trägerhyphe suspensor, zygosporophore
Tragschuppe bract-scale, bracteole, bractlet
Trama (Lamellen~) trama (of fungal gill), dissepiment
Trampelklette traple burr
Transhumanz transhumance, seasonal livestock movement
Translator (Gynostegium) translator (caudicles + adhesive body)
Transpiration transpiration
Transpirationssog/Transpirationszug transpiration pull
Transpirationsstrom transpiration stream
Transpirationsweg transpiration pathway
Transport transport, transportation
Transport, aktiver active transport, uphill transport
Traube/Botrys (Infloreszenz) raceme, botrys
traubenförmig/traubig/botryoid/ razemös/racemös/racemos grape-cluster-like, botryoid, botryose, racemose
Träufelspitze drip tip
Treibhaus/Gewächshaus forcing house, greenhouse
Treibhauseffekt greenhouse effect
Treibholz driftwood
Trennart/Differentialart differential species
Trennschicht (Blatt) abscission layer
treu/fest (Gesellschaftstreue) exclusive
Treue (Gesellschafts~) fidelity
Trias (erdgeschichtliche Periode) Triassic, Triassic Period
Tribus/Sippe tribe

trichal (haarförmig)/fadenförmig
filamentous, filliform, thread-shaped

Trichogyne/Empfängnishyphe
trichogyne

Trichter funnel

Trichterblatt funnel-leaf

Trichterblüte funnel-shaped corolla,
funnel-shaped flower

Trichterfalle/Reusenfalle
(unidirectional) funnel trap, weir
basket trap

trichterförmig funnel-shaped,
infundibulate

Trichterpflanze funnel-leaved plant,
infundibulate plant

Trichterrispe/Spirre anthela

Trieb shoot

Trift (Weide/Weidewiese) pasture,
pasturage

trimmen trim

Trimmschere trimming shears

triplostemon triplostemonous

trocken dry, arid

Trockenblume/Strohblume
strawflower

Trockenfäule dry rot

Trockenfrucht dry fruit

Trockengebiet arid land, arid region,
dryland

Trockengewicht (*sensu stricto:*
Trockenmasse) dry weight
(*sensu stricto*: dry mass)

Trockenheit/Dürre dryness, drought

Trockenheit ertragende Pflanze
xerophyte, xeric/xerophilous plant,
drought tolerator

Trockenkultur dry farming, dryland
farming

Trockenlandwirtschaft dry farming

trockenlegen (Sumpf) drain

Trockenlegung drainage

Trockenmasse dry mass, dry matter

Trockenperiode dry spell, drought

Trockenpflanze xerophyte, xeric
plant, xerophilous plant

Trockenrasen dry meadow, arid
grassland

trockenresistent drought resistant,
xerophytic

Trockenschütte leaf cast (abscission
of leaves) due to desiccation

Trockensubstanz dry matter

Trocknis/Austrocknungsschaden
desiccation damage

Tropen tropics

Tropfberieselungsschlauch soaker
hose

Tropfbewässerung drip irrigation,
trickle irrigation

trophische Stufe trophic level,
feeding level

Tropismus tropism

Trugdolde/Scheindolde/Cymus/
Zymus/Cyme cyme

–, eingablige simple cyme,
monochasium

–, zweigablige compound cyme,
dichasial cyme, dichasium

trugdoldig/cymös/zymös cymoid,
cymose

Tümpel pond, pool

Tundramoor muskeg, bog

Tüpfel pit

Tüpfel, einfacher simple pit

Tüpfel (Hof~) bordered pit

Tüpfelfeld pit field

Tüpfelhof pit chamber

Tüpfelhöhle pit cavity

Tüpfelöffnung/Tüpfelporus/
Tüpfelapertur pit aperture

Tüpfelpaar pit-pair

Tüpfelpaar, behöftes boardered
pit-pair

Tüpfelpaar, verschlossenes/aspirates
aspirated pit-pair

Tüpfelpfropfen (Rotalgen) pit plug

Tüpfelschließhaut pit membrane

Tüpfelung pitting

Tüpfelverbindung (Tüpfelkanal bei
Rotalgen) pit connection

turgeszent/geschwollen/
angeschwollen turgescent, swollen

Turgeszenz turgescence

Turgidität turgidity

Turgor ′turgor

Turgordruck turgor pressure

Turio (*pl.* Turionen) turio, turion,
(detachable) winter bud,
hibernaculum

Tute/Ochrea ochrea, ocrea, mantle

U

Überbevölkerung overpopulation
Überbleibsel relic
Übergang / Entwicklungsübergang
  transition, developmental transition
Übergangs-Waldmoor carr
Übergangsblätter / Primärblätter /
  Erstlingsblätter first foliage leaves
Übergangsform intermediary form,
  transitory form, transient
Übergangsfossil transitional fossil
Übergangsgesellschaft / Ökoton
  ecotone
Übergangsmoor / Zwischenmoor
  transitory bog
Übergangszone (Wurzel-Sproß)
  transition(al) zone / region
Übergipfelung overtopping (unilateral
  dominance)
überirdisch aboveground
überlappend, dachziegelartig /
  schuppenartig imbricate,
  overlapping
Überordnung superorder
überragend / heraustretend (schlanker
  Wipfel / unten ausladend) excurrent
Überschwemmung flood, flooding,
  undulation
Überschwemmungswiese floodplain
  meadow
übersommern estivate, aestivate,
  pass summer in dormant stage
Übertragung (z. B. Krankheit)
  transmission
Überwallung (Wund~) bulgy callus
  overgrowth of wound / other objects
Überweidung overgrazing
überwintern overwinter, hibernate
Überwinterung hibernation
Überwinterungsknospe perennating
  bud, winter bud, hibernaculum
überwuchert overgrown
Überwuchs overstory growth
ubiqitär / weitverbreitet ubiquitous,
  widespread
Ubiquist ubiquist
Ufer shore, coast, banks
uferbewohnend / am Ufer lebend
  (Flußufer) riparious, riparial

– (Meeresküste) littoral
Uferfiltration river-bed filtration
Uferregion / Uferzone (Gewässer)
  littoral zone
Ufersaum / Küstensaum littoral fringe
Uhr, biologische biological clock
Umfang girth
umgewendet (Samenanlage)
  anatropous
umgraben till, turn up (the soil)
umhüllen sheathe
umkippen (Gewässer) turn over,
  become oxygen-deficient, turn
  anaerobic
umpflanzen / versetzen transplant,
  replant
Umriß contour, outline
Umsatz turnover
Umsatzrate transfer rate
Umstimmung reorientation
umtopfen repot
Umtrieb / Umtriebszeit (Forst)
  rotation, cutting cycle
Umtriebsbeweidung rotational
  grazing
Umwelt environment
Umweltansprüche environmental
  requirements
Umweltkapazität / Grenze der
  ökologischen Belastbarkeit
  carrying capacity
Umweltschmähung environmental
  insult
Umweltschutz environmental
  protection
Umweltverhältnisse environmental
  conditions
Umweltwissenschaft environmental
  science
Umweltzerstörung environmental
  degradation
unbehaart hairless, glabrous
unbelebt inanimate, lifeless, nonliving
unbeschränkt / unbegrenzt /
  unbestimmt (Wachstum)
  indefinite, unrestricted
unbeweglich / fixiert immobile, fixed
– / bewegungslos immotile,
  motionless
undurchlässig impervious,
  impermeable
uneßbar inedible, uneatable
unfruchtbar / steril infertile, sterile

Unfruchtbarkeit / Sterilität infertility, sterility

ungenießbar / nicht schmackhaft unpalatable

– / uneßbar uneatable, inedible

ungeschlechtig agamous, neuter

ungeschlechtlich asexual

ungestielt / sitzend not stalked, sessile

ungleichmäßig irregular, non-uniform

unifazial (ringsum gleiche Oberfläche) unifacial

unilokulär / einkammerig unilocular

uniseriat / einreihig uniseriate, uniserial, single rowed

Unkraut weed

Unkrautbekämpfung / Unkraut-vernichtung weed control

Unkrautvernichtungsmittel herbicide

unregelmäßig irregular

unreif unripe, immature

unscharf (Mikroskopie) not in focus, out of focus, blurred

Unschärfe (Bild) blurredness, blur, obscurity, unsharpness

unsterblich immortal

Unsterblichkeit / Immortalität immortality

Unterart / Subspezies subspecies

Unterblatt underleaf, hypophyll, lower / abaxial leaf surface

Unterboden (Einwaschungshorizont / B-Horizont) subsoil (zone of accumulation / illuviation)

untereinanderliegend subtending

Untergehölz / Unterholz understory

untergetaucht / submers submerged, submersed

untergliedert subdivided

Untergliederung subdivision

Untergrund / Ausgangsgestein (C-Horizont) loose rock, boulder layer, parent material

–, fester / festes Muttergestein / Grundgestein / Ausgangsgestein unmodified base, bedrock, parent rock

Untergrundbereich (Binnensee) profundal zone

untergrundbewohnend (Ozean) benthic

Untergruppe subgroup

Unterholz / Untergehölz understory

unterirdisch underground, subterranean

Unterkategorie subcategory

Unterlage (Pfropf-) stock

unterlegt von subtended by

unterliegen (ein Blatt dem anderen) subtend

Unterordnung suborder

unterschlächtig / succub undershot, succubous

Unterseite underside

unterständig epigynous

Untersuchung investigation, examination

unterteilt septate, divided, compartmentalized

Unterwuchs undergrowth, understory

Unverträglichkeit / Inkompatibilität incompatibility

unverzweigt unbranched, unramified

unvollständige Blüte incomplete flower

üppige Vegetation lush vegetation

urbar / anbaufähig / nutzbar arable

Urbarmachung reclamation, making land suitable for cultivation

Urfarne / Nacktfarne (Psilopsida) psilopsids

Urnenblatt (Dischidia) urn-shaped leaf, pouch leaf, "flower pot" leaf

urnenförmig urn-shaped, urceolate

Ursprung origin

ursprünglich original, basic, simple, primitive

ursprünglich / urtümlich pristine

ursprungsgleich / homolog homologous

Urtyp archetype, prototype

Urwald primeval forest, virgin forest, pristine forest, jungle

Utriculus / Bläschen / Fangblase utriculus, utricle, small bladder

V

vag / indifferent (Bodentreue / Gesellschaftstreue) indifferent
Variabilität / Verschiedenartigkeit variability
Variante variant
Variegation / Scheckung / Buntblättrigkeit variegation
Varietät / Abart / Spielart variety; sport
Vegetation vegetation, plant life
Vegetationsaufnahme relevé
Vegetationskegel vegetative cone, vegetative pole
Vegetationsplan vegetation map
Vegetationspunkt / Apicalmeristem (Sproß~ oder Wurzel~) growing point, apical meristem (shoot / root)
Vegetationsstufe / Höhenstufe vegetation(al) zone / region / belt, altitudinal zone / region / belt
Vegetationszone vegetational zone, biome
vegetativ vegetative
vegetative Zelle vegetative cell, somatic cell, body cell
Velamen velamen
Velum partiale / Velum hymeniale partial veil
Velum universale universal veil
Ventil valve
Ventralnaht / Bauchnaht (des Fruchtblattes) ventral suture, ventral seam
Ventralschuppe / Bauchschuppe ventral scale
Veränderlichkeit variability
Veränderung change, modification, variation
Verankerung anchorage
verarbeiten process, processing
verarmt / verkümmert depauperate, starved, reduced, underdeveloped; impoverished
Verarmung reduction
verästeln, sich / sich verzweigen ramify, branch
verästelnd, sich deliquescent, branching

Verästelung / Verzweigung / Ramifikation branching, ramification
Verband / Allianz / Assoziationsgruppe alliance
Verbänderung / Fasziation fasciation
Verbiß / Wildverbiß (an Bäumen) damage caused by game, browsing damage
Verbindungsstrang (Siebpore) connecting strand
verborgenfrüchtig cryptocarpous
Verbraucher consumer
Verbreitung distribution, expansion; spread, spreading (dispersal see Ausbreitung)
Verbreitungsgebiet / Areal geographic range, area of distribution
Verdauung digestion
verderblich, leicht (Früchte) (highly) perishable
verdickt enlarged, thickened
Verdickung thickening
verdreht / gedreht / verkrümmt / eingewunden contorted
Verdunstung evaporation
Verdunstungskälte evaporative cooling
Veredelung / Pfropfung grafting
Vereinigung union, unification
vererben transmit, pass on
Vererbung heredity, inheritance, transmission (of hereditary traits)
Vererbungslehre / Genetik genetics
verfaulen fouling, rotting
verfault rotten, decomposing, decaying
verfilzt matted, felted
verflochten interwoven, intertwined, entangled
verfrüht precocious
Vergeilung / Etiolement etiolation
vergleichende Morphologie comparative morphology
vergrößern magnify, enlarge
Vergrößerung magnification, enlargement
Vergrößerung, x-fache magnification at x diameters
Vergrößerungsglas magnifying glass, lens
verhärtete Bodenschicht hardpan
verholzt / lignifiziert lignified

Verholzung / Lignifizierung
lignification, sclerification

verjüngen taper

**verjüngt / spitz zulaufend
(Blattspitze)** attenuate, tapered,
tapering

Verjüngung rejuvenation,
regeneration

Verkalkung / Kalzifizierung
calcification

verkehrt eiförmig obovate, inversely
egg-shaped

verkehrt herzförmig obcordate,
obcordiform, inversely heart-shaped

verkehrt lanzettförmig oblanceolate,
inversely lanceolate

Verkernung medullation

Verkienung resinification, becoming
resinous

Verkleinerung (photographisch)
(size) reduction

verkorkt / suberisiert corky, suberous

Verkorkung / Suberisierung
suberification; suberization

verkrüppelt / krüppelig / krüppelhaft
crippled, stunted

verkümmert / unterentwickelt
vestigial (small and imperfectly
developed), underdeveloped, stunted

verkümmert / verarmt depauperate,
starved, reduced

Verlandung silting up, filling up by
sedimentation

Verlängerung elongation, extension

Vermehrung / Fortpflanzung
reproduction, propagation

**Vermehrung / Fortpflanzung,
geschlechtliche** sexual reproduction

**Vermehrung / Fortpflanzung,
ungeschlechtliche / vegetative**
asexual reproduction, vegetative
propagation

Vermehrungsorgan reproductive
organ

Vermehrungsrate reproductive rate

Vermeidung avoidance

vermodern rot, decay, decompose

Vermutung / Annahme hunch, guess,
assumption

**Vernalisation / Kälteinduktion /
Keimstimmung** vernalization

Vernässung waterlogging

Vernation / Knospenlage vernation,
ptyxis, prefoliation

vernetzen / vernetzt netted, meshy,
reticulate

Vernetzung webbing

verödet (Landschaft) desolated

Verödung desolation, obliteration

verpflanzen replant, transplant

Versalzung (Boden~) salinization

Versauerung acidification

Verschiedenartigkeit / Variabilität
variability

**Verschiedenblättrigkeit / Anisophyllie /
Heterophyllie** anisophylly,
heterophylly

Verschmelzung / Fusion fusion

Verschmutzung pollution,
contamination

**Versengung / Brandfleck
(Hitze / Klima)** scorch

versetzen / umpflanzen transplant,
replant

Versickerung / Infiltration seepage,
infiltration

versteinert petrified

Versteinerung petrification

Versteppung transformation into
grassland

verstreuen / ausstreuen spread,
scatter, disseminate

Versuch experiment, test

Versuchsanordnung experiment setup

Versuchsdurchführung performing an
experiment, performance of an
experiment

Versuchsreihe experimental series

Versuchsverfahren experimental
procedure / protocol, experimental
method

Verteilung / Zerstreuung dispersion,
spreading

Vertiefung crypt

verträglich / kompatibel / tolerant
compatible, tolerant

**Verträglichkeit / Kompatibilität /
Toleranz** compatibility, tolerance

Verunreinigung contamination

verwachsen / angewachsen fused,
coalescent

**verwachsen / angewachsen (gleiche
Organe)** connate

**verwachsen / angewachsen (ungleiche
Organe)** adnate

verwachsenblättrig (Fruchtblätter) syncarpous

verwachsenblättrig/verwachsen-blumenblättrig/verwachsen-kronblättrig/sympetal sympetalous

Verwachsung (allgemein) fusion; coalescence, symphysis

Verwachsung (gleicher Organe) connation, cohesion

Verwachsung (ungleiche Organe) adnation

Verwandtschaft relationship, kinship

verwandtschaftliche Beziehung hereditary relationship

verwelken wither, wilt, fade

Verwesung putrefaction

verwildern overgrow, grow wild

verwildert escaped (e.g. from cultivation)

Verwitterung weathering, wastage

Verwitterungsbeständigkeit durability

verwüsten obliterate

verziehen (Holz) warp

verzweigen, sich branch out, ramify

verzweigt branched, ramified

Verzweigung/Verästelung/Ramifikation branching, ramification

Verzweigung, gabelige dichotomous branching

Verzweigungssystem, monopodiales monopodial branching system

Verzweigungssystem, sympodiales sympodial branching system

Verzwergung/Nanismus nanism, dwarfishness

Viehzucht animal husbandry, ranging

Vielfalt/Vielfältigkeit/Mannig-faltigkeit diversity, variability

Vielfalt, biologische biodiversity, biological diversity/variability

vielkernig/mehrkernig multinucleate

vielreihig/mehrreihig/multiseriat multiseriate, multiple rowed

vielschichtig/mehrschichtig multilayered

Vielzeller multicellular lifeform

vierlappig quadrilobate

vierspaltig quadrifid

vierteilig quadripartite

vierteilig-aufgesägt (Holzstamm) quartersawn

vierzählig/tetramer tetramerous, tetrameric, tetrameral

vikariieren vicariate

vikariirend vicarious

Vikariismus vicariism

Vitrine showcase

vivipar viviparous

Viviparie vivipary

Vogelausbreitung/Ornithochorie bird-dispersal, ornithochory

Vogelblume bird flower, ornithophile, bird-pollinated flower

vogelblütig/ornithophil bird-pollinated, ornithophilous

Vogelblütigkeit/Vogelbestäubung/Ornithophilie bird pollination, ornithophily

volkstümlicher Name/Vernakular-name common name, vernacular name

vollgesogen (mit Wasser) waterlogged

Vollschmarotzer/Vollparasit/Holo-parasit holoparasite, obligate parasite

vollständige Blüte complete flower

Volva/Velum universale/becher-förmige „Knolle" bei *Agaricus* volva, universal veil; cup, pouch

Vorblatt/Bracteola secondary bract, bracteole, bractlet

Vorblatt/Prophyll first leaf, prophyll

vorderseitig (bauchseitig) front side, ventral

Vorfahre ancestor, forebear, progenitor

Vorfluter receiving water

vorherrschen predominate

Vorkeim/Prothallus (Farne) prothallus

Vorkeim/Protonema (Moose/gewisse Algen) protonema

vorkeimen pregerminate

Vorkommen occurrence, presence

Vorläufer precursor

Vormännlichkeit/Protandrie/Proterandrie protandry

Vorrichtung device

Vorspelze palea, pale, glumella, inner glume

vorwärts gerichtet/aufwärts gerichtet antrorse

Vorweiblichkeit/Protogynie/Proterogynie protogyny

W

wabig honeycombed, favose, faveolate, alveolate
Wachs wax
wachsartig waxy, ceraceus
wachsartig-weißlich reflektierend (Blattoberfläche) glaucous, "bloom"
Wachsbelag wax coating
Wachsblume wax plant
Wachstum growth
Wachstum, begrenztes / beschränktes determinate growth
Wachstum, unbegrenztes / unbeschränktes indeterminate growth
wachstumsfördernd growth-stimulating
Wachstumsgeschwindigkeit growth rate
wachstumshemmend growth-retarding, growth-inhibiting
Wachstumskurve growth curve
Wachstumsperiode growth period
Wachstumspunkt growing point, apical meristem
Wahrnehmung / Perzeption (Reiz) perception
Wald forest (Forst / ausgedehnter Wald), woods (Wald mittlerer Größe), grove (Wäldchen)
Waldbau / Forstkultur silviculture
Waldboden forest floor
Waldboden, humusartiger duff
Waldbrand forest fire
Wäldchen (kleines, niedriges) coppice, grove
Waldgrenze forest line, timberline
Waldrand forest's edge
Waldschaden forest damage
Waldschlag clearing
Waldsteppe woodland
Waldsterben "Waldsterben", forest deterioration, forest decline
Waldstreu forest litter
Waldstück woodlot
Waldung / Wäldchen / Hain / Baumgruppe grove
Waldzerstörung deforestation

walzig / stielrund / länglich zylindrisch (an den Enden abgeflacht; z. B. Hülse) terete
wandbrüchig / scheidewandbrüchig / septifrag septifragal
Wanddruck wall pressure, turgor pressure
Wanderackerbau shifting agriculture / cultivation, swidden agriculture / cropping
Wanderung migration
wandspaltig / septizid septicidal
wandständig / wandbürtig / parietal parietal, borne on the wall
wandständige Plazentation / Parietalplazentation parietal placentation
Warmhaus hothouse
Warve varve (one year's sediment deposit)
Warze (Höcker / Beule / Wölbung) wart, tubercle, warty protuberance
warzig warty, verrucose, tuberculate
wasserabweisend water-repellent, water-resistant
Wasseraufnahme water uptake
Wasserausbreitung / Hydrochorie water-dispersal, hydrochory
Wasserbewegung water movement
wasserbewohnend / im Wasser lebend / aquatisch aquatic
Wasserbilanz water balance
Wasserblatt submerged leaf
Wasserblüte water bloom
Wasserblütigkeit / Hydrophilie pollination by water, hydrophily
wasserdicht / wasserundurchläßig waterproof
Wassereinzugsgebiet watershed, drainage basin / area / district, catchment area / basin
Wassergehalt water content
Wassergraben trench, ditch, moat
Wassergüte / Wasserqualität water quality
Wasserhärte water hardness
Wasserhaushalt / Wasserregime water regime
Wasserkapazität moisture capacity, water-holding capacity of soil
Wasserkreislauf hydrologic cycle
Wasserlauf waterway, watercourse

wasserlebend/im Wasser lebend/
  wasserbewohnend/aquatisch
  aquatic
Wasserleitbahn/Wasserleitungsbahn
  water-conducting element/pathway
wasserleitend water-conducting
Wasserleitung/Translokation (in
  Leitgewebe) water conductance/
  conduction/translocation
Wasserpflanze/Hydrophyt aquatic
  plant, water plant, hydrophyte
Wasserpotential/Hydratur/Saugkraft
  water potential
Wasserreis sucker, coppice-shoot
Wassersättigung water saturation
Wasserscheide watershed, water
  parting, water divide
Wasserschutzgebiet water reserve
Wassersog water tension, water
  suction
Wasserspalte/Hydathode water
  stoma, water pore, hydathode
Wasserspeicherung water storage
Wasserspiegel water level
Wasserstreß water stress
Wasserstrom, apoplastischer
  apoplast pathway
Wasserströmung water flow
Wassertransport (im Leitgewebe)
  water transport
Wassertransportweg (Wasser) water
  transport pathway
Wassertrieb water sprout, water
  sucker
Wasserverlust water loss
Wasserversorgung water supply
Watt coastal flat, tidal flat
Watt/Sandwatt sandflat
Watt/Schlickwatt mudflat
Wattenmeer intertidal flats
wechselfeucht/poikilohydr/
  poikilohydrisch poikilohydrous
wechselständig alternate
Wechselwirkung interaction
Wechselwirt alternate host
Wedel frond
weiblich/pistillat female; pistillate/
  carpellate
Weichbast soft bast
Weichholz soft wood
Weide *(Salix)* willow
Weide/Weidewiese (Grünland)/Trift
  (Heide) pasture

Weidefläche range, rangeland
Weideland rangeland, grazing land,
  pasture, pastureland, pasturage
weiden/abgrasen/abfressen graze
  (herbs), browse (twigs/leaves of
  shrubs)
Weidevieh grazing animals
Weidewirtschaft pasture farming,
  pastoral economy, pastoralism,
  agropastoralism
Weiher (z. B. Fisch~) small pond
  (e.g. fish pond)
Wein wine
Weinbau viticulture
Weinbaukunde/Önologie enology
Weinberg vineyard
Weinrebe vine
weiterwachsend accrescent
Weitholz/Frühholz/Frühlingsholz
  earlywood, springwood
weitverbreitet/ubiquitär widespread,
  ubiquitous
welk/schlaff wilted, withered, faded,
  limp, flaccid
welken wilt, wither, fade
welkend wilting, withering, fading,
  flaccid, deficient in turgor
Welkepunkt wilting point
Welkungsgrad, permanenter
  permanent wilting percentage
Welkungskoeffizient wilting
  coefficient
Wellenbewegung undulation
Wellenexposition wave exposure
wellig wavy, undulate, repand
  (slightly undulating)
weltweit verbreitet/kosmopolitisch
  occurring worldwide, cosmopolitan
Weltwirtschaftspflanze worldwide/
  global economic plant, world-trade
  plant/crop
wendende Bodenbearbeitung tillage
  farming
werfen/verziehen (Holz) warp
Westwinde westerlies
Wettbewerb competition
Wetter weather
Wickel (cymöse Infloreszenz)
  cincinnus (scorpioid cyme)
Wicklung twist, coil, winding,
  contortion
widerhakig provided with barbs,
  glochidiate

widerstandsfähig resistive, resistant

Widerstandsfähigkeit resistance, resistivity, hardiness

Wiederaufforstung / Aufforstung / Wiederbewaldung reforestation, reafforestation, afforestation

Wiederbesiedlung reestablishment, resettlement

Wiederhaken barb

Wiederverwendung reuse

Wiederverwertung recycling

Wiese meadow

Wildform wild type

Wildnis wilderness

Wildpflanze wildflower

Wildverbiß (z. B. an Baumrinde) damage caused by game, browsing damage

wildwachsende Pflanze wildflower

Wimper / Cilie cilium (pl. cilia)

Windabrasion wind abrasion

Windausbreitung (der Frucht) / Windstreuung / Anemochorie wind-dispersal, anemochory

Windbestäubung / Anemophilie wind pollination, anemophily

windblütig / anemophil wind-pollinated, anemophilous

Windbruch windfall

winden wind, twist, coil

Windepflanze / Schlingpflanze winder, twiner; liana (woody)

windgetragen airborne

Windschur wind shear, wind abrasion

Windschutz windbreak, shelterbelt

Windschutzbäume shelterwood, shelterbelt

Windstreuer anemochore

Windstreuung / Windausbreitung wind-dispersal, anemochory

Windung twist, coil, winding, contortion

Windwurf / Sturmwurf windfall, windthrow

Winkel angle

winterfest / winterhart hardy

Winterhärte winter hardiness

Winterknospe / Hibernakel winter bud, hibernaculum, turio, turion

Wipfel (Baum~) treetop

Wirkungsgrad efficiency

Wirt host

Wirtel / Quirl whorl, verticil

wirtelig / quirlig whorled

Wirtelung / Dekussation decussation

Wirtschaftspflanze economic plant

Wirtsorganismus host organism

Wirtspflanze host plant

Wirtswechsel alternation of hosts

Wirtszelle host cell

Wölbung (Höcker / Beule / Warze) protuberance, tubercle, wart

wollig wooly, lanate

Wucherung proliferation

Wuchs growth, habit

Wuchsform / Habitus growth form, appearance, habit

Wuchsrichtung direction of growth

Wuchsstoff (Pflanzen~) / Phytohormon phytohormone

Wulst bulge, collar, protuberant seam

Wunde wound

Wundgewebe / Wundcallus / Wundholz wound tissue, callus

Wundheilung wound healing

Wundkambium / Wundcambium wound cambium

Wundparenchym traumatic parenchyma

Würger / Baumwürger strangler, tree strangler

Würze / Gewürz spice, seasoning

Würze / würzige Zutat / Geschmacks-verbesserer (kräftig) condiment

Wurzel root

Wurzel (Brett~) buttress root (esp. tropical trees)

Wurzel, sproßbürtige stem-borne adventitious root

Wurzel, Streckungszone / Verlängerungszone zone of expansion, region of elongation

Wurzel, Wachstumszone zone / region of cell division (apical meristem)

Wurzelanlage root primordium

Wurzelanlauf / Stammanlauf buttress (supportive ridge at base of tree trunk)

wurzelartig rootlike, rhizoid

Wurzelausläufer / Gehölzausläufer sobolifer, sobole

Wurzelausschlag / Wurzeltrieb root sucker

Wurzelbulbille root bulbil

wurzelbürtiger Sproß (root) sucker, offshoot, offset, slip

Würzelchen rootlet, radicle

Wurzeldruck root pressure

Wurzelepidermis/Rhizodermis rhizodermis, epiblema

Wurzelfäule root rot

wurzelförmig root-like, radiciform, rhizoid

Wurzelgemüse root crop, root vegetable

Wurzelhaar/Wurzelhärchen root hair

Wurzelhaarzone root-hair zone, zone/region of maturation

Wurzelhals/Wurzelkrone root crown, root collar

Wurzelhalsschößling root-collar shoot, sucker, offshoot

„Wurzelhalstumor" (Stamm oder Wurzeltumor verursacht durch *A. tumefaciens*) crown gall tumor

Wurzelhaube/Wurzelhäubchen/Kalyptra root cap, calyptra

Wurzelkletterer/Wurzelklimmer root climber

Wurzelknie knee, root-knee

Wurzelknöllchen root nodule

Wurzelknolle tuber, root tuber, tuberous root, adventitious storage root

Wurzelkrone/Wurzelhals root crown

wurzellos rootless, arrhizous, arrhizal

Wurzelpfropf root graft

Wurzelpfropfgrundlage/Wurzelpfröpfling rootstock, stock

Wurzelpfropfung root grafting

Wurzelpol (Embryo) root apex

Wurzelranke root tendril

Wurzelreis/Wurzelschößling (root) sucker, sobole

Wurzelsaugspannung root water tension

Wurzelscheide/Koleorhiza root sheath, radicle sheath, coleorhiza

Wurzelschößling/Wurzelreis/Erdsproß (root) sucker, sobole

Wurzelspitze root apex, root tip

Wurzelsproß/Gehölzausläufer sobole

Wurzelsproß/Wurzeltrieb offshoot, offset, slip, sucker

wurzelsproßbildend soboliferous

Wurzelspur root trace

Wurzelsteckling root cutting

Wurzelstele central cylinder of root

Wurzelstock/Rhizom/Erdausläufer rootstock, rhizome

Wurzelstock/Strunk/Caudex rootstock, caudex

Wurzeltrieb/Wurzelsproß offshoot, offset, slip, sucker

Wurzelwerk/Wurzelsystem rootage, root system

Wüste desert

Wüstenausbreitung desertification, desert expansion

Wüstenblüte desert bloom

Wüstenpflanze/Eremiaphyt desert plant, eremophyte

X

Z

xanthokarp / gelbfrüchtig
  xanthocarpous, having yellow fruits
Xeromorphismus xeromorphism
Xerophyt xerophyte, xeric plant,
  xerophilic plant
Xylem / Gefäßteil / Holzteil xylem
Xylemmutterzelle / Xylemprimane
  xylem mother cell
Xylemsaft xylem sap

Zacke indentation, projection, spike,
  notch, serration
zackig / gekerbt crenate
Zapfen cone, strobile, strobilus
Zapfenbeere / Beerenzapfen fleshy
  cone, "berry"
Zapfenschuppe cone scale, cone bract
Zaunpfosten fence post
Zehe (Knoblauch) clove (of garlic)
Zehe / Brutzwiebel bulbil, offset bulb
Zeichnung / Fladerung (Holz) figure
Zeigerart indicator species, index
  species
Zeigerpflanze / Leitpflanze indicator
  plant, index plant
Zeitgeber synchronizer, Zeitgeber
zeitgenössisch extant, contemporary
Zellcyclus / Zellzyklus cell cycle
Zellenlehre / Zytologie / Cytologie cell
  biology, cytology
Zellfaden / Filament chain of cells,
  filament
**Zellfaden / Trichom (bei Algen /
  Bakterien)** trichome, trichoma
Zellinhalt cell content
Zellinie celline
Zellkern nucleus
Zellkolonie cell colony
Zellkultur cell culture
Zellmembran cell membrane, unit
  membrane, biological membrane
Zellsaft cell sap
Zellschlauch siphon
Zellstoff wood pulp
Zellstoffwatte wood wool
Zellteilung cell division, cytokinesis
zellulär cellular
Zellulose cellulose
Zellverband cell aggregate
Zellverschmelzung cell fusion
Zellwand cell wall
Zellzahl cell count
Zellzyklus / Zellcyclus cell cycle
Zentralplazentation free central
  placentation
zentralwinkelständig / axial axile
zentralwinkelständige Plazentation
  axile placentation

Zentralzylinder central cylinder, stele
zentrifugal centrifugal
zentripetal centripetal
Zerfallfrucht fissile fruit
Zerreißfestigkeit / Zugfestigkeit tensile strength
zerschlitzt / geschlitzt, gleichmäßig incised, cut
zerschlitzt / geschlitzt, ungleich-mäßig lacerate, torn
zerschnitten dissected
Zersetzer / Destruent / Reduzent decomposer
Zersetzung disintegration, decay, decomposition
Zerstäuber (Wasser~) humidifier, mist blower, sprayer
zerstreut / schraubig (Blattstellung) alternate
zerstreutporig diffuse porous
Zerstreuung dispersion
Ziergarten ornamental / amenity garden
Ziergras ornamental grass
Zierpflanze ornamental plant
Zierschnitt (Formbaum / Formstrauch) topiary
Zierstrauch ornamental shrub
Zimmerpflanze house plant
Zisterne (Wasserreservoir einiger Bromelien) cistern, water tank
Zitrusfrucht / Citrusfrucht / Hesperidium (eine Panzerbeere) hesperidium
Zonierung zonation
Zönobium / Cönobium / Coenobium (_pl._ Coenobien) coenobium (_pl._ coenobia), cell family
Zucht cultivation, breeding, growing
züchten breed, cultivate, grow
Züchtung breed, breeding, cultivation, growing
Zuchtwahl selective breeding, breed selection
Zuckerrohr sugar cane
Zufluß tributary
Zug / Sog (Wasserleitung) tension, suction, pull
zugespitzt attenuate, tapering, pointed
zugespitzt, lang (konkav zulaufende Blattspitze) acuminate, taper-pointed

zugewachsen overgrown
Zugfaser mantle fiber
Zugfestigkeit / Zerreißfestigkeit tensile strength
Zuggeißel pulling flagellum
Zugholz tension wood
Zugspannung (Wasserkohäsion) water tension
Zugwurzel contractile root
Zungenblüte (Strahlblüte) ray flower, ray floret
zungenförmig tongue-shaped, ligular, oblanceolate
zurückgeblieben retarded, stunted
zurückgerollt rolled backward, revolute
zurückschneiden cut, prune, trim
zusammengesetzt (zusammen-gesetztes Blatt) compound (compound leaf)
Zusatzbezeichnung epithet
zuspitzen taper
zutage treten / zutage liegen outcrop
Zuwachs accretion, accrescence, additional / new growth, enlargement
Zuwachs (nach Blüte) accrescence
Zuwachs (Sproß~) shoot elongation
zuwachsen / überwachsen overgrow
Zuwachsrate growth rate
Zuwachszone growth layer
Zweig twig, limb
Zweig (kleiner Zweig mit Blättern / Blüten) spray
zweigabelig (einfach gegabelt) bifurcate, dichotomous
zweigeschlechtige Blüte / Zwitterblüte bisexual flower, hermaphroditic flower, perfect flower
zweigeschlechtlich / zwittrig bisexual, hermaphroditic
zweigeteilt two-parted
Zweiglein (small) twig, sprig
zweigliedrige Benennung / Bezeichnung binomial / binary nomenclature
Zweiglücke branch gap
Zweigspur branch trace
zweihäusig / diözisch diecious, dioecious
Zweihäusigkeit / Diözie dioecy, dioecism
zweijährig biennial
zweikeimblättrig dicotyledonous

Zweikeimblättrige / Dikotyledone / Dikotyle dicotyledon, dicot
zweireihig in two rows, two-row, biseriate
zweiseitig / bifazial / dorsiventral bifacial, dorsiventral
zweispaltig bifid
zweistachelig / zweidornig diacanthous
zweiteilig bipartite, dimeric, in two parts
Zweiteilung binary fission, bipartition
zweizählig / dimer dimerous
zweizeilig distichous, two-ranked
Zwergmutante dwarf mutant
Zwergnadelwald / Zwergstrauchzone pygmy conifer woodland
Zwergstrauch / holziger Chamaephyt dwarf-shrub, woody chamaephyte
Zwergvegetation dwarf vegetation
Zwergwald / Zwergwaldstufe elfin forest, elfin woodland
Zwergwuchs dwarfed growth, stunted appearance, dwarfism, nanism
zwergwüchsig stunt, dwarf
Zwiebel / Zwiebelknolle / Bulbus bulb
zwiebelförmig bulbous
Zwiebelgemüse bulb vegetable
Zwiebelknolle bulb
Zwiebelkuchen bulb "plate" with short internodes, contracted disc-like axis of bulb
Zwiebelstaude bulbous perennial herb
zwieseln (sich) / sich gabeln fork, bifurcate
Zwieselung (Stammverzweigung nah am Boden) forking of trunk base / lower trunk
Zwischenblatt metaxyphyll
Zwischenbündelcambium interfascicular cambium
Zwischenkultur intercropping, double cropping
Zwischenwirt intermediary host
Zwischenzellraum / Interzellulare intercellular space
Zwitter hermaphrodite
Zwitterblüte / zweigeschlechtige Blüte bisexual flower, hermaphroditic flower, perfect flower
zwittrig / zweigeschlechtlich hermaphroditic, bisexual

Zyanthium / Cyanthium cyanthium
Zyathium / Cyathium cyathium
zygomorph zygomorphic, monosymmetrical, irregular
Zygote zygote
zylindrisch / cylindrisch cylindric, cylindrical
Zyme / Zyma / Zymus / Cymus / Cyme / zymöser Blütenstand cyme, cymose inflorescence
zymös / cymös / cymos / trugdoldig (sympodial verzweigt) cymose, cymoid (sympodially branched)
Zynthie / Cynthia cynthia
Zyste / Cyste cyst
Zytologie / Cytologie / Zellenlehre / Zellbiologie cytology, cell biology
Zytoplasma / Cytoplasma cytoplasm
Zytoplasmaströmung cytoplasmic streaming
Zytoskelett / Cytoskelett cytoskeleton

A Pocket Dictionary of Botany

Theodor C. H. Cole

English – German

A

aapa mire/string bog Aapamoor,
  Strangmoor
aboveground/overground/
  superterranean oberirdisch
abscission/falling off/dropping off/
  shedding Abszission, Abwerfen,
  Abwurf
abscission layer/separation layer
  Abszissionsschicht, Ablösungsschicht, Trennschicht
abscission, leaf Blattabwurf
abundance (frequency of occurrence)
  Abundanz, Individuenzahl, Häufigkeit
abyssal zone/deep-sea zone Abyssal
  (unterste Wasserschicht im Meer),
  Tiefseebereich, Tiefseezone
abyssobenthic/deep-sea floor/ocean
  floor Abyssobenthal, Tiefseeboden,
  auf dem Tiefseeboden lebend
abyssopelagic zone Abyssopelagial,
  unterster Tiefseebereich (Wasserschicht), Meerestiefenbereich
acaulescent/stemless akauleszent,
  stammlos
accessory akzessorisch
accessory bud akzessorische Knospe,
  Beiknospe
acclimate/acclimatize/adapt
  akklimatisieren, anpassen
acclimation/acclimatization/
  adaptation Eingewöhnung,
  Klimaanpassung, Anpassung
accrescence Zuwachs (nach Blüte)
accrescent fortwachsend,
  weiterwachsend
accretion/accrescence/new growth/
  enlargement Zuwachs
accretion (cell wall growth)
  Auflagerung (Zellwandwachstum)
accrustation/adcrustation
  Akkrustierung, Adkrustierung
accumbent (lying along/against
  another body) anliegend
accumulation Akkumulation,
  Anhäufung
achene/akene Achäne, Achaene
achlamydeous achlamydeisch
acicular/needle-shaped nadelförmig

acid/acidic sauer
acidification Versauerung
acidity Azidität, Säuregrad
acorn Eichel
acropetal/basifugal akropetal,
  basifugal
acrotony Akrotonie
actinomorphic/star-shaped/regular/
  radially symmetrical aktinomorph,
  strahlenförmig, sternförmig, radiär,
  radiärsymmetrisch
action potential Aktionspotential
acuminate/taper-pointed lang
  zugespitzt (konkav zulaufende
  Blattspitze)
acute/sharp/pointed/sharp-pointed
  spitz
adaptability Anpassungsfähigkeit
adaptation/acclimation/
  acclimatization Anpassung
adaptive radiation adaptive Radiation
adcrustation/accrustation
  Adkrustierung, Akkrustierung
addorsed/addossed adossiert,
  rückseitig
adhesion Adhäsion
adhesion root/anchorage root
  Ankerwurzel
adhesive body Klebkörper,
  Klemmkörper
adhesive trap/flypaper trap Klebfalle
adnate (unequal parts) angewachsen,
  verwachsen (ungleiche Teile)
adnation (unequal parts)
  Verwachsung (unterschiedlicher
  Organe)
adsorption/apposition Anlagerung,
  Apposition
adult plant Adultpflanze
adventitious adventiv
adventitious plantlet (e.g. *Kalanchoe*)
  Brutpflänzchen
adventitious root Adventivwurzel,
  Beiwurzel, Nebenwurzel
adventitious root, stem-borne
  sproßbürtige Wurzel
adventitious shoot Adventivsproß
aecium/aecidium Aecidium
aeration Belüftung, Durchlüftung
aerenchyma Aerenchym,
  Durchlüftungsgewebe
aerial root/air root Luftwurzel
aerobic aerob, sauerstoffbedürftig

aerophyte / air plant / aerial plant /
  epiphyte Luftpflanze, Epiphyt,
  Aufsitzerpflanze
aestival (appearing in summer)
  sommerlich
aestivate / estivate / pass summer in
  dormant stage übersommern
aestivation / estivation Ästivation,
  Aestivation, Knospendeckung;
  Sommerschlaf
afforestation / reforestation /
  reafforestation Aufforstung,
  Wiederbewaldung
after-ripening Nachreifen
agamous / asexual / neuter
  ungeschlechtlich
agaric Blätterpilz
age structure Altersaufbau
ageing / aging / senescence Alterung,
  Seneszenz
aggradation Anlandung
aggregate fruit Sammelfrucht
agriculture / farming Landwirtschaft
agronomist Agronom, diplomierter
  Landwirt
agronomy Agronomie,
  Ackerbaukunde, Ackerbaulehre
air bladder / float / pneumatophore
  (algas) Schwimmblase (Algen)
air chamber (Marchantia) Luftkammer
air embolism / cavitation Luftembolie
air humidity Luftfeuchtigkeit
air layering Luftablegerverfahren
air plant / aerial plant / aerophyte /
  epiphyte Luftpflanze, Epiphyt,
  Aufsitzerpflanze
air pocket / air bag / air sac / vesiculum
  Luftsack (Pollen)
air pore (Marchantia) Atemöffnung
air root / aerial root Luftwurzel
airborne windgetragen
airspace (leaf parenchyma) Hohlraum
alate / winged geflügelt
albedo Albedo, Rückstrahlvermögen
aleurone layer Aleuronschicht
alga (pl. algae / algas) Alge
algal bloom Algenblüte
algal mat / algal layer Algenteppich,
  Matte
aliform / wing-shaped flügelförmig
alive / living / biotic lebend
alkaline / basic alkalisch, basisch

all-or-none response Alles-oder-Nichts
  Reaktion / ~Antwort
alliance Verband, Assoziationsgruppe
allochory Allochorie, Fremd-
  ausbreitung
allochthonous biotopfremd,
  bodenfremd, eingeführt
allogamy Allogamie, Fremdbefruchtung
alluvial fan Schwemmkegel,
  Schwemmfächer
alluvial plain / floodland / floodplain
  Schwemmland
alpine alpin
alpine grassland Matte / Mattenstufe
alpine marsh Hochgebirgsmoor
alpine meadow alpine Bergwiese,
  Matte
alpine mountains / alpine mountain
  chain Hochgebirge
alpine region Hochgebirgsregion
alpine zone Hochgebirgsstufe
alternate host Wechselwirt
alternate alternierend,
  wechselständig, zerstreut, schraubig
alternation Alternanz, Wechsel
alternation of generations
  Generationswechsel
alternation of hosts Wirtswechsel
altitude / elevation / higher location
  Höhe (über dem Meeresspiegel),
  Höhenlage
altitudinal zonation vertikale Stufung
altitudinal zone / region / belt
  Höhenstufe (Vegetationsstufe see
  vegetational zone)
alveolate / deeply pitted / honeycombed / favose / faveolate kleingrubig; wabig
amber Bernstein
amenity forest / recreational forest
  Erholungswald
amphigastrium Amphigastrium,
  Bauchblatt
amphitropous (ovule) amphitrop,
  hufeisenförmig gekrümmt
  (Samenanlage)
amplexicaul / stem-clasping
  amplexikaul, stengelumfassend
anabatic wind Hangaufwind
anabolism Anabolismus, Aufbau,
  Synthesestoffwechsel
anaerobic anaerob

anaerobic fermentation anaerobe Gärung, Dissimilation
analogous analog, funktionsgleich
ananthous/flowerless blütenlos
anatomy Anatomie
anatropous (ovule) anatrop, umgewendet (Samenanlage)
ancestor/forebear/progenitor Ahne, Vorfahre
anchorage root/adhesion root Ankerwurzel
anchorage Verankerung
androecium Staubblattkreis
androgynophore/gynoandrophore Androgynophor
anemochore Windstreuer
anemophilous/wind-pollinated anemophil, windblütig
angiosperm/flowering plant/ anthophyte Angiosperme, Decksamer, Blütenpflanze
angle Winkel
angular kantig
animal husbandry/ranging Viehzucht
animal-dispersal/zoochory Tierausbreitung
animate/alive belebt, lebendig
anisogamy Anisogamie
annual annuel, einjährig
annual growth Jahreswachstum, Jahreszuwachs
annual plant/therophyte Therophyt, Annuelle, Einjährige (Pflanze)
annual ring/growth ring Jahresring
annual shoot/one-year shoot Jahrestrieb
annular ringförmig
annulus Annulus, Anulus
annulus, inferior/ring (remains of velum partiale) Annulus inferus, Ring, Kragen
annulus, superior/armilla/manchette (remains of velum universale) Annulus superus, Armilla, Manchette
anthela Anthela, Spirre, Trichterrispe
anther Anthere, Staubbeutel
antheridium Antheridium
anthesis/florescence/flowering period Anthese, Floreszenz, Blütezeit, Blütenentfaltung
anthocarp/infructescence/multiple fruit Fruchtstand, Fruchtverband
anthoclade Anthocladium

antipode/antipodal cell Antipode
antrorse vorwärts gerichtet, aufwärts gerichtet
aperture/opening/orifice Apertur, Öffnung, Mündung
aperture (microscope) Blende, Apertur
aperture (pollen) Keimpore, Keimstelle
apetalous apetal
apex (pl. apices) Spitze
aphyllous/without leaves blattlos
aphylly/absence of leaves Blattlosigkeit, Aphyllie
apical bud/terminal bud Gipfelknospe
apical cell Scheitelzelle
apical furrow Scheitelfurche, Scheitelgrube
apical growth Spitzenwachstum
apical meristem Apicalmeristem, Scheitelmeristem, Spitzenmeristem, Vegetationspunkt
apical shoot/terminal shoot Gipfeltrieb
apiculate/pointleted zugespitzt (mit feiner Spitze endend)
apocarpous apokarp, chorikarp, freiblättriges Fruchtblatt
apochlamydeous apochlamydeisch
apopetalous apopetal
apophysis Apophyse
apoplast pathway Wasserstrom, apoplastischer
appearance Erscheinungsbild, Erscheinungsform
appendage/appendix Anhängsel, Anhangsgebilde
applied angewandt
apposition/accretion (Zellwandwachstum durch) Auflagerung
appressorium/holdfast Appressorium, Haftscheibe, Haftorgan
aquatic aquatisch, wasserbewohnend, im Wasser lebend
aquatic plant/water plant/ hydrophyte Wasserpflanze, Hydrophyt
arable urbar
arable land/tillable land kultivierbares Land, anbaufähiger Boden, urbarer Boden
arbor/bowery Gartenlaube, Laube
arboreal/treelike baumartig, Baum...; baumbewohnend
arboreous/forested/wooded bewaldet

arborescent baumartig verwachsen, baumartig verzweigt, sich baumartig ausbreitend
arboretum Arboretum
arboriculture Baumzucht (speziell Ziersträucher/Zierbäume)
arborist/arboriculturist Baumzüchter
arbuscule (tree-like small shrub/ dwarf tree) Bäumchen, baumartiger Strauch, niedriger Baum
Archean Era/Archeozoic Era Archaikum (Frühes Präkambrium)
archegonium Archegonium
archespore/sporoblast Archespor
archetype/prototype Urtyp
arciform/arcuate/arched bogenförmig, gebogen
arctic arktisch
area Areal, Verbreitunggebiet
areole Areole
arid/dry arid, trocken
arid land/arid region/dryland Trockengebiet
aril Arillus, Samenmantel; Samenwarze
aristate/awned begrannt, Grannen tragend
armilla/manchette/superior annulus (remains of velum universale) Armilla, Manschette, Annulus superus
armor/shell/theca Panzer
armored/thecate gepanzert
arrangement Anordnung
arrhizous/arrhizal/rootless wurzellos
artificial lighting künstliche Beleuchtung
ascendent/ascendant aufsteigend
ascidial/ascidiform/sac-like/bag-like/ pitcher-shaped/flask-shaped schlauchförmig, kannenförmig, krugförmig, sackförmig
ascidiate leaf/pitcher leaf Schlauchblatt, Kannenblatt
ascus Askus
asexual/agamous/neuter ungeschlechtlich
assemblage/group Gruppe, Gruppierung
assimilate stream Assimilatstrom
assimilation Assimilation
assimilative root Assimilationswurzel

atavism/throwback (primitive characteristic) Atavismus, Rückschlag (ursprüngliches Merkmal)
atropous/orthotropous/orthotropic (ovule) atrop, aufrecht, geradläufig (Samenanlage)
attachment/affixment Anheftung
attenuate/tapering/pointed verjüngt, spitz zulaufend, (keilförmig) zugespitzt
attractant Lockmittel, Lockstoff
attraction Lockung
auricle (leaf) Blattöhrchen (Gräser)
auriculate/eared/ear-like geöhrt
austral/southern südlich
autochthonous bodenständig
autogamy/self-fertilization/selfing Autogamie, Selbstbefruchtung
autophily/self-pollination Selbstbestäubung
autotroph/autotrophic ("self-feeding") autotroph
autumn/fall Herbst
autumn coloration/fall coloration Herbstfärbung
autumn foliage Herbstlaub
auxotrophic auxotroph
average Durchschnitt, Mittelmaß
avoidance Vermeidung
awl-shaped/subulate pfriemlich
awn Granne
awned/aristate begrannt, Grannen tragend
axial/axile achsenständig
axial spur Achsensporn
axil Achsel
axillary achselständig
axillary bud/lateral bud Achselknospe, Seitenknospe
axillary bulbil Achsenbulbille
axis Achse
axis, principal Abstammungsachse, Hauptachse

B

backcrossing/backcross Rückkreuzung
bactericidal bakterizid (*see* germicidal)
bacterium (*pl.* bacteria) Bakterie, Bakterium
badlands erodierte und wüstenartige Landschaft
bald/bare/glabrous kahl
ballistic capsule Schleuderkapsel
ballistic dispersal Schleuderausbreitung
ballistic fruit Schleuderfrucht, ballistische Frucht
band-shaped/fascial bandförmig
banded/fasciate gebändert
banner/banner petal/standard petal/ vexillum Fahne
barb Bart; Wiederhaken
barbate/bearded gebärtet
barbellate (e.g. pappus) mit borstigen Widerhaken versehen
bare/barren/bald kahl
bark Rinde
bark, tertiary/dead outer bark/ rhytidome Borke, Rhytidom
basal body Basalkörper
basal placentation basale Plazentation, basiläre Plazentation, grundständige Plazentation
base Stock, Grundlage
base of leaf blade Blattspreitengrund, Blattspreitenbasis
basic/alkaline basisch, alkalisch
basipetal basipetal
basitony Basitonie
bast/secondary phloem/secondary bark Bast, sekundäres Phloem
bast fiber Bastfaser
bast ray Baststrahl
bastardization/hybridization Bastardisierung, Hybridisierung
bathyal zone Bathyal (Meeresboden)
bathypelagic zone Bathypelagial, mittlerer Tiefseebereich, mittlere Tiefseezone
bay/bight/gulf Bucht, Meerbusen, Golf

bayou Altwasser, sumpfiger Flußnebenarm
beam Balken, Holzbalken
beam (of light) Strahl, Lichtstrahl
bearded/barbate gebärtet
bedrock/rock base/parent material/ parent rock (unmodified) Grundgestein, Muttergestein, Ausgangsgestein, fester Untergrund
beet Rübe
beetle-pollinated flower/ coleopterophile Käferblume
beheading/pollarding (of trees) köpfen
bell-shaped/campanular/ campaniform glockenförmig
bending resistance Biegesteifigkeit
bending strength Biegefestigkeit, Tragfähigkeit
beneficial insect/beneficient insect Nutzinsekt
beneficial species/beneficient species Nützling
benthic/benthonic den Meeresboden bewohnend, bodenbewohnend, untergrundbewohnend (Ozean)
benthic zone (floor) Benthal
benthon/benthos Benthos, Gewässergrundbewohner, Bodenbewohner, Meeresbodenorganismen
benthos community Benthos (Organismen des Benthal)
berries (general/culinary) Beerenobst
berry (*bot.*) Beere
berry with hard rind (hesperidium and pepo/gourd) Panzerbeere (Hesperidium und Kürbisfrucht, siehe dort)
biennial zweijährig
bifacial/dorsiventral bifazial, dorsiventral, zweiseitig
bifid zweispaltig
bifurcate/Y-shaped/forked/ dichotomous zweigabelig, einfach gegabelt, dichotom
bifurcation/forking/dichotomy Gabelung, Gabelteilung, Dichotomie
bight Bucht, Einbuchtung
bilaterally symmetrical/ monosymmetrical/zygomorphic/ irregular bilateralsymmetrisch, monosymmetrisch, zygomorph, unregelmäßig

binary fission/bipartition Zweiteilung
binomial nomenclature/binary
nomenclature binominale/binäre
Nomenklatur, zweigliedrige
Benennung/Bezeichnung
biocenosis/biocoenose/biotic
community Biocönose, Biozönose,
Biozön, Organismengemeinschaft,
Lebensgemeinschaft
biodegradable biologisch abbaubar
biodegradation biologischer Abbau
biodiversity/biological diversity
Lebensvielfalt, biologische Vielfalt
biological/biotic biologisch, biotisch
biological clock biologische Uhr
biologist Biologe
biology/life sciences Biologie,
Biowissenschaften
bioluminescence Biolumineszenz
biomass Biomasse
biome/vegetational zone
Vegetationszone
biosphere Biosphäre
biotic/biological biotisch, biologisch
biotic community/biocoenose/
biocoenosis Lebensgemeinschaft,
Biocönose
biotic pyramid Nahrungspyramide
biotope/life zone Biotop, Lebensraum
bipartite/dimeric/in two parts
zweiteilig
bipinnate gefiedert, zweifach
bird flower/ornithophile/
bird-pollinated flower Vogelblume
bird-dispersal/ornithochory
Vogelausbreitung
bird-pollinated/ornithophilous
vogelblütig
biseriate/in two rows/two-row
zweireihig
bisexual/hermaphroditic zwittrig,
zweigeschlechtlich
bisexual flower/hermaphroditic
flower/perfect flower zwittrige
Blüte, Zwitterblüte
bisymmetrical/bilateral
disymmetrisch, bilateral
bladder cell Blasenzelle
bladder hair Blasenhaar
bladder trap/utriculus/utricle
Fangblase
bladderlike/utriculate/utricular
blasenartig, blasenförmig

blade/lamina (phyllid: certain algas)
Spreite; Phylloid
blade/stalk (grass) Halm
blanket bog/climbing bog Deckenmoor
bleeding (plant wound) Bluten
(Pflanzenwunde)
blossom/flower Blüte
blue-green alga/cyanobacteria
Blaualge, Cyanobakterie
blunt/obtuse stumpf
blurred/out of focus/not in focus
(picture) unscharf
blurredness/blur/obscurity/
unsharpness (picture) Unschärfe
board/plank Brett
body covering/vesture/vestiture
Hülle, Mantel
body plan/construction/structure
Bauplan
bog/muskeg Moor (ombrogen/
oligotroph), Torfmoor; Luch
bog drainage rill Rülle
bog forest, upland Hochmoorwald
bog hollow/ditch/rivulet (in raised
bog) Schlenke
bog moss/peat moss (Sphagnum)
Torfmoos
bog plant/marsh plant/helophyte
Sumpfpflanze, Moorpflanze
boggy/swampy sumpfig
bole Baumstamm
boletus mushroom/pore mushroom/
pore fungus Röhrenpilz, Röhrling,
Porling
bolting/shooting schießen
(früh in Blüte)
bordered flowerbed/border Rabatte
bordered pit Hoftüpfel
boreal/northern nördlich
bostryx (helicoid cyme) Schraubel
botanical garden/botanic garden
Botanischer Garten
botanist Botaniker
botany/plant science Botanik,
Pflanzenkunde
botryose/racemose traubig,
razemös, racemös
bottom/floor (of sea/ocean/lake)
Boden (Meeresgrund/
Gewässergrund)
boulder layer/loose rock layer
Untergrund (C-Horizont)

bowl-shaped flower Napfblume
bracket/conk (shelf-like sporophyte) Konsole (Fruchtkörper von Baumpilzen, z. B. *Fomes*)
bracket fungus/shelf fungus/tree fungus konsolenförmiger Baumschwamm, Baumpilz
brackish water Brackwasser
bract/subtending bract Tragblatt, Deckblatt
bract-scale/secondary bract Tragschuppe, Deckschuppe
bramble/bush berries *(Rubus* species*)* Himbeersträucher, Brombeersträucher
bran Kleie
branch/limb Ast
branched verzweigt
branching/ramification Verästelung, Verzweigung, Ramifikation
branching system, monopodial monopodiales Verzweigungssystem
branching system, sympodial sympodiales Verzweigungssystem
breakers/surf Brandung, Meeresbrandung
breakwater/jetty/mole Mole
breed/breeding/cultivation Züchtung
breed/cultivate züchten
bright field Hellfeld
bristle Borste
bristle-pointed/bristle-like borstig spitz
bristle-shaped/setiform borstenförmig
bristly/bristle-like/setaceous borstig
broadleaf tree (*pl.* broadleaves)/hardwood Laubbaum (*pl.* Laubbäume)
brochure/pamphlet Broschüre, Informationsschrift
brood bud/bulbil Brutknöllchen, Brutknospe, Bulbille
brook/creek Bach
broom Ginster
browse (twigs/leaves of shrubs/bark) abfressen (*see:* graze)
browser (twigs/leaves of shrubs) junge Sprößlinge abfressendes Tier
browsing damage (damage caused by game) Verbiß, Wildverbiß, Fraßschaden
brush/scrubland Buschland
brush/thicket/scrub/thick shrubbery Gestrüpp, Dickicht

brush fire Buschfeuer
brush hair Fegehaar
brushwood/spray Reisig
bryology Bryologie, Mooskunde
bucking (cutting felled tree into specific lengths) Ausformung, Aushaltung
buckling strength/folding strength Knickfestigkeit
bud Knospe
bud/budding Knospen treibend, knospen; okulieren
bud, accessory Beiknospe, akzessorische Knospe
bud, axillary Achselknospe, Seitenknospe
bud, dormant/resting ruhende Knospe, schlafende Knospe
bud bracts/bud envelope Knospenhülle
bud cluster/eye cluster Beiknospengruppe
bud dormancy Knospenruhe
bud gap Knospenlücke
bud grafting/budding okulieren; Okulation
bud primordium Knospenanlage
budding/bud grafting okulieren; Okulation
budding/sprouting knospend, sprießen; Knospung, Sprossung
budding potential/budding rate Ausschlagvermögen
buffering puffern
bulb "plate" with short internodes Zwiebelkuchen
bulb Blumenzwiebel, Zwiebelknolle
bulb vegetable Zwiebelgemüse
bulb-shaped/bulbous/tuberous knollenförmig, zwiebelförmig
bulbil, axillary (aboveground) Achsenbulbille
bulbil/brood bud Bulbille, Brutknöllchen, Brutknospe, Brutsproß; Zehe, Brutzwiebel
bulblet Brutkörper, unterirdischer Zwiebelbrutkörper, Tochterzwiebel
bulbotuber/corm/"solid bulb" (swollen shoot base) unterirdische Hypokotylknolle, „Knollenzwiebel"
bulbous/bulb-shaped/tuberous zwiebelförmig, knollenförmig

bulbous perennial herb Zwiebelstaude
bulge/collar/protuberant seam Wulst
bulk flow/mass flow (water)
Massenströmung
bullate/blistered blasig, bläschenartig
bulliform/bubble-shaped/bubblelike
bläschenförmig
bulliform cell/motor cell Motorzelle,
motorische Zelle, Gelenkzelle
(im Schwellkörper des Blattes)
bunch/cluster Büschel
bundle, closed (vascular bundle)
geschlossenes Leitbündel
bundle, open (vascular bundle)
offenes Leitbündel
bundle sheath Bündelscheide,
Leitbündelscheide
bundle-sheath extension erweiterte
Bündelscheide
bundled/fasciculate gebündelt
buoyancy Auftrieb
bur/burr/burry fruit Klette,
Klettfrucht, Klettenfrucht
burl/lignotuber/wood knot
(woody outgrowth with wavy
grain) Maserknolle, Wurzelhals-
knolle (Auswuchs an bestimmten
Bäumen)
bush Busch
bush fruit/bush berries (*Ribes*:
currents, gooseberries, etc.)
Strauchbeeren, Strauchbeerenobst
bushes/shrubbery/thicket/
underbrush (in forest) Gebüsch
bushy/shrubby/fruticose buschig
butterfly-pollinated flower
Schmetterlingsblume
button (immature stage of
mushroom) junger Pilz
buttress (supportive ridge at base of
tree trunk) Wurzelanlauf,
Stammanlauf
buttress, leaf Blatthöcker, frühe
Blattanlage
buttress root (*esp.* tropical trees)
Brettwurzel

C

caespitose/cespitose (growing
densely in tufts) rasig, rasenartig,
grasbüschelartig
Cainozoic Era/Cenozoic Era/Neozoic
Era Känozoikum, Neozoikum
calcareous kalkig, kalkartig, kalkhaltig
calcareous alga Kalkalge
calcareous shell Kalkschale
calcicole/calciphile calcicol, kalzikol,
kalkhold, kalkliebend
calcification Verkalkung
calcifuge/basifuge/calciphobe
calcifug, kalzifug, kalkfliehend,
kalkmeidend; Kalkflieher
calciphile/calcicole kalkliebend,
kalziphil, kalzikol, kalkhold
caldarium/heated greenhouse/
hot-house Caldarium, Warmhaus
caliche/lime pan Caliche,
Kalkanreicherungshorizont
callus (wound) Kallus, Wundholz,
Wundcallus
calyptra Calyptra, Kalyptra, Haube;
Mooshaube
calyx (sepals) Kelch, Blütenkelch
(Sepalen)
cambium Cambium, Kambium
–, cork/phellogen Korkcambium,
Phellogen
–, fascicular Faszikularcambium
–, interfascicular
Zwischenbündelcambium
–, nonstoried/nonstratified
nichtetagiertes Cambium
–, storied/stratified etagiertes
Cambium, Stockwerk-Cambium
–, wound Wundcambium
Cambrian/Cambrian Period
Kambrium, Cambrium
(erdgeschichtliche Periode)
campaniform/campanular/
bell-shaped glockenförmig
campylokinesis Krümmungsbewegung
campylotropous/bent (ovule)
kampylotrop, campylotrop,
gekrümmt, krummläufig
(Samenanlage)

candelabra-shaped kandelaberförmig
cane / stick (reed / sugarcane) Rohr
(Schilfrohr / Zuckerrohr), Rohrstock
cane (thin shoot) dünner Schaft
cane (woody shoot of brambles /
shrubs) Rute, Beerenrute
cane sugar Rohrzucker
canker Baumkrebs
canopy (forest) Baumkronenbereich,
Baumwipfelzone, Blätterdach (Wald)
canopy of leaves Laubdach
canyon / gorge Schlucht
cap / pileus (fungi) Hut, Pilzhut
capillary Kapillare
capitulum / cephalium / flower head
Capitulum, Cephalium, Blütenköpfchen, Köpfchen, Korb, Körbchen
capsule Kapsel
–, dorsicidal dorsizide / dorsicide
Spaltkapsel
–, loculicidal lokulizide / loculicide
Spaltkapsel
–, longitudinally dehiscent
Spaltkapsel
–, poricidal Lochkapsel, Löcherkapsel,
Porenkapsel, porizide Kapsel
–, septicidal septizide / septicide
Spaltkapsel
carbon source Kohlenstoffquelle
Carboniferous / Carboniferous Period
Karbon, Steinkohlenzeit
(erdgeschichtliche Periode)
carboniferous swamp forests
Steinkohlenwälder
cardboard / paperboard / fiberboard
Karton
carinate / keeled gekielt
carnivorous fleischfressend
carpel Carpell, Karpel, Fruchtblatt
carpellate / pistillate / female weiblich
carpellate flower / pistillate flower
Stempelblüte, weibliche Blüte
carpogonium Karpogon
carpophagous / feeding on fruit /
frugivorous karpophag,
fruchtfressend, frugivor, fruktivor
carpophore / fruit bearer Karpophor,
Fruchthalter
carr (fen woodland) Bruchmoor,
Bruchwald, Übergangs-Waldmoor
carrion flower Aasblume
carrying capacity Grenze der
ökologischen Belastbarkeit,

Belastungsfähigkeit, Umweltkapazität, Kapazitätsgrenze,
Tragfähigkeit
caruncle Caruncula, Karunkula,
Mikropylenwulst, Samenwarze (an
Mikropyle)
caryopsis / grain Caryopse, Karyopse,
„Kernfrucht", Kornfrucht (Grasfrucht)
cash crop (leicht verkäufliches)
Landbauprodukt
casing Gehäuse
Casparian strip Casparischer Streifen
cat's-tail / reedmace Rohrkolben
catabolism Stoffwechselabbau
catabolite Stoffwechselabbauprodukt
catalyst Katalysator
cataphyll Niederblatt
catapult fruit / catapult capsule
Katapultfrucht, Katapultkapsel
catchment area / catchment basin /
drainage basin Wasereinzugs-
gebiet, Grundwassereinzugsgebiet,
Flußeinzugsgebiet, Sammelbecken
categorization Kategorisierung,
Einstufung
catkin / ament / amentum Kätzchen
cattle ranching Rinderwirtschaft
caudate / tail-pointed (ending with
tail-like appendage) geschwänzt
caudex / stalk / stem Strunk, Schaft,
Achse
caudex / stump / stub / stool / stem
base Caudex, Stumpf, Strunk
caudex / trunk of tree (palms /
treeferns) Stamm (Palmen /
Baumfarne)
caudicle (stalk of pollinium)
Kaudikula, Caudicula, Stielchen
caulescence Kauleszenz, Cauleszenz
caulescent (with stem above
ground) caulescent,
stammbildend, stengeltreibend
caulescent perennial herb / giant
leaf-rosette plant Schopfrosettenpflanze
caulid / stemlet / stipe (algas / mosses)
Cauloid, Kauloid, Stämmchen
cauliflorous kauliflor, stammblütig
cauliflory Stammblütigkeit
cauline (arising from the stem)
stammbürtig
cave / crypt / cavity Höhle, Höhlung

cavitate/break (water column)
reißen (Wassersäule)
cavitation (xylem/phloem; rupture of
water column) Kavitation
cavity/lumen Hohlraum, Höhlung,
Lumen
cell Zelle
cell (mericarpic nutlet/segment of
loment) Klause
cell aggregate Zellverband
cell biology/cytology Zellbiologie,
Zellenlehre, Cytologie, Zytologie
cell count (number of cells) Zellzahl
cell count/germ count Keimzahl
(Anzahl von Mikroorganismen)
cell culture Zellkultur
cell cycle Zellcyclus, Zellzyklus
cell division/cytokinesis Zellteilung
cell fusion Zellfusion,
Zellverschmelzung
cell line Zellinie
cell membrane/unit membrane/
biological membrane Zell-
membran, biologische Membran
cell sap Zellsaft
cell wall Zellwand
cellular zellulär
cellulose Zellulose
Cenozoic/Cenozoic Era Känozoikum,
Kaenozoikum, Erdneuzeit,
Neozoikum (erdgeschichtliches
Zeitalter)
central cylinder/stele (of root)
Zentralzylinder der Wurzel,
Wurzelstele
central cylinder/stele (of stem)
Zentralzylinder des Sproßes,
Sproßstele
central placentation Zentralplazentation
centrifugal zentrifugal
centripetal zentripetal
ceraceus/waxy wachsartig
cereal/grain Getreide
cespitose/caespitose/caespitulose
(growing densely in tufts) rasig,
rasenartig, grasbüschelartig
chaff/bracts (small dry scales)
Spreu, Kaff
chaffy/paleaceous spreuartig, voller
Spreu
chamaephyte Chamaephyt

chamaephyte, woody/dwarf-shrub
holziger Chamaephyt, Zwergstrauch
chambered/valvate gekammert,
gefächert
change/modification/variation
Veränderung, Variation
character species Charakterart,
Leitpflanze
characteristic/character Eigenschaft
charcoal Holzkohle
chief association Hauptassoziation
chilling Abkühlung, Kühlen, Gefrieren
chilling damage/chilling injury
Kälteschaden, Kälteschädigung,
Erkältung, Unterkühlungsschaden
chimera Chimäre, Pfropfhybride,
Zellhybride
chipboard Spanplatte
chiropterochory/bat-dispersal
Fledermausausbreitung
chiropterophile/bat-pollinated
flower Fledermausblume
chiropterophilous/bat-pollinated
fledermausblütig
chiropterophily/bat-pollination/
pollination by bats Fledermausbestäubung
chlorenchyma Chlorenchym,
Assimilationsparenchym
choripetalous (having separate
petals) choripetal
chorology/biogeography Chorologie,
Arealkunde, Verbreitungslehre
ciliate/ciliated bewimpert, gewimpert
cilium (pl. cilia) Wimper, Cilie
cincinnus (scorpioid cyme) Wickel
circadian rhythm Tagesrhythmik,
circadiane Rhythmik
circinate/coiled schneckenförmig
aufgerollt/eingerollt
circinate vernation (ferns) Blattentwicklung aus aufgerollter
Knospenlage (Farne)
circle Kreis
circular/orbicular kreisförmig,
kreisrund
circumnutation Circumnutation
cladistics/phylogenetic analysis
Kladistik
cladode/cladophyll Kladodium,
Cladodium (Flachsproß eines
Langtriebs)
cladogenesis Kladogenese

clamp / corpuscle / corpusculum
(milkweeds) Klemmkörper
(Asclepiadaceen)
clamp *(Basidiomycetes)* Schnalle
(Basidiomyceten)
clamp connection *(Basidiomycetes)*
Schnallenverbindung
(Basidiomyceten)
clasper / tendril / climbing shoot Ranke
claspered / bearing tendrils mit
Ranken versehen
class Klasse
classification Klassifizierung,
Einteilung, Gruppeneinteilung,
Gliederung
clavate / club-shaped / club-like
keulenartig
claw / unguis Nagel (des Kronblattes),
Unguis
clay Ton
clear-cut / clearance / land clearance
Abholzung, Kahlschlag
clear-cutting / land clearing abholzen,
abforsten, kahlschlagen
clearant / clearing agent (microscopy)
Aufheller, Aufhellungsmittel
clearing / aisle Schlag, Waldschlag;
Lichtung; Schneise
cleavage Spaltbarkeit
cleft / crack / slit Spalt
cleistogamous kleistogam
cleistogamy Kleistogamie
cleistothecium / cleistocarp
Kleistothecium
cliff Fels, Klippe
climate Klima
climatic belt Klimagürtel
climax community Klimaxgesellschaft
climax formation Klimaxformation
climax vegetation Klimaxvegetation
climber / vine / scandent plant
Kletterpflanze, Rankengewächs
climbing / scandent klimmend,
kletternd
cline Cline, Kline, Klin, Merkmalsgefälle, Merkmalsgradient,
Merkmalsprogression
clipping Scheren, Stutzen,
Beschneiden
clock, biological biologische Uhr
clone Klon
close-set stand, dense stand
Baumbestand, dichter

cloud forest / fog forest / humid forest /
perhumid forest Nebelwald
clove (of garlic) Zehe (Knoblauch~)
club fungus Keulenpilz
club moss Bärlapp
club mosses / lycopods Bärlappgewächse
club-root Hernie
club-shaped / club-like / clavate keulenartig
cluster / bunch Büschel
coalescence / symphysis Verwachsung
(allgemein)
coalescent / fused by growth
verwachsen
coarse / crude / rough / tough derb,
grob
coarse adjustment Grobjustierung
coarse-grained grobfaserig
coast / seaboard / shore Küste
coastal desert Küstenwüste
coastal dune Küstendüne
coastal flat / tidal flat Watt
coastal strip Küstenstreifen
coastal swamp / marsh Küstensumpf
coastal vegetation / maritime
vegetation Küstenvegetation
coastal waters Küstengewässer
coastal zone / littoral zone Küsten-
zone, Uferzone
coastline / shoreline / waterline
Küstenlinie, Küstenstrich
cob (corn~) / ear Maiskolben
coccal kokkal, coccal
coccoid kokkoid
coccolith Kalkplättchen,
Kalkkörperchen, Coccolit, Kokkolit
coccus *(pl.* cocci) Kokkus *(pl.* Kokken)
cochlear / spoon-like löffelartig
cochleate / cochleiform / coiled like a
snail's shell schneckenhausförmig
gewunden
coenobium *(pl.* coenobia) / cell family
Coenobium, Cönobium, Zönobium
(pl. Coenobien / Zönobien)
coenocytic coenocytisch
coevolution Koevolution
coexistance Koexistenz
cohesion theory (cohesion-tension
theory) Kohäsionstheorie
coiled / twisted / wound aufgewickelt
coiling Aufwinden
cold desert Kältewüste

cold house / cool greenhouse /
orangery Kalthaus, Frigidarium,
Orangerie

cole / cabbage Kohl

coleopterophile / cantharophile /
beetle-pollinated flower
Coleopterophile, Cantharophile,
Käferblume

coleoptile / plumule sheath Coleoptile,
Koleoptile, Keimscheide,
Keimblattscheide

coleorhiza / root sheath / radicle
sheath Koleorhiza, Coleorhiza,
Wurzelscheide

collateral kollateral

collection Kollektion, Sammlung

collenchyma Collenchym, Kollenchym

collenchyma, angular
Kantenkollenchym, Eckenkollenchym

collenchyma, lamellar / tangential
Plattenkollenchym

colleter (multicellular glandular
trichome; sticky / viscous
secretions) Colletere, Kolletere
(Leimzotte, Drüsenzotte)

colonial / colony-forming koloniebildend

colonization Kolonisierung, Besiedlung

colony Kolonie

columella Columella, Gewebesäule

column / gynostemium (orchids)
Säule, Säulchen

coma / comal tuft / hair-tuft / head of
hairs Haarschopf, Haarbüschel,
Haarkranz; Blattschopf

comestible / edible genießbar, eßbar

commensalism Kommensalismus

commissure Kommissur

common name / vernacular name
volkstümlicher Name

community / association
Gemeinschaft, Gesellschaft

community, plant Pflanzengesellschaft

comose / having a tuft of hairs
dichthaarig, schopfig, haarschopfig,
mit Haarbüschel, haarbüschelig

companion cell Begleitzelle,
Geleitzelle

compartmentation / compartmentalization Kompartimentierung

compass plant / heliotropic plant
Kompaßpflanze, Medianpflanze

compatibility / tolerance
Kompatibilität, Verträglichkeit,
Toleranz

compatible / tolerant kompatibel,
verträglich, tolerant

compensation point Kompensationspunkt

competence (for evocation)
Kompetenz (zur Blühinduktion)

competition Konkurrenz, Wettbewerb

complete flower vollständige Blüte

compost Kompost

compound (e.g. leaf) zusammengesetzt (z. B. Blatt)

compound leaf / divided leaf Fiederblatt (ganzes!), gefiedertes Blatt

compress / compressed stauchen,
gestaucht

compression Kompression, Stauchung

compression resistance Druckfestigkeit

compression wood Druckholz,
Rotholz

concaulescence Konkauleszenz

concentration gradient
Konzentrationsgefälle

conceptacle (*Fucus*) Konzeptakel

condenser Kondensator

condiment Würze

conducting tissue / vascular tissue
Leitgewebe

conduction / conductance / transport /
translocation Leitung, Transport

cone / strobile / strobilus Zapfen,
Blütenzapfen

cone (e.g. vegetative cone) Kegel

cone scale / cone bract Zapfenschuppe

cone-shaped / conical kegelförmig

congenial kongenial, verwandt,
gleichartig

congenital / innate / inborn kongenital,
angeboren, ererbt

conidiophore Conidienträger,
Konidienträger

conidium Conidie, Konidie,
Knospenspore

coniferous Zapfen tragend

coniferous forest Nadelwald

coniferous tree / conifer / softwood
tree Nadelbaum

connate / coalescent (firmly united)
fest verwachsen / angewachsen
(gleiche Teile)

connation / cohesion Verwachsung (gleicher Organe)

connecting strand Verbindungsstrang (Siebpore)

connective (part of anther) Konnektiv, Mittelband

connective tissue Bindegewebe

consanguinity Konsanguinität, Blutsverwandtschaft

conservationist Naturschützer

conservatory Konservatorium

consistency Konsistenz, Beschaffenheit

constancy Konstanz, Stetigkeit

construction / structure / body plan / anatomy Aufbau, Struktur, Bauplan, Anatomie

consumer Konsument, Verbraucher

contact cell Belegzelle (Holzparenchym)

contact inhibition Kontakthemmung

contagious / infectious ansteckend, infektiös

contamination Kontamination, Belastung (Verschmutzung), Verunreinigung

contemporary / extant zeitgenössisch, heute lebend, existierend, bestehend

contiguous / adjoining / boardering / touching angrenzend, anliegend, anstoßend, berührend

continental climate Kontinentalklima, Binnenklima

continental fringe Kontinentalrand

continental location Kontinentallage

continental shelf Festlandsockel, Kontinentalsockel, Schelf

continental slope Kontinentalböschung

contort verdrehen, verkrümmen

contorted verdreht, gedreht, verkrümmt, eingewunden

contortion Verdrehung, Verkrümmung

contour / outline Umriß

contracted cymoid / cymose umbel / pseudosciadioid Scheindolde, Pseudosciadioid

contractile root Zugwurzel

convergent konvergent

convolute / convoluted / rolled up zusammengerollt, gewickelt, gewunden, seitlich eingewickelt, übereinandergerollt

convolution Einrollung (seitlich eingewickelt / zusammengerollt)

coppice / coppicing Rückschnitt bis auf den Stumpf für Neuaustrieb

coppice forest / sprout forest Ausschlagswald, Niederwald (durch Rückschnitt; kleines, niedriges Wäldchen)

cordate / cordiform / heart-shaped herzförmig

core (fruit) Kerngehäuse (einer Frucht)

coriaceous / leathery ledrig

cork / phellem / secondary bark Kork, Phellem

cork cambium / phellogen Korkkambium, Phellogen

corky / suberous verkorkt

corm (swollen shoot base) / bulbotuber / "solid bulb" unterirdische Hypokotylknolle / Stengelknolle, „Knollenzwiebel"

cormel / cormlet (*Gladiolus*) Brutknolle

cormophyte Kormophyt

cormus Kormus

corn / grain / kernel Korn

corolla Blumenkrone, Blütenkrone, Krone

corolla tube / tubular corolla Blütenröhre, Röhrenblüte (mit verwachsenen Kronblätter)

coronal / wreath-shaped kranzförmig

coronal scale Schlundschuppe

corresponding entsprechend

corrugated / corrugative / crumpled irregularly / in folds gerunzelt, runzelig, gewellt, geriffelt

corrugation irrigation Furchenberieselung

cortical parenchyma Rindenparenchym

cortication Kortikation, Berindung; Rindenbildung

cortina Cortina, Schleier

cortinal zone Schleierzone

corymb Corymbus, Ebenstrauß (Doldentraube, Doldenrispe, Schirmtraube, Schirmrispe)

cosmopolitan / worldwide kosmopolitisch, weltweit

cosmopolite / cosmopolitan Kosmopolit

costa / midrib / midvein Mittelrippe, Costa

cotyledon/seminal leaf Kotyledone, Cotyledone, Keimblatt

counterstain Gegenfärbung

cover/stand/growth Bewuchs

cover value Deckungswert

coverage percentage/coverage level Deckungsgrad

coverslip/coverglass Deckglas

crab apple Holzapfel

crate planks/crate boards Kistenbretter

creek/brook Bach

creeper/trailing plant Kriechpflanze

creeping/crawling/repent kriechend

cremocarp (schizocarp of *Umbelliferae*) Doppelachäne

crenate/with rounded teeth/ scalloped kerbzähnig, zackig gekerbt

crenulate/finely notched fein kerbzähnig, feingekerbt, feinkerbig

Cretaceous/Cretaceous Period Kreide, Kreidezeit (erdgeschichtliche Periode)

crevice/fissure/crack Spalt, Spalte, Riß; Felsspalte

crippled/stunted verkrüppelt

crop/produce Feldfrucht, Bodenprodukt, Landerzeugnis, Naturerzeugnis, Landbauprodukt, Pflanzenkultur

crop, heavy reiche Ernte

crop plant/cultivated plant Kulturpflanze

crop rotation Anbaurotation, Fruchtwechsel, Fruchtfolge

crop yield/harvest/crop Ernteertrag

cropping/plant production Ackerbau

cropping method/technique/ procedure Anbaumethode/ verfahren

cross section/transverse section Hirnschnitt, Querschnitt

cross wall Querwand

cross-fertilization/xenogamy/ allogamy Kreuzbefruchtung, Xenogamie, Fremdbefruchtung, Allogamie

cross-pollination Kreuzbestäubung

crossgrain Querfaserung

crossgrained timber/crosscut wood Hirnholz

crossing/cross/crossbre(e)d/breed/ crossbreeding/interbreeding Kreuzung, Kreuzzüchtung

crowded (leaves) gedrängt (Blätter)

crown/treetop/apex/tip Krone, Gipfel, Spitze, Baumkrone, Baumgipfel, Stammkrone

crown gall tumor (by *A. tumefaciens*) „Wurzelhalstumor" (Infektionstumor an Stamm und Wurzel)

crown layer/upper canopy Kronenregion, Kronenschicht, obere Baumschicht

crown rosette plant/tree (terminally tufted leaves) Schopfpflanze/ baum

crozier/fiddlehead eingerolltes junges Farnblatt

crozier *(Ascomycetes)* Askushaken, Askushakenzelle

crude/coarse/rough/tough derb, grob

crumb structure (soil) Krümelstruktur

crustose/crustaceous krustig

crustose fungus Krustenpilz

crustose lichen Krustenflechte

cryofracture/freeze-fracture Gefrierbruch

cryophyte (plant preferring low temperatures) Kryophyt, Kältepflanze

crypt/cave/cavity Höhle, Höhlung, Grube, Vertiefung

cryptocarpous verborgenfrüchtig

cryptogam Kryptogame, blütenlose Pflanze

cryptophyte/geophyte/ geocryptophyte (*sensu lato*) Cryptophyt, Kryptophyt, Geophyt, Erdpflanze, Staudengewächs

culinary/edible mushroom Speisepilz

culinary herbs Küchenkräuter

culm Grashalm, Grasstengel

culmiferous halmtragend

cultivability Anbaueignung

cultivar/domestic variety Kulturform

cultivate/till/crop/grow anbauen

cultivated land landwirtschaftliche Nutzfläche

cultivation/breeding Zucht, Züchtung

cultivation/cropping/growing Anbau

cuneate/cuneiform/sphenoid/ wedge-shaped keilförmig

cupule/cupula/flower cup/floral cup Cupula, Blütenbecher

95

Cu

current Strömung
cushion plant Polsterpflanze
cushion-shaped / pulvinate
kissenförmig, polsterförmig
cuspidate stachelspitzig
cut / incised schnittig, geschnitten,
eingeschnitten
cut / prune / trim beschneiden,
zurückschneiden
cut flower Schnittblume
cut grass / hay / mowing Mahd
cutaway drawing
Ausschnittszeichnung
cuticle / cuticula Cuticula, Kutikula
cuticularization Cutikularisierung,
Cutin Auflagerung, Cutin Anlagerung
cutinization Cutinisierung, Cutin
Einlagerung
cutting / pruning Beschneiden,
Zurückschneiden
cutting / slip Steckling
cutting face / cutting plane
Schnittfläche, Schnittebene
**cutting faces, apical cell with one /
two / three** einschneidige /
zweischneidige / dreischneidig
Scheitelzelle
cyanthium Cyanthium, Zyanthium
cycle Kreislauf
cyme / cymose inflorescence Cyme,
Cyma, Cymus, Zyme, cymöser /
zymöser Blütenstand, Trugdolde,
Scheindolde
–, dichasial / dichasium Dichasium,
zweigablige Trugdolde
–, fan-shaped / rhipidium Fächel
–, helicoid / bostryx Schraubel
–, helicoid / drepanium Drepanium,
Sichel
**–, monochasial / simple cyme /
monochasium** Monochasium,
eingablige Trugdolde
–, pleiochasial / pleiochasium
Pleiochasium, vielgablige Trugdolde
–, scorpioid / cincinnus Wickel
cyme with sessile flowers Knäuel
cyme with very short pedicles
Büschel
**cymoid / cymose (sympodially
branched)** cymös, cymos, zymös,
trugdoldig (sympodial verzweigt)

cymule verkürzte Trugdolde
(als Teilblütenstand), Scheinquirl (bei
Tubifloren)
cynthia Zynthie, Cynthia
cypsela / inferior bicarpellary achene
Achäne, unterständige (Asteraceen)
cyst Cyste, Zyste
cytokinesis / cell division Zytokinese,
Cytokinese, Zellteilung
cytokinesis Cytokinese
cytology / cell biology Zytologie,
Cytologie, Zellenlehre, Zellbiologie
cytoplasm Cytoplasma, Zytoplasma
**cytoplasmic streaming / plasma
streaming / cyclosis** Cytoplasma-
strömung, Plasmaströmung, Dinese
cytoskeleton Cytoskelett, Zytoskelett

D

dark field Dunkelfeld
dark reaction Dunkelreaktion
daughter cell Tochterzelle
day-neutral plant tagneutrale Pflanze
decapitation of tree / beheading of
tree / pollarding Köpfen, Kappen
(von Bäumen)
decay / decompose / disintegrate (*vb.*)
sich zersetzen, zerfallen
decay / decomposition / disintegration
Zersetzung, Zerfall
decay / rot / foul / putrefy (*vb.*) faulen,
verfaulen, verwesen, modern,
vermodern
decay / rot / fouling / putrefaction
Fäulnis, Verwesung, Vermoderung
deceptive flower Täuschblume
deciduous / falling / shedding
(general) abfallend
deciduous (dropping of leaves /
leaf-dropping) laubwerfend,
blattwerfend
deciduous (summergreen)
sommergrün
deciduous forest / broadleaf forest
Laubwald, Fallaubwald
deciduousness / dropping of leaves /
leaf-dropping Laubwerfen
decomposer Zersetzer, Destruent,
Reduzent
decomposition / degradation Abbau,
Zersetzung
decorticate / debark entrinden,
schälen (Rinde)
decortication Entrindung
decumbent / lodged / prostrate with
tips rising up (cereals)
niederliegend, niedergedrückt
decurrent herablaufend,
herabhängend
decurrent / deliquescent (tree form)
(nach oben) ausladend (sympodiale
Wuchsform)
decussate / crossed dekussiert,
gekreuzt, kreuzgegenständig
decussation Dekussation, Wirtelung
deep sea Tiefsee

deep-rooted plant tiefwurzelnde
Pflanze
defense Abwehr
deficiency Mangel
deficiency symptom Mangel-
erscheinung, Mangelsymptom
definite / restricted (growth)
beschränkt, begrenzt, bestimmt
defloration Abblühen, Verblühen
defoliated / denuded entblättert
defoliation / denudation / stripping of
leaves Entlaubung
defoliation by pests Kahlfraß durch
Schädlinge
deforestation Abholzung,
Entwaldung, Waldzerstörung
degeneration / regression Rückbildung
dehisce aufplatzen, aufspringen
dehiscence Dehiszenz, Aufspringen,
Aufplatzen
dehiscent fruit Streufrucht,
Springfrucht, Öffnungsfrucht
dehydration Dehydratation,
Entwässerung
dehydrogenation Dehydrierung
deliquescent (branching) zerfließend,
sich fein verästelnd, reich verzweigt
demanding (having high requirements / demands) anspruchsvoll
dendrologist Dendrologe
dendrology Dendrologie,
Gehölzkunde, Baumkunde
density Dichte
dentate / toothed gezahnt
denuded / stripped of leaves entlaubt
depauperate / starved / reduced /
undeveloped verarmt, verkümmert
deposition / deposit Ablagerung
depression / basin Vertiefung, Mulde
depth of focus Tiefenschärfe,
Schärfentiefe
derivation Ableitung
derivative Derivat, Abkömmling
(von etwas abgeleitet)
derive ableiten
dermal tissue / exodermis
Abschlußgewebe
desalination Entsalzung
descendant / descendent absteigend
descendant / offspring / progeny
Deszendent, Abkömmling,
Nachkomme
descent / origin Abstammung

desert Wüste
desert bloom Wüstenblüte
desert plant / eremophyte
  Wüstenpflanze, Eremiaphyt
desertification / desert expansion
  Wüstenausbreitung
desiccate / dry up / dry out
  austrocknen
desiccation Austrocknung, Trocknis
desolated verödet, verwüstet;
  verlassen
desolation / obliteration Verödung,
  Verwüstung
determinate endständig, begrenzt,
  beschränkt
determinate growth / limited growth
  begrenztes Wachstum, beschränktes
  Wachstum
determinate inflorescence
  geschlossene Infloreszenz
deterrent / repellent Schreckstoff,
  Abschreckstoff
detritivore / detritus-feeder
  Abfallfresser, Detritusernährer,
  Detritivor
development Entwicklung
developmental level Entwicklungsstufe
developmental stage Entwicklungsstadium
deviation Abweichung
device Vorrichtung
devoid of plants pflanzenlos
Devonian / Devonian Period Devon
  (erdgeschichtliche Periode)
dew Tau
dewdrop Tautropfen
diagnostic species Kennart
dialypetalous / choripetalous / with
  separate petals frei / getrennt-
  kronblättrig, frei / getrenntblumen-
  blättrig, choripetal
diaspore / propagule / disseminule
  Diaspore, Ausbreitungseinheit,
  Disseminule
diatom Diatomee, Kieselalge
diatomaceous earth Diatomeenerde,
  Kieselerde
dichasium / dichasial cyme
  Dichasium, zweigablige Trugdolde
dichogamy / heteracmy Dichogamie
dichotomous / forked dichotom,
  gegabelt, gabelig

dichotomous branching gabelige
  Verzweigung
dichotomous venation
  Gabeladerung, Fächeraderung
dichotomy / forking / bifurcation
  Dichotomie, Gabelung, Gabelteilung
dicotyledon / dicot Dikotyle,
  Dikotyledone, Zweikeimblättrige
dicotyledonous dikotyl,
  zweikeimblättrig
dictyosome / Golgi body Diktyosom,
  Dictyosom
die off absterben
dieback teilweise absterben
diecious / dioecious zweihäusig
differential interference
  Differential-Interferenz (Nomarski)
differential species Differentialart,
  Trennart
differentiation Differenzierung
diffuse porous (wood) zerstreutporig
digestion Verdauung
digitate / fingered digitat, gefingert
digitiform / fingershaped / fingerlike
  fingerförmig
dike Damm, Deich (am Meer)
dilation / dilatation / expansion
  Dilatation, Ausweitung
dimerous dimer, zweizählig
dimorphism Dimorphismus
dioecious / diecious zweihäusig
dioecy / dioecism Diözie,
  Zweihäusigkeit
diplostemonous diplostemon
disappearing layer (anther)
  Schwundschicht
disease / illness Krankheit
disease-causing agent Krankheitserreger
disintegration / decay / decomposition
  Zersetzung, Zerfall
disjunct / disjunctive disjunkt,
  zerstückelt, voneinander isoliert
disjunction / discontinuity / isolation
  Disjunktion, Isolierung, Isolation
disk flower / disk floret / tubular
  flower Scheibenblüte, Röhrenblüte
  (Asterales)
disk-shaped scheibenförmig

dispersal/propagation Ausbreitung, Propagation
- (bird-)/ornithochory Vogel-ausbreitung
- (self-)/autochory Selbstausbreitung
- (water-)/hydrochory Wasserausbreitung
- (wind-)/anemochory Windausbreitung

dispersal unit/propagule/diaspore/ disseminule Ausbreitungseinheit, Propagationseinheit, Fortpflanzungs-einheit, Diaspore

dispersion/spreading Dispersion, Verteilung, Zerstreuung

dissected zerschnitten

dissemination/dispersal/spreading/ releasing Ausstreuung

disseminule/propagule/diaspore Diaspore

dissepiment/partition/cross-wall/ dividing wall/septum Scheidewand, Septe, Septum

dissimilation/catabolism Dissimilation, Stoffwechselabbau

dissipation Streuung

distichous/distichate/two-ranked distich, zweizeilig

distichy Distichie

distribution Verbreitung (dispersal see: Ausbreitung)

disymmetrical/biradial disymmetrisch

ditch Graben

diurnal plant Tagblüher, Tagpflanze

divergence/divergency Divergenz

diversiflorous verschiedenblütig

diversity/variability Vielfalt, Variabilität, Mannigfaltigkeit

divided unterteilt, gegliedert

division/fission Teilung

division/phylum Abteilung

doldrums Kalmen, Kalmengürtel

domestic variety/cultivar Kulturform

domesticate domestizieren

domestication Domestikation

donor Donor, Spender

dormancy/inactive state (general) Ruhezustand

dormancy/inactive state (endogenous) Dormanz (see: quiescence)

dorsal dorsal, rückseitig

dorsal suture/seam (midrib of carpel) Dorsalnaht, Rückennaht

dorsicidal dorsizid, dorsicid, rückenspaltig

dorsiventral/bifacial dorsiventral, bifazial, zweiseitig

double fertilization doppelte Befruchtung

double raceme Doppeltraube

double spike Doppelähre

double umbel Doppeldolde

down Flaum

downy/pubescent flaumig, feinstflaumig

drag effect „Schleppeffekt"

drain (bog/swamp) trockenlegen (Moor/Sumpf)

drainage/draining Abfluß, Entwässerung, Trockenlegung, Drainage

drainage area/watershed Grundwassereinzugsgebiet

drainage ditch Entwässerungsgraben

drainage water/leachate/soakage/ seepage/gravitational water Sickerwasser

drepanium (a helicoid cyme) Drepanium, Sichel

drepanoid/sickle-shaped sichelförmig

drift line/intertidal fringe Spülsaum

driftwood Treibholz

drip irrigation/trickle irrigation Tropfbewässerung, Tröpfchen-bewässerung

drooping schlaff herabhängend

drooping leaf herunterhängendes Blatt

drought Dürre

drought resistance Dürreresistenz

drought resistant/xerophytic trockenresistent

drought tolerance Austrocknungs-toleranz

drought-enduring dürreertragend, dürreüberdauernd

drought-evading dürremeidend

drought-resistant dürreresistent, dürrefest

drought-tolerant dürretolerant, dürreduldend

drupaceous fruit Steinobst

drupe/drupaceous fruit/stone Steinfrucht

druse/granule Druse

dry/arid trocken
dry farming/dryland farming
  Trockenkultur, Trockenlandwirtschaft
dry fruit Trockenfrucht
dry mass Trockenmasse
dry matter Trockensubstanz
dry meadow/arid grassland
  Trockenrasen
dry rot Trockenfäule
dry spell/drought Trockenperiode
dry weight Trockengewicht
dryness/drought Trockenheit, Dürre
duff humusartiger Waldboden
dune Düne
dung/manure Dung (tierische
  Exkremente)
dung-fly flower/sapromyophile
  Aasfliegenblume, Sapromyiophile
durability (wood)
  Verwitterungsbeständigkeit
duramen/heartwood Kernholz
dwarf mutant Zwergmutante
dwarf vegetation Zwergvegetation
dwarf-shrub/chamaephyte
  Zwergstrauch
dwarfishness/dwarfism/nanism/
  microsomia Zwergwuchs,
  Kümmerwuchs, Nanismus
dwarfism/dwarfed growth/stunted
  appearance/nanism/microsomia
  Zwergwuchs, Nanismus,
  Kümmerwuchs
dy/gel mud Dy, Torfschlamm
dyable/stainable anfärbbar
dye Farbstoff
dystrophic dystroph (nährstoffarm
  und humusreich)

E

ear/cob (corn) Getreideähre, Fruchtstand des Getreides; Kolben (Mais)
early bloomer Frühblüher
earlywood/springwood Frühholz,
  Weitholz, Frühlingsholz
earth/ground/soil Erde, Boden
Earth (world) Erde (Welt)
Earth history/history of the Earth/
  geologic history Erdgeschichte
Earth science/geology Geologie
easterlies Ostwinde
ebb/low tide/ebb tide Ebbe
ecocline (gradient of vegetation and
  biotopes) Ökocline, Ökokline,
  Ökoklin
ecology Ökologie
economic plant/useful plant/crop
  plant Nutzpflanze, Weltwirtschaftspflanze, Wirtschaftspflanze
ecosystem Ökosystem
ecotone Ökoton, Übergangsgesellschaft
ecotope Ökotop
edaphic edaphisch
edge Rand
efficiency Effizienz, Wirkungsgrad
egg cell/egg/ovum (female gamete)
  Eizelle, Ei (weibliche Geschlechtszelle)
egg-shaped/ovate eiförmig
ejection device/ballistic device
  Schleudervorrichtung
elaiosome Elaiosom, Ölkörper (Samen)
elastic elastisch
elasticity Elastizität
elater Elatere, Schleuderzelle
elfin forest/elfin woodland
  Zwergwald, Zwergwaldstufe
elicitation (of a reaction) Auslösung
  (einer Reaktion)
elicitor Elicitor, Auslöser
eliminate/eradicate eliminieren,
  ausmerzen
elliptic/elliptical elliptisch
elongation Streckung, Verlängerung
elongation, region of Streckungszone
elongational growth/elongation
  Streckungswachstum
eluviation Auswaschung

emanate hervorquellen
emarginate / shallowly notched
  ausgerandet
embankment künstliche Böschung
embedding Einbettung
embolism Embolie
embryo Embryo
embryo sac Embryosack, Keimsack
emerge / develop / unfold entwickeln,
  entstehen
emerge (e.g. rise from a fluid)
  herausragen
emergence Emergenz, Auswuchs
emission Emission, Ausstoß;
  Ausstrahlung
enation (*Lycophyta*) Auswuchs
encapsulation Einkapselung
encrustation / incrustation
  Inkrustierung
endangered gefährdet
endemic endemisch, beschränkt auf
  ein bestimmtes Areal
endemic species / endemic lifeform /
  endemic Endemit
endemism Endemismus
endocytosis Endocytose, Endozytose
endodermis Endoderm, Endodermis,
  Innenhaut
endogamy / inbreeding Inzucht
endoplasmatic reticulum
  endoplasmatisches Retikulum
endosperm Endosperm, Nährgewebe
endosymbiont theory
  Endosymbiontentheorie
endurance Ausdauer, Dauerhaftigkeit
endure ausdauern
enemy Feind, Fressfeind
enlarge / magnify vergrößern
enlarged / thickened verdickt
enlargement / magnification
  Vergrößerung
enology Önologie, Weinbaukunde
enrichment Anreicherung
enrichment zone / paracladial zone
  Bereicherungszone
ensiform / gladiate / xiphoid /
  sword-shaped schwertförmig
entire / simple (leaf margin)
  ganzrandig (Blatt)
entomophile / insect-pollinated
  flower Insektenblume
entomophilous / insect-pollinated
  entomophil, insektenblütig

entomophily / insect-pollination
  Entomophilie, Insektenbestäubung
entrainment (rhythm adjustment)
  Rhythmus-Anpassung (circadiane)
envelope / hull Hülle
environment Umwelt
environmental conditions
  Umweltverhältnisse
environmental degradation
  Umweltzerstörung
environmental insult
  Umweltschmähung
environmental protection / nature
  protection / nature conservation /
  nature preservation Naturschutz,
  Umweltschutz
environmental requirements
  Umweltansprüche
environmental science
  Umweltwissenschaft
environmental warden
  Landschaftspfleger
enzyme Enzym, Ferment
Eocene / Eocene Epoch Eozän
  (erdgeschichtliche Epoche)
Eophytic Era Eophytikum
ephemeral kurzlebige Pflanze
ephemere Ephemere
epi-illumination Auflicht
epicalyx Außenkelch
epicotyl Epikotyl, Epicotyl
epigean germination / epigeal
  germination epigäische Keimung
epigeous epigäisch
epigynous unterständig
epipetalous epipetal
epiphyll Epiphyll, Oberblatt
epiphyllous epiphyll (auf Blättern
  wachsend)
epiphyte / air plant / aerial plant /
  aerophyte Epiphyt, Aufsitzerpflanze, Luftpflanze
episepalous episepal
epithet Epitheton, Beiname,
  zusätzliche Bezeichnung,
  Zusatzbezeichnung (Artname /
  Artbezeichnung: specific epithet)
epoch (lower / upper *or* early / late)
  Epoche (frühe / späte)
equatorial division Äquatorialteilung
equilibrium Gleichgewicht
eradicate / eliminate ausmerzen,
  eliminieren

erect/strict/upright/straight aufrecht
ergastic substance ergastische
Substanz
Erica Erika
escape entkommen; verwildern
escarpment Böschung, steiler
Abhang; Steilabbruch
espalier/trellis Spalier
espalier fruit Spalierobst
essential oil ätherisches Öl
establishment/settlement/
naturalization/acclimatization
Einbürgerung
establishment phase Eingewöhnungsphase
estivate/aestivate (pass summer in
dormant stage) übersommern
estivation/aestivation Ästivation,
Aestivation, Knospendeckung;
Sommerschlaf
estuarine marsh Flußmarsch
estuary Ästuar, Flußmündung
ethanol series, graded aufsteigende
Alkoholreihe
etiolation Vergeilung
euphotic zone Euphotische Zone
eutophication Eutrophierung
eutrophic/nutrient-rich eutroph,
nährstoffreich
evaporation Verdunstung
evergreen immergrün
evocation Evocation, Blühinduktion
evolution/phylogeny (historical
development of a biological
group) Evolution, Phylogenie,
Phylogenese, Stammesgeschichte,
Stammesentwicklung,
Abstammungsgeschichte
evolutionary/phyletic abstammungsgeschichtlich, evolutionär, phyletisch
evolutionary studies
Abstammungslehre
evolutionary theory/theory of
evolution Evolutionstheorie,
Deszendenztheorie
exalbuminous eiweisslos
exchange Austausch
excitability Erregbarkeit
excitable erregbar
excitation Erregung
exclusion Ausschluß
exclusive (fidelity) treu, fest

excretion Exkret, Exkretion,
Ausscheidung
excretory cell Exkretzelle
excretory tissue (secretory tissue)
Ausscheidungsgewebe
excurrent (tree form) geradstämmig,
monopodiale Wuchsform, astlos in
die Spitze auslaufend; überragend/
heraustretend (schlanker Wipfel/
unten ausladend)
excursion/field trip Exkursion
exhibition/show/display Ausstellung
exine (pollen/spore) Exine,
Außenschicht
exodermis/dermal tissue Exodermis,
Außenhaut, Abschlußgewebe
expansion/dilation/dilatation
(growth) Erweiterungswachstum,
Dilatationswachstum
expansivity Dehnbarkeit
experiment/test Versuch
experimental procedure/experimental
protocol/experimental method
Versuchsverfahren
experimental series Versuchsreihe
experimental setup
Versuchsanordnung
explosive fruit/explosive capsule
Explodierfrucht (Springfrucht),
Explodierkapsel (Springkapsel)
exstipulate/astipulate/estipulate
nebenblattlos, ohne Stipeln
extant/contemporary/recent heute
lebend, zeitgenössisch, gegenwärtig
existierend, derzeit bestehend,
rezent
extensor Extensor
exterior layer/outer layer
Außenschicht
extinct, become/die out aussterben
extinction/dying out Aussterben
extirpation Ausrottung
extracellular extrazellulär, außerzellulär
extrorse extrors
exudate/exudation/secretion
Exsudate, Abscheidung,
Absonderung
eye (node/bud, e.g. potato) Auge
(z. B. Kartoffel)
eye cluster/bud cluster
Beiknospengruppe
eyepiece/ocular Okular
eyespot/stigma Augenfleck, Stigma

F

facies Fazies

facultative/optional fakultativ, optional

fairy ring Hexenring

fall/autumn Herbst

fallow Brache

false/spurious falsch

false tissue/paraplectenchyma/ pseudoparenchyma Schein- gewebe, Pseudoparenchym

false whorl/pseudowhorl Scheinquirl, Scheinwirtel, Doppelwickel

family tree/pedigree Stammbaum

fan Fächer

fan palm Fächerpalme

fan-shaped/flabellate fächerförmig

farmer Landwirt

farming/tillage/cultivation Boden- bestellung, Ackern, Ackerbau; Ackerwirtschaft

farmland/tillage/arable land Ackerland

fascial/band-shaped bandförmig

fasciate/banded/broadely striped gebändert, breit gestreift

fasciate (stems teratologically grown together) verbändert, zusammen- gewachsen (flächig verwachsen)

fasciation Fasziation, Verbänderung

fascicle (inflorescence: cyme with very short pedicles) Faszikel, Fasciculus, Büschel

fascicular büschelförmig

fasciculate/clustered/bundled/ growing in bundles gebündelt, bündelartig, büschelartig wachsend

fast-growing schnellwachsend

fastigiate zugespitzt, zur Spitze zu gedrängt

fastigium/spike Spitze

faucet gland (of bucket orchid) Pleuridium

fauna/animal life Fauna, Tierwelt

faveolate/favose/honeycombed/ alveolate/deeply pitted wabig; kleingrubig

feathery federig

fecundity Fekundität

feed fressen

feeder root Nährwurzel

fell fällen

fellfield Felsrasen, Felssteppe (Hochland)

felling (clearing) Rodung

felling (loggging) Fällen, Baumfällen

female/carpellate/pistillate weiblich

fen Fenn, Flachmoor, Niedermoor, Braunmoor, Bruchwaldtorf

fence post Zaunpfosten

fenestrated leaf gefenstertes Blatt

fenistiform pit Fenstertüpfel

fermentation Gärung

fermentation layer (soil) Fermentationsschicht, Vermoderungshorizont

fern Farn

ferruginous rost-rot

fertile fertil, fruchtbar

fertility Fertilität, Fruchtbarkeit

fertilization *sensu stricto:* Befruchtung (Bestäubung *see* pollination)

fertilization (cross~)/xenogamy/ allogamy Kreuzbefruchtung (Xenogamy), Fremdbefruchtung (Allogamie)

fertilization (self~)/autogamy Selbstbefruchtung, Autogamie

fertilizer/manure Dünger, Düngemittel

fetid (adverse odor) stinkend (übelriechend)

fiber Faser

fiber cell Faserzelle

fiber plant/fiber crop Faserpflanze

fiber tracheid Fasertracheide

fibril Fibrille

fibrillar fibrillär

fibrous/stringy faserig

fibrous layer (anther) Faserschicht

fibrous root system Büschelwurzel- system

fiddle-shaped/panduriform geigenförmig

fiddlehead/crozier schneckenförmig eingerolltes junges Farnblatt

fidelity (community) Treue, Gesellschaftstreue

field/plain/open fields/meadowland Feld, Flur

field/meadow Acker

field boundary/balk Rain

field capacity Feldkapazität
field excercise Geländeübung
field study/field investigation/field
  trial Freilanduntersuchung,
  Freilandversuch,
  vor-Ort-Untersuchung
field trip/excursion Exkursion
figure/design (wood) Maserung,
  Masertextur, Fladerung, Figur,
  Zeichnung (Holz)
filament (stamen) Filament,
  Staubfaden (Staubblatt)
filament/chain of cells Filament,
  Zellfaden
filament/thread Faden
filamentous/filliform/thread-shaped
  fadenförmig, trichal
filbert Haselnußfrucht
file meristem/rib meristem
  Rippenmeristem
film water Haftwasser
fimbriate/fimbriated/fringed
  fransenartig, befranst, gefranst
fine adjustment Feinjustierung
fingered/digitate gefingert
fingerlike/fingershaped/digitiform
  fingerförmig, digitat
firewood/fuelwood Brennholz,
  Feuerholz
firn/névé Firn, Gletschereis
firn region/firn zone Firnregion
fixation Fixierung
fixative Fixativ, Fixiermittel
flabellate/fan-shaped fächerförmig
flaccid/wilting/deficient in turgor
  welkend
flag leaf Fahnenblatt, Fähnchenblatt
flagellated begeißelt
flagellation Begeißelung
flagelliform geißelförmig,
  peitschenförmig
flagellum Geißel
flagellum, pulling Zuggeißel
flagellum, pushing Schubgeißel
flagellum, trailing Schleppgeißel
flank meristem/peripheral meristem
  Flankenmeristem
flatsawn (wood) flach-aufgesägt
flavoring Geschmacksstoff
flesh (fungus) Pilzfleisch, Fleisch
fleshy fleischig
fleshy cone/"berry" Beerenzapfen
fleshy fruit Saftfrucht

fleshy taproot Rübe
flexible/pliable biegsam
flexor Flexor
float Schwebeorgan
floating/suspended schwebend
floating leaf Schwimmblatt
floccose flockig
flood/flooding/undulation
  Überschwemmung, Überflutung
flood irrigation Bewässerung durch
  Überflutung
floodland/floodplain/alluvial plain
  Schwemmland
floodplain forest Auwald
floodplain meadow
  Überschwemmungswiese
flora Flora, Pflanzenwelt
floral biology Blütenbiologie
floral bract (hypsophyll) Braktee
  (Hochblatt)
floral diagram/flower diagram
  Blütendiagramm
floral guide Blütenmal
floral induction Blühinduktion,
  Blüteninduktion
floral leaves Blütenblätter
floral realm Florenreich
florescence/flowering period/
  anthesis Floreszenz, Blütezeit,
  Anthese
floricane Fruchtrute (Beerensträucher)
floriculture Blumenzucht
floriculturist Blumenzüchter
florist Florist, Blumenzüchter;
  Blumenhändler
floristic/floristics Floristik
floristic region Florengebiet
floristic unit Floreneinheit
flourish/thrive florieren, gedeihen,
  sprießen (gut wachsen)
flow rate (volume per time) Strom
  (Volumen pro Zeit)
flow resistance Strömungswiderstand
flower/blossom Blüte
flower/plant Blume
flower, bisexual/hermaphroditic
  flower/perfect flower zwittrige
  Blüte, Zwitterblüte,
  zweigeschlechtliche Blüte
flower, cut Schnittblume
flower, incomplete unvollständige
  Blüte

flower, perfect/bisexual flower/
hermaphroditic flower zwittrige
Blüte, Zwitterblüte,
zweigeschlechtliche Blüte
flower, unisexual/imperfect
eingeschlechtliche Blüte
flower abscission Blütenfall
flower bud Blütenknospe
flower cup/floral cup/cupule/cupula
Blütenbecher, Cupula
flower diagram Blütendiagramm
flower funnel Blütenschlund
flower head/capitulum/cephalium
Blütenköpfchen, Köpfchen, Korb,
Körbchen, Capitulum, Cephalium
flower organ Blütenorgan
flower pot Blumentopf
"flower pot" leaf/urn-shaped leaf/
pouch leaf (Dischidia) Urnenblatt
flower scent/flower perfume
Blütenduft
flower stalk/peduncle Blütenstengel,
Blütenstiel
flower structure Blütenbau
flower tuft Blütenschopf
flowerbed/patch Blumenbeet, Beet
flowering period/anthesis/
florescence Blütezeit, Anthese,
Blütenentfaltung, Floreszenz
flowering plant/angiosperm/
anthophyte Blütenpflanze,
Angiosperme
flowering sequence Aufblühfolge
fluctuation Fluktuation, Schwankung
fluence Flußrate
flush irrigation Berieselung
fluttering leaves flatternde Blätter
fluvial plain Flußebene
flux Fluß (Licht/Energie; Volumen pro
Zeit pro Querschnitt)
fly-pollinated flower Fliegenblume
foam/froth/sea spray/ocean spray
Gischt
focal length Brennweite
focal plane Brennebene
focus/focal point Brennpunkt
focus/focussing fokussieren;
Scharfeinstellung
focus, not in/blurred/out of focus
(picture) unscharf
focussing/focus fokussieren;
Scharfeinstellung
fodder/forage Futterpflanze

fog Nebel
fog desert Nebelwüste
fold/plication/wrinkle Falte
folded/pleated/plicate gefaltet, faltig
foliaceous/foliose/phylloid/leaf-like
blattartig, laubblattartig
foliage/leafage/leaves Belaubung,
Blattwerk, Laubwerk, Laub
foliage eruption/leafing Laubausbruch
foliage leaf Laubblatt, Folgeblatt
foliage leaves, primary/first foliage
leaves Primärblätter, Erstlingsblätter
foliage plant/leafy plant Grünpflanze,
Blattpflanze
foliaged/foliate/provided with leaves/
leaf-bearing/leaved beblättert
foliar Blatt..., blättrig
foliar gap/leaf gap Blattlücke
foliar plantlet/adventitious plantlet
(Kalanchoe) Brutpflänzchen
foliar trace/leaf trace Blattspur
foliate/provided with leaves/
leaf-bearing/foliaged beblättert
foliation/leafing (leaf development/
ontogeny) Blattbildung,
Blattentwicklung
foliation/prefoliation/vernation
Blattfolge in der Knospe, Vernation,
Knospenlage
foliferous/foliating/producing leaves
sich belauben
foliiform/leaf-shaped/leaf-like
blattförmig, blattartig
foliolate/leafletted blättchenartig,
kleinblättrig, fiederblättrig
foliole/leaflet/pinna Blättchen, Fieder,
Blattfieder, Fiederblättchen, Teilblatt
foliose/folious/leafy/resembling a
leaf Blatt..., Laub..., blattartig,
blättrig, laubartig; vielblättrig
foliose lichen Laubflechte
follicle (fruit) Follikel, Balg,
Balgfrucht
food chain Nahrungskette
food crop/forage plant/food plant
Nahrungspflanze
food crop production Nahrungspflanzenanbau
food web Nahrungsnetz
foodstuff/nutrients Lebensmittel
foothills/foothill zone kolline Stufe,
Hügelstufe, Hügellandstufe,
Vorgebirge

forb (nongraminoid herbaceous plant) Krautpflanze, krautige Pflanze (nicht Gräser)

forcing (fast growing/early flowering) rasch hochzüchten, früh zur Reife bringen

forcing bed/hotbed Frühbeet, Mistbeet

forest (see: woods) Wald größerer Ausdehnung

forest, cultivated/tree farm/tree plantation Forst, Wirtschaftswald

forest, urban/community Stadtwald

forest, young Jungwald

forest administration/forest service Forstverwaltung

forest canopy Blätterdach, Kronendach (Wald)

forest damage Waldschaden

forest deterioration/forest decline Waldsterben

forest edge/fringe Waldrand

forest fire Waldbrand

forest floor Waldboden

forest line/timberline Waldgrenze

forest litter Waldstreu

forest plantation Forstkultur (Pflanzung)

forest plantation, young and protected Schonung

forest ranger/forest warden Forstwart

forest science/forestry Forstwissenschaft, Forstkunde

forest tree Forstbaum

forest warden/forest ranger Forstwart

forested/wooded/arboreous bewaldet

forester Förster

forestry Forstwesen, Forstwirtschaft

fork/bifurcate sich zwieseln, sich gabeln

forked/bifurcate/Y-shaped/dichotomous gegabelt, dichotom

forking/bifurcation/dichotomy Gabelung, Dichotomie

forking of trunk at base/lower trunk Zwieselung (Stammverzweigung nah am Boden)

forking of trunk at midhight Gabelung (Forstbaum)

form pruning/shape pruning Erziehungsschnitt

formation Formation

fouling/rotting verfaulen

fovea/small pit/small depression kleine Grube, Grübchen

foveate/pitted grubig

foveolate/having small pits or depressions kleingrubig

fragrance/pleasant scent angenehmer Duft/Geruch; Geruchsstoff

fragrant/scented pleasantly angenehm duftend

frayed/fringed/fimbriate(d) fransig

free-floating freischwebend

freeze-dry Gefriertrocknung

freeze-etching Gefrierätzung

freeze-fracture/cryofracture Gefrierbruch

frequency of occurrence/abundance Häufigkeit

fresh weight Frischgewicht (sensu stricto: fresh mass Frischmasse)

freshwater Süßwasser

fringe/seam/border/edge Saum

fringed/fimbriate fransenartig, befranst, gefranst

frond (ferns/palms/kelp) Blattwedel, Wedel; Braunalgenspreite

front side/ventral vorderseitig, bauchseitig

frost/rime frost Frost

frost blight/nip Frostbrand

frost damage/frost injury Frostschaden, Frostschädigung

frost desiccation damage/damage by winter drought Frosttrocknis

frost hardening Frosthärtung

frost hardiness Frosthärte

frost protection irrigation Frostschutzberegnung

frost-resistant frostresistent

frost-tender/susceptible to frost frostempfindlich

fructiferous/bearing fruit/fruiting fruchtend, fruchttragend

fructification/fruit formation Fruchtbildung

fructification/fruitbody/fruiting body/carposoma Fruchtkörper, Karposom

frugivorous/fruit-eating/carpophagous/feeding on fruit frugivor, fruktivor, fruchtfressend, karpophag

fruit   Frucht
fruit (culinary)   Obst
fruit, simple   Einzelfrucht
fruit abscission   Fruchtfall
fruit body / fruitbody / fruiting body /
   fructification   Fruchtkörper,
   Karposom
fruit core   Kerngehäuse (einer Frucht)
fruit growing   Obstbau
fruit orchard   Obstplantage
fruit pulp   Fruchtfleisch, Fruchtmus
fruit skin / peel   Haut einer Frucht,
   Fruchtschale
fruit stalk   Fruchtstiel
fruit tree / fruit-bearing tree   Obstbaum
fruit wall / ovary wall / seed vessel /
   pericarp   Fruchtwand, Perikarp
fruit-bearing shrubs   Beerensträucher
fruiting   fruchtend
fruiting body / fruitbody   Fruchtkörper
fruitlet   Früchtchen; Einzelfrucht,
   Teilfrucht, Karpidie (entire carpel)
frustule   Schale (Diatomeen)
frutescent / fruticose / shrub-like /
   shrubby / bushy   sich strauchartig
   entwickeln; strauchartig
fruticose / frutescent / shrub-like /
   shrubby / bushy   strauchig, buschig
fruticose lichen / shrub-like lichen
   Strauchflechte
fruticulose   (etwas) strauchartig
fugacious   kurzlebig, hinfällig, flüchtig,
   früh abfallend, früh verblühend
fulcrum   Stützorgan
full-grown   ausgewachsen
funicle / funiculus / ovule stalk / seed
   stalk   Funiculus, Nabelstrang,
   Samenstiel
funnel   Trichter
funnel trap, unidirectional
   Trichterfalle, Reusenfalle
funnel-leaf / ascidiate leaf (*Nepenthes*)
   Trichterblatt, Schlauchblatt
funnel-leaved plant / infundibulate
   plant   Trichterpflanze
funnel-shaped flower   Trichterblüte
furrow / groove / sulcus   Furche,
   Graben, Rinne
furrow irrigation   Grabenbewässerung, Furchenbewässerung
furrowed / grooved / fissured / sulcate
   gefurcht, furchig, gerieft

fused / coalescent / connate
   verwachsen
fusiform / spindle-shaped
   spindelförmig
fusiform initial   Fusiforminitiale
fusion   Fusion, Verschmelzung;
   Verwachsung
fusion of nuclei / caryogamy
   Kernverschmelzung, Karyogamie

G

gall / gall nut / cecidium Galle,
  Pflanzengalle
gallery forest / fringing forest
  Galleriewald
gametophore Gametangienträger
gametophyte Gametophyt
gap Lücke
garden Garten
garden market / gardening market /
  horticulture shop Gärtnerei
garden peat / granulated peat Torfmull
garden plant Gartenpflanze
gardener / horticulturist Gärtner
gardening / horticulture Gärtnerei,
  Gärtnern; Gartenbau
gardening supplies Gärtnereibedarf
gas exchange / gaseous interchange
  Gasaustausch
gated ion channel Ionenschleuse
geitonogamy (senso stricto:
  geitonophily) Geitonogamie,
  Nachbarbestäubung
gel Gel, Gallerte
gelatin Gelatine
gelatinous / gel-like gallertartig
gemma Brutkörper, Brutkörperchen
gemma cup Brutbecher
gene Gen, Erbfaktor
generation period Generationsdauer
genetics Genetik, Vererbungslehre
genotype Genotyp
genus (pl. genera) Gattung
geo-ecology Geoökologie
geobotany / plant geography /
  phytogeography Geobotanik,
  Pflanzengeographie
geographic range / area of
  distribution Areal, Verbreitungsgebiet
geophyte / geocryptophyte /
  cryptophyte (sensu lato) Geophyt,
  Erdpflanze, Kryptophyt, Cryptophyt,
  Staudengewächs
germ Keim (Mikroorganismus)
germ count / cell count Keimzahl
  (Anzahl von Mikroorganismen)
germ plasm / idioplasm / gonoplasm
  Keimplasma, Idioplasma

germicidal keimtötend
germinability Keimfähigkeit
germinate / sprout keimen, sprießen
germinating after frost (frost
  germinator) Frostkeimer
germinating in darkness (dark
  germinator) Dunkelkeimer
germination Keimung
germination, light-induced
  (photodormancy) Hellkeimung
germination aperture Keimpore
germination percentage Keimzahl,
  Keimunganteil
gill / lamella (of a fungus) Lamelle,
  Pilzlamelle, „Blatt"
gill fungus / gill mushroom
  Lamellenpilz, Blätterpilz
gill trama / dissepiment Lamellentrama
girdling / ringing (tree bark) Gürteln,
  Ringelung
girth Umfang
glabrous / hairless (smooth) haarlos,
  unbehaart
glacial drift Glazialgeschiebe
glacial till / glacial detritus / moraine /
  till Moräne, Gletscherschutt,
  Glazialschutt, Gletschergeröll
glade Lichtung, Schneise
gladiate / xiphoid / ensiform /
  sword-shaped schwertförmig
gland Drüse
glandular drüsig
glandular hair Drüsenhaar
glaucous / grey-green (with a bloom)
  blaugrün, bläulich-grün, graugrün,
  wachsartig schimmernd, weißlich
  reflektierend (Blattoberfläche)
glaze Glatteis, dünne Eisschicht
glochidiate / provided with barbs
  widerhakig
glomerule / flower cluster Blütenknäuel
glossiness Lackglanz
glossy glänzend
glume Hüllspelze
glumella / palea / pale / inner glume
  Vorspelze
glumellule / lodicule / paleola
  Schüppchen, Lodicula,
  Schwellkörper (Grasblüte)
glutinous / mucilaginous / viscid / slimy /
  sticky glutinös, klebrig, schleimig
glycolysis Glykolyse

Gn

gnarl/burl/burr Knorren (an Baum),
Holzmaser, Maser, Maserknolle

gnarled knorrig

Golgi apparatus/Golgi complex
Golgi-Apparat

Golgi body/dictyosome Diktyosom,
Dictyosom

Golgi vesicle Golgi-Vesikel

gorge/canyon Schlucht

gourd/pepo Kürbisfrucht,
Gurkenfrucht, Panzerbeere

gradation Abstufung, Staffelung,
Stufenfolge

grade (group/grade of organization)
Gruppe derselben Organisationsstufe

gradient Gradient, Gefälle

graft (*vb.*) pfropfen

graft/slip/scion/cion Pfropfreis,
Edelreis, Pfröpfling

grafting Pfropfung, Veredelung

grain (form of wood texture) Faser,
Faserung, Faserorientierung,
Struktur, Fibrillenanordnung
(Schnittholz)

grain (particle size) Körnung
(Korngröße)

grain/kernel (cereal) Korn (Getreide)

graminifoliose grasblättrig

graminoid/graminaceous/grassy
grasartig

granular granulär

grass/lawn Gras, Rasen

grass cover/sod/turf (nonforage
grass) Rasendecke

grasses (*Poaceae*) echte Gräser,
Süßgräser (Spelzenblütler)

grass heath (a tussock community)
Grasheidenstufe

grassy/graminoid/graminaceous
grasartig

graupel/sleet/soft hail Graupel,
Schneeregen

gravel Kies, Schotter

gravel bar Schotterbank

gravel pit Kiesgrube

gravitational water/seepage water
Senkwasser, Sickerwasser

graze (herbs) grasen, weiden,
abgrasen; abfressen

grazer (herbs) grasendes Tier

grazing animals Weidevieh

grazing food chain Abweide-
Nahrungskette

green density Rohdichte

green manure Gründünger

greenery/green (floristics) Grün

greenhouse Treibhaus, Gewächshaus

greenhouse (open to the public)
Pflanzenschauhaus

greenhouse effect Treibhauseffekt

greens/potherbs Suppenkraut,
Blattgemüse (gewisses gekochtes)

greenstuff/green forage/soilage
Grünfutter, Grünzeug

gregariousness/sociability
Gesellligkeitsgrad, Soziabilität

grit cell (in fruit) Steinzelle (Frucht)

groove/furrow/sulcus Furche, Rinne

grooved/furrowed/sulcate gefurcht,
furchig, gerieft

ground cover/herbaceous soil cover
Bodendecker

ground frost Bodenfrost

ground level Erdoberfläche

ground meristem Grundmeristem

ground stratum/ground layer
Bodenschicht

ground tissue/fundamental tissue/
parenchyma Grundgewebe,
Parenchym

ground water Grundwasser

group/assemblage Gruppe

group importance value
Gruppenmächtigkeit

group value Gruppenwert

grove Hain, Baumhain, Plantage;
Gehölz, Waldung, Wäldchen, kleines
Waldstück

grow wild/overgrow verwildern

growing point/apical meristem
Wachstumspunkt

growth Wachstum

growth, direction of Wuchsrichtung

growth curve Wachstumskurve

growth form/appearance/habit
Wuchsform, Habitus

growth layer Zuwachszone

growth period Wachstumsperiode

growth rate Wachstums-
geschwindigkeit, Zuwachsrate

growth ring/annual ring Jahresring

growth-stimulating wachstumsfördernd

guard cell Schließzelle

guide (guiding information:
   pamphlet / brochure) Führer
   (Informationsschrift)
guide / tour guide   Führer,
   Führungsperson
guided tour   Führung
guild   Lebensgemeinschaft (Pflanzen)
guttation / droplet secretion /
   exudation   Guttation,
   Tropfenabscheidung, Exsudation
gynoandrophore / androgynophore
   Gynoandrophor, Androgynophor
gynophore   Gynophor
gynostegium *(Asclepiadaceae)*
   Gynostegium
gynostemium / column (orchids)
   Gynostemium, Griffelsäule, Säule,
   Säulchen (Orchideen)
gyttja / necron mud   Gyttia, Gyttja,
   Grauschlamm, Halbfaulschlamm

H

habit / growth form / appearance
   Habitus, Wuchsform, Erscheinung,
   Wuchs
habitat / place of growth   Standort
habitat ecology   Standortlehre
hadal zone   Hadal, Böden und Hänge
   der Tiefseegrabenzone
hadopelagic zone   Tiefseegrabenbereich (Wasser)
hail   Hagel
hair / trichome   Haar
hairiness / hair   Behaarung
hairless / glabrous   haarlos, unbehaart
hairy / pilose   behaart
half-bog / early bog   Anmoor
half-bog soil   anmooriger Boden
half-shrub / suffrutecsent plant
   Halbstrauch
halophyte   Salzpflanze
hand-shaped / palmate   handförmig
hapaxanthic / hapaxanthous /
   hapanthous   hapaxanth
haplochlamydeous / mono-
   chlamydeous   haplochlamydeisch,
   monochlamydeisch, einfachblumenblättrig, mit einfacher Blütenhülle
haplostemonous   haplostemon
hard bast   Hartbast
hard wood   Hartholz
hard-leaf / hard-leaved plant /
   sclerophyll   Hartlaub
hardening   Abhärtung
hardiness / persistence / perseverance
   Ausdauer
hardpan   verhärtete Bodenschicht
hardy / persistent   abgehärtet,
   ausdauernd (wiederstandsfähig);
   winterfest, winterhart
harvest   Ernte
harvest a crop / pick fruits   ernten
hastate / hastiform / spear-shaped
   spießförmig
haustorium / foot   Haustorium, Fuß
haustorium / holdfast   Haustorium,
   Senker
haustorium / sucker   Haustorium,
   Saugorgan
hay   Heu

hay/mowing/cut grass Mahd
hay meadow/mowed meadow
  Mähwiese
head/flower head/capitulum/
  cephalium Korb, Körbchen,
  Köpfchen, Capitulum, Cephalium
heart rot Kernfäule
heart-shaped/cordate/cordiform
  herzförmig
heartwood/duramen Kernholz
heat-resistant hitzebeständig
heat-tolerant hitzeverträglich
heath/heathland Heide, Heideland
heath forest Heidewald
heath sedge Heidegras
heather (*Calluna vulg.*)/heath
  Heidekraut
heavy metal contamination
  Schwermetallverunreinigung,
  Schwermetallbelastung
hedge Hecke
hedge clippers Heckenschere
hedge plant Heckenpflanze
helical/spiraled schraubig, spiralig
heliotropism/solar tracking
  Heliotropismus, Lichtwendigkeit,
  Sonnenwendigkeit
helophyte/bog plant/marsh plant
  Sumpfpflanze, Moorpflanze
helotism Helotismus
hemicyclic hemizyklisch
hemiparasite/semiparasite
  Hemiparasit, Halbparasit,
  Halbschmarotzer
herb/herbaceous plant (annual and
  biennial)/wort/weed Kraut,
  Krautpflanze, krautige Pflanze
herb garden Kräutergarten
herbaceous krautig
herbaceous plant/herb Krautpflanze
herbaceous plant layer Krautschicht
herbal Kräuterbuch
herbal drug Pflanzendroge
herbarium Herbar
herbicide Herbizid, Unkrautvernichtungsmittel
herbivore Pflanzenfresser
herbivorous pflanzenfressend
herbs, culinary Küchenkräuter
herbs/vegetables for soup making
  Suppengrün
hereditary Erb…, ererbt, vererbt,
  erblich

hereditary material Erbgut,
  Erbträger, Erbmaterial
hereditary relationship
  Erbverwandtschaft,
  verwandtschaftliche Beziehung
hereditary trait/hereditary
  characteristic Erbmerkmal
heredity/inheritance/transmission of
  hereditary traits Vererbung
hermaphrodite Zwitter
hermaphroditic/bisexual
  zweigeschlechtlich, zwittrig
hesperidium Hesperidium,
  Zitrusfrucht, Citrusfrucht (eine
  Panzerbeere)
heterocarpous heterokarp,
  verschiedenfrüchtig
heterochlamydeous
  heterochlamydeisch
heteroecious/heterecious/
  heteroxenous heterözisch
heteroecism/heteroecy Heterözie
heterogeneous/consisting of
  dissimilar parts/mixed heterogen,
  ungleichartig, verschiedenartig,
  andersartig (*antonym*: homogen)
heterogenous/of different origin
  heterogen, unterschiedlicher
  Herkunft
heterogeny/heterogeneity
  Heterogenität
heterogony Heterogonie
heterosis/hybrid vigor Heterosis
heterophylly/anisophylly
  Heterophyllie, Anisophyllie,
  Verschiedenblättrigkeit
heterostyly Heterostylie,
  Verschiedengriffeligkeit
heterotroph/heterotrophic
  ("other-feeding") heterotroph
heterozygous heterozygot
hibernaculum/winter bud
  Hibernakel, Winterknospe
hibernate/overwinter überwintern
hibernation/overwintering
  Überwinterung
high tide/flood Tide, Flut
higher plants höhere Pflanzen
highland Hochland
hill Hügel
hill country/rolling countryside
  Hügelland

hillside/hill slope/mountainside/
mountain slope Hang, Abhang
(Hügel/Berg)

hillside location/slope location
Hanglage

hilum/funiculus scar Hilum, Nabel,
Samennabel

hip/rose hip Hagebutte

hirsute (with coarse/stiff hairs)
rauhhaarig, borstig

hispid (with stiff hairs/spines/
bristles) kurzborstig, steifhaarig

hoarfrost/white frost (fine/feathery)
feinflockiger Reif/Rauhreif

hoe culture/cultivation/agriculture
Hackkultur, Hackbau

holdfast - Haftscheibe, Haftorgan,
Senker; Rhizoid (kelp/mosses)

holdfast root Haftwurzel

hollow hohl

Holocene/Recent/Holocene Epoch/
Recent Epoch Holozän, Jetztzeit,
Alluvium

holoparasite/obligate parasite
Holoparasit, Vollschmarotzer,
Vollparasit

homeostasis Homöostase

homing/philopatry Ortstreue

homogeneous (having same kind
of constituents) homogen,
einheitlich, gleichartig

homogenous (of same origin)
homogen, gleicher Herkunft

homogeny/homogeneity
Homogenität

homoiochlamydeous/
homochlamydeous
homoiochlamydeisch, gleichartige
Hüllblätter

homologous homolog,
ursprungsgleich

homozygous homozygot

honey dew Honigtau

honey guide Honigmal

honeycombed/favose/faveolate/
alveolate/deeply pitted wabig;
kleingrubig

hook Haken

hook-shaped/unciform/hamiform
hakenförmig

hooked/hook-like/uncinate/hamate
hakig

hornwort Hornmoos

horse latitudes Roßbreiten

horsetail/scouring rush
Schachtelhalm

horticultural show/horticultural
exhibit Blumenschau, Gartenschau,
Gartenbauausstellung

horticulture/gardening Gartenbau;
Gärtnerei, Gärtnern

host Wirt

host cell Wirtszelle

host organism Wirtsorganismus

host plant Wirtspflanze

hotbed/forcing bed Frühbeet,
Mistbeet

hothouse (greenhouse) Warmhaus
(Gewächshaus)

house plant Zimmerpflanze

humid biotope Feuchtbiotop

humidifier/mist blower/sprayer
Zerstäuber, Wasserzerstäuber

humidity/moisture Feuchtigkeit,
Feuchte

hummock/hillock/tussock Bult, Bülte

hump/bulge/knoll/mound Buckel,
Erhebung

humus Humus

humus layer Humusschicht,
Humusauflage

hunch/guess Vermutung

husk/glume (small bract) Spelze

husk/pod Schote, Hülse, Schale

husk (corn) Liesche, Maishülse

hyaline/clear/transparent hyalin,
glasartig, klar, glasklar, durchsichtig

hybrid/crossbred (adj./adv.) hybrid,
durch Kreuzung erzeugt

hybrid/crossbreed Hybride

hybrid vigor/heterosis Heterosis

hybridization/bastardization
Hybridisierung, Bastardisierung

hydathode/water stoma/water pore
Hydathode, Wasserspalte

hydration Hydratation

hydrochory/water-dispersal
Hydrochorie, Wasserausbreitung

hydrogenation Hydrierung

hydrologic cycle Wasserkreislauf

hydrophyte/aquatic plant
Hydrophyt, Wasserpflanze

hydroponics (soil-less culture,
solution culture) Hydrokultur

hygrophyte (thriving in moist
habitats) Hygrophyt

Hy/I

hypanthium/floral tube Hypanthium,
Achsenbecher, Blütenröhre,
vergrößerter/scheibenförmiger
Blütenboden/Blütenachse
hypha Hyphe, Pilzfaden
hypocotyl Hypokotyl
**hypogean germination/hypogeal
germination** hypogäische Keimung
hypogeous hypogäisch
hypogynous hypogyn, oberständig
hypothesis Hypothese
hypsophyll Hochblatt

I

identification (plants) Bestimmung
(Pflanzenbestimmung)
identify (plants) bestimmen (Pflanzen
bestimmen)
idioblast Idioblast
idioplasm/gonoplasm/germ plasm
Idioplasma, Keimplasma
illumination/illuminance Beleuchtung
illuviation Einwaschung
imbibition/hydration Imbibition,
Hydratation
imbricate/overlapping dachig,
dachziegelartig, schuppenartig,
schindelig überlappend
immobile unbeweglich, bewegungslos
immortal unsterblich
immortality Immortalität,
Unsterblichkeit
immotile/fixed unbeweglich, fixiert
**imparipinnate/odd-pinnate/unequally
pinnate (pinnate with an odd
terminal leaflet)** unpaarig gefiedert
impervious/impermeable
undurchlässig
in bloom in Blüte
in focus/sharp scharf (Mikroskopie)
in leaf/leaved beblättert
inanimate/lifeless/dead leblos,
unbelebt, tot
inbreeding/endogamy Inzucht
incised/deeply and sharply notched
schnittig, gleichmäßig
eingeschnitten/geschlitzt/zerschlitzt
inclination Neigung, Neigungswinkel
incline/slope Hang, Abhang,
Schräglage, Neigung
inclusion/intercalation Einlagerung
incompatibility Inkompatibilität,
Unverträglichkeit
incrustation/encrustation
Inkrustierung
incubator Brutschrank
incubous incub, oberschlächtig
indefinite/unrestricted (growth)
unbeschränkt, unbegrenzt,
unbestimmt
indehiscent fruit Schließfrucht

indentation/indenture/notch/
  crenation/cut Einbuchtung, Kerbe,
  Einkerbung, Einschnitt
indented eingedrückt
indeterminate growth unbegrenztes
  Wachstum
indeterminate inflorescence offene
  Infloreszenz
index fossil Leitfossilie
index plant/indicator plant Zeigerpflanze, Anzeigerpflanze, Leitpflanze
index species/indicator species
  Zeigerart, Leitart
indicator Indikator, Anzeiger
indicator plant/index plant
  Indikatorpflanze, Zeigerpflanze,
  Anzeigerpflanze, Leitpflanze
indicator species/index species
  Zeigerart, Leitart
indifferent (fidelity) indifferent, vag
indifferent species indifferente Art
indigenous/native einheimisch
indigenous species/native species/
  native organism/native lifeform
  Indigen, einheimische Art
indusium/episporangium (fern)
  Indusium, Schleier (Farn)
inedible/uneatable ungenießbar,
  uneßbar
infection/contagion Ansteckung
infertility/sterility Unfruchtbarkeit,
  Sterilität
infiltration/seepage Infiltration,
  Versickerung
inflated aufgeblasen
inflorescence/flower cluster
  Infloreszenz, Blütenstand
inflorescence, determinate
  geschlossene Infloreszenz
inflorescence, indeterminate offene
  Infloreszenz
infructescence/multiple fruit/
  anthocarp Fruchtstand, Fruchtverband
infundibulate plant/funnel-leaved
  plant Trichterpflanze
ingrown eingewachsen
inherit erben, ererben
inheritance Vererbung
inhibition Inhibition, Hemmung
inhibitory inhibierend,
  hemmend

initial/primordial cell/stem cell
  Initiale, Initialzelle, Stammzelle,
  Primordialzelle, Primane
inland landeinwärts
inland sea Binnenmeer (saltwater),
  Binnensee (freshwater)
inland water/inland waterbody
  Binnengewässer
innate angeboren; angewachsen, im
  Inneren entstanden, endogen
inner layer/interior layer Innenschicht
inoculate beimpfen
inoculation Beimpfung
insect-pollinated flower/
  entomophile Insektenblume,
  Entomophile
insect-trap Insektenfalle
inserted inseriert, eingefügt
insolation Sonneneinstrahlung
integument Integument
interaction Wechselwirkung
intercalary (inserted between
  others) interkalar, eingeschoben
intercalary meristem interkalares
  Meristem, Restmeristem
intercalation/inclusion Einlagerung
intercellular interzellulär
intercropping/double cropping
  Zwischenkultur
interfascicular cambium
  Zwischenbündelcambium
interference microscopy
  Interferenz-Mikroskopie
intermediary intermediär,
  dazwischenliegend
intermediary form/transitory form/
  transient Übergangsform
intermediary host Zwischenwirt
internode Internodium,
  Zwischenknoten
intertidal flats Wattenmeer
intertidal zone/tidal zone/littoral
  zone Tidenbereich, Gezeitenzone
intine (pollen/spore) Intine,
  Innenschicht
introduce/import einführen
introduced/imported/allochthonous
  eingeführt
introrse intrors
intussusception Einlagerung
  (Zellwandwachstum durch)
investigation Untersuchung

involucral bracts / phyllary
  Involukralschuppe, Involukralblätter
involucre / envelope Involukrum, Hülle
involucre (whorl of bracts at base of
  inflorescence) Hüllkelch,
  Hüllblattkreis
involute / rolled inward involutiv,
  eingerollt
ion channel Ionenkanal
iridescent schillernd
ironpan / hardpan / ortstein Eisenstein,
  Ortstein
ironwood Eisenhölzer
irradiance / fluence rate / radiation
  intensity / radiant-flux density
  Bestrahlungsintensität / ~dichte
irradiation Bestrahlung
irregular / non-uniform
  ungleichmäßig, unregelmäßig
irregular / zygomorphic / bilaterally
  symmetrical / monosymmetrical
  unregelmäßig, zygomorph, bilateralsymmetrisch, monosymmetrisch
irregular grain Streuungstextur
irregularly helical (like a snail shell) /
  cochleate schraubenartig
  gewunden, schneckenhausartig
  gewunden, cochlear
irrigate bewässern
irrigated crop Bewässerungskultur
irrigation Bewässerung
irrigation ditch Bewässerungsgraben
irritability Reizbarkeit
irritable reizbar
irritation Irritation, Reizung
isidium Isidie
isogamy Isogamie
isomerous isomer, gleichzählig

J

jelly Gelee
jelly fungus Gallertpilz
joint Gelenk
juba / loose panicle / panicle of
  grasses (lockere) Grasrispe
juncaceous / rushy / rushlike
  binsenartig
junciform / rush-shaped binsenförmig
jungle Dschungel
Jurassic / Jurassic Period Jura, Jurazeit
  (erdgeschichtliche Periode)
juvenile form Jugendform
juvenile plant / young plant
  Jungpflanze
juvenile stage Jugendstadium
juvenility Jugend, Jugendlichkeit

K

keel Kiel, Schiffchen
keeled / carinate gekielt
kelp / brown seeweed *(Laminariales)*
  Brauntang
kernel / corn / grain Korn
kernel / seed Kern
key (for identification)
  Bestimmungsschlüssel
kidney-shaped / reniform nierenförmig
kind / species Art, Spezies
knee / knee-root Knie, Wurzelknie
knoll / hummock (rounded knoll)
  kleiner Hügel
knoll / mound / bulge / hump Buckel,
  Erhebung
knot Knoten, Astknoten; Auge,
  Knospe (Holz)

L

lacerate / torn ungleichmäßig
  eingeschnitten / geschlitzt / zerschlitzt
lacustrine an / in Seen wachsend oder
  lebend
ladder-shaped / scalariform leiterförmig
lagg / drainage channel (within a bog)
  Lagg (Entwässerungsgraben im
  Hochmoor)
lagoon Lagune
lakeshore / banks of a lake Seeufer
lamella Lamelle
lamina / blade / frond / phyllid (algas /
  mosses) Algenspreite,
  Moosblättchen, Phylloid
laminary placentation laminale
  Plazentation, flächenständige
  Plazentation
laminated / layered geschichtet
lammas shoot Johannistrieb
lanate / wooly wollig
lanceolate lanzettförmig, lanzettlich
landscape / countryside Landschaft
landscape architect Landschaftsplaner, Landschaftsarchitekt
landscape ecology
  Landschaftsökologie
landscape planning
  Landschaftsplanung
latency period Latenzzeit
latent bud Proventivknospe,
  Ersatzknospe
latent shoot Ersatztrieb, Streßtrieb,
  Proventivtrieb
lateral lateral, seitlich; seitenwendig
lateral axis / lateral branch Seitenachse
lateral branch / offshoot Seitenast
lateral bud / axillary bud Seitenknospe,
  Achselknospe
lateral root Nebenwurzel, Seitenwurzel
lateral shoot / side shoot / offshoot
  Seitentrieb
latewood Spätholz, Engholz
latex Latex, Milchsaft
latex tube Milchröhre
lath / plank Latte
laticifer Milchröhre, Milchsaftröhre
latitude Breitengrad

lawn Rasen
layer Ableger, Absenker
layer/story/stratum/sheet Schicht
**leachate/soakage/seepage/
gravitational water/drainage
water** Lauge (Bodenauslaugung),
Sickerwasser
leaching (soil) Auslaugung (Boden)
leader (main shoot) Haupttrieb,
Höhentrieb
**leading shoot/main shoot/primary
shoot/main axis/primary axis**
Hauptsproß, Primärsproß,
Hauptachse
leaf abscission/shedding of leaves
Blattfall, Laubfall
leaf area index Blattflächenindex
**leaf arrangement/phyllotaxy/
phyllotaxis** Blattanordnung,
Blattstellung, Beblätterung,
Phyllotaxis
–, alternate wechselständige
Blattstellung
–, crowded gedrängte Blattstellung
–, decussate kreuzgegenständige
(dekussierte) Blattstellung
–, distichous/two-ranked/two-rowed
distiche Blattstellung, zweizeilige
Blattstellung
–, opposite gegenständige Blattstellung
–, scattered zerstreute (disperse)
Blattstellung
–, spiral schraubige Blattstellung
–, whorled quirlständige, wirtelige
Blattstellung
leaf axil Blattachsel
leaf axis Blattachse
leaf base Blattbasis, Blattgrund
leaf blade/leaf lamina Blattspreite
leaf blade margin/leaf blade edge
Blattspreitenrand
leaf bundle Blattbündel
leaf buttress Blatthöcker, frühe
Blattanlage
**leaf cast (caused by frost/dryness/
fungal disease)** Schütte,
Blattschütte, Nadelschütte;
Frostschütte, Trockenschütte
leaf cutting Blattsteckling
leaf drop, early frühzeitiger Blattfall
leaf flushing, rapid
Blattausschüttung,
Laubausschüttung

leaf flutter Blattflattern
leaf gall Blattgalle
leaf gap/foliar gap Blattlücke
leaf lamina/leaf blade Blattspreite
leaf litter Blattstreu, Laubstreu,
Laubschicht
leaf margin/leaf edge Blattrand
leaf primordium Blattprimordium,
Blattanlage
leaf scar Blattnarbe
leaf shape Blattform
leaf sheath Blattscheide
leaf stalk/petiole Blattstiel
leaf stalk vegetable Stengelgemüse
leaf surface Blattoberfläche
leaf tendril Blattranke
leaf tip/leaf apex Blattspitze,
Blattspreitenspitze
leaf trace bundle Blattspurstrang,
Blattspurbündel
leaf trace/foliar trace Blattspur
leaf vein/leaf rib Blattader, Blattnerv,
Blattrippe
leaf venation Blattaderung,
Blattnervatur
leaf-borne blattbürtig
leaf-like/phylloid/foliaceous/foliose
blattartig
leafage/foliage/leaves Belaubung,
Blattwerk, Laubwerk, Laub
leafing/unfolding of leaves
Blattentfaltung
leafless/aphyllous blattlos
leaflet Blättchen, Blattfieder
leafy vegetable/leaf vegetable
Blattgemüse
leathery/coriaceous ledrig, leder-
artig
leaves, producing/coming into leaf
Blätter austreiben
**leaves, production of/coming into
leaf** Blattaustrieb
leeward in Windrichtung
legume/leguminous plant
Hülsenfrüchtler
legume/pod Hülse
lemma/lower palea/outer palea
Deckspelze
lens/magnifying glass Lupe,
Vergrößerungsglas
lenticel Lentizelle, Korkpore
lentiform/lenticular/lentil-shaped
linsenförmig

leptocaulous / slender-stemmed
dünnstämmig, schlankstämmig
lesion / injury krankhafte Veränderung
(durch Verletzung / Krankheit);
Verletzung
levee / dike Deich (Fluß)
leverage mechanism
Hebelmechanismus
liana / woody climber Liane,
Kletterpflanze, Schlingpflanze
(holzig / verholzt)
libriform fiber Libriformfaser, Holzfaser
lichen Flechte
lid / opercle / operculum Deckel,
Operkulum
**lid capsule / circumscissile capsule /
pyxis / pyxidium** Deckelkapsel
life Leben
life community Lebensgemeinschaft
life cycle / "life history" Lebenskreis-
lauf, Lebenszyklus, Entwicklungs-
zyklus
life expectancy Lebenserwartung
life processes Lebensvorgänge
life span Lebensdauer, Lebensspanne
life zone / biotope Lebenszone,
Lebensraum, Biotop
lifeform / organism Lebewesen
lifeless / inanimate / dead leblos, tot
lifestyle / mode of life / way of life
Lebensweise
lifetime Lebenszeit
light intensity Lichtstärke,
Lichtintensität
light microscope Lichtmikroskop
light sensibility Lichtempfindbarkeit
light source Lichtquelle
light stimulus Lichtreiz
**light-induced germination of seed /
photodormant seed** Hellkeimer,
Lichtkeimer (Samen)
light-sensitive lichtempfindlich
(leicht reagierend)
ligneous / woody holzartig, holzig
lignification / sclerification
Lignifizierung, Verholzung
lignified / sclerified verholzt
lignotuber / burl / woody outgrowth
ebenerdige Maserknolle, Wurzelhals-
knolle, Kropf (Auswuchs an
Wurzelanlauf bestimmter Bäume)
ligular / tongue-shaped zungenförmig
ligule (grasses) Ligula, Blatthäutchen

lime Kalk
liming Kalkung
limiting factor begrenzender Faktor,
Grenzfaktor
limnetic / limnic limnisch, im
Süßwasser lebend
limnology Limnologie, Seenkunde
(Binnengewässerkunde)
limp schlaff (welk)
lineal / linear linear, linealisch
lip / labellum Lippe, Labellum
liquid manure Gülle
litter Streu
litter layer Streuschicht,
Streuhorizont, Förna
littoral (*adj.*) küstenbewohnend,
uferbewohnend
littoral fringe Küstensaum, Ufersaum
littoral zone / littoral Litoral,
Litoralzone, Litoralbereich,
Uferregion, Uferzone (Gewässer)
live-birth / vivipary Lebendgeburt,
Viviparie
liverwort Lebermoos
loam Lehm
lobe Lappen
lobed / lobate lappig, gelappt
local / native / endemic örtlich,
heimisch, einheimisch, endemisch
location Lage (Ort)
locomotion Lokomotion,
Fortbewegung
locule / loculus Fach, Loculament (von
Ovar / Anthere / Sporangium)
loculicidal lokulizid, fachspaltig
loculicidal capsule lokulizide
Spaltkapsel
lodicule / paleola / glumellule Lodicula,
Schwellkörper, Schüppchen
(Grasblüte)
loess Löß
log gefällter Holzstamm, gefällter
Baumstamm
**logging / lumbering / felling of trees /
timber harvesting** Holzfällen
logs Langhölzer
**loment / lomentum / lomentaceous
fruit / jointed fruit** Gliederfrucht,
Bruchfrucht, Klausenfrucht,
Gliederhülse
long shoot / axis Langtrieb
long-day plant Langtagspflanze
long-distance transport Ferntransport

long-lived langlebig
longevity Langlebigkeit
longisection / longitudinal section /
  long section Längsschnitt
longitude Längengrad
longitudinal division / fission
  Längsteilung
low tide / ebb tide / ebb Ebbe
lower plants / primitive plants
  niedere Pflanzen
lowland Niederung, Tiefland
lumber / timber / wood Stammholz,
  Brauchholz, Nutzholz, Schnittholz,
  Holz
lumber industry / timber industry
  Holzwirtschaft
lumbering / logging / felling of trees
  Holzfällen
lumberjack / woodcutter /
  woodchopper Holzfäller
lumen Lumen, Hohlraum, Höhlung
luminescence Lumineszenz
luminescent bacteria Leuchtbakterien
lump / lump of soil Scholle, Erdscholle
lumpy (soil) klumpig, schollig
  (schwerer Boden)
lush üppig
lush vegetation üppige Vegetation
lyre-shaped / lyrate leierförmig
lysigenous / lysigenic lysigen
lysis Lyse
lysosome Lysosom

M

maar / volcanic lake Maar
macrospore / megaspore Makrospore,
  Megaspore
macrosporophyll Makrosporophyll,
  Samenblatt
magnification / enlargement
  Vergrößerung
magnification at x diameters x-fache
  Vergrößerung
magnify / enlarge vergrößern
magnifying glass / lens
  Vergrößerungsglas, Lupe
mainland Festland
male / staminate männlich, staminat
manchette / armilla / superior annulus
  (remains of velum universale)
  Manschette, Armilla, Annulus
  superus
mangrove Mangrove
mangrove swamp Mangrovensumpf
manoxylic wood locker gebautes
  Sekundärholz
mantle fiber Zugfaser
manual / handbook Handbuch
manual (with keys for identification)
  Bestimmungsbuch
manure Mist, Stallmist, Dünger
mapping / plotting Kartierung
maquis Maquis, Macchia, Macchie,
  Buschwald
marginal marginal, randständig
marginal placentation randständige
  Plazentation
marine / maritime marin, Meeres…,
  das Meer betreffend;
  meeresbewohnend; maritim
marine climate / maritime climate /
  oceanic climate / coastal climate
  Meeresklima, Küstenklima
marine phosphorescence
  Meeresleuchten
maritime / marine maritim; Meeres…,
  das Meer betreffend;
  meeresbewohnend
maritime climate / marine climate /
  oceanic climate / coastal climate
  Meeresklima, Küstenklima

maritime vegetation / coastal
vegetation Küstenvegetation,
Meeresküstenvegetation
marl Mergel
marsh Marsch
marsh, young / juvenile Koog
marsh plant / bog plant / helophyte
Moorpflanze, Sumpfpflanze
marshland / marsh Marschland
mass extinction Massensterben
mass flow / bulk flow (water)
Massenströmung
mass spread / mass outbreak
Massenausbreitung,
Massenvermehrung
masticatory / gum Kaumittel
(Gummiharz)
mastigonema Geißelhärchen
mat Matte, Polster
mat-like vegetation Polstervegetation
matgrass Borstgras
matrix / base material Grundgerüst,
Grundsubstanz
matted verflochten, verfilzt
mature / ripe reif
maturing / ripening Reifen
maturity / ripeness Reife
meadow Wiese
meadow, damp / wet meadow /
wetland Naßwiese
medicinal plant Arzneipflanze,
Heilpflanze
medullary / pithy medullär,
markhaltig, markig
medullation Verkernung
megaphyllous großblättrig
megaspore / macrospore Megaspore,
Makrospore
megaspore mother cell / macrospore
mother cell Megasporenmutter-
zelle, Makrosporenmutterzelle
meiosis / reduction division Meiose,
Reduktionsteilung
mellowness Gare (Boden)
meltwater Schmelzwasser
membraneous membranös
mericarp Merikarp, Teilfrucht
meristem Meristem, Bildungsgewebe
–, apical / growing point
Spitzenmeristem, Scheitelmeristem,
Wachstumspunkt, Vegetationspunkt
–, block Blockmeristem
–, flank / peripheral Flankenmeristem

–, ground Grundmeristem
–, intercalary interkalares Meristem,
Restmeristem
–, lateral laterales Meristem
–, plate Plattenmeristem
–, rib / file meristem Rippenmeristem
–, secondary Folgemeristem
–, terminal Endmeristem
meshy maschig
mesophyll (spongy + palisade
parenchyma) Mesophyll
Mesophytic Era Mesophytikum
Mesozoic / Mesozoic Era Mesozoikum,
Erdmittelalter (erdgeschichtliches
Zeitalter)
metabolism Metabolismus,
Stoffwechsel
metaphyll Folgeblatt
metaphyte Metaphyt (pflanzlicher
Vielzeller)
metaxyphyll Zwischenblatt
micellation Micellierung
micrograph / microscopic picture
mikroskopische Aufnahme,
mikroskopisches Bild
micronutrient / trace element
Spurenelement
micropyle Mikropyle, Keimmund
microscope slide Objektträger
microscopical preparation / mount
mikroskopisches Präparat
microsporangiate cone / pollen-
bearing cone männlicher Zapfen
microspore Mikrospore
microtome Mikrotom
microtubule Mikrotubulus
middle lamella Mittellamelle
midrib / midvein / costa Mittelrippe,
Costa
midrib of compound leaf, central /
rachis Mittelrippe eines
Fiederblattes, Rhachis, Blattspindel
migration Wanderung
mildew (fungus) Mehltaupilz
mill / shape fräsen (Holz)
mineral soil Mineralboden
Miocene / Miocene Epoch Miozän
(erdgeschichtliche Epoche)
mire Moor
Mississippian / Lower Carboniferous
Frühes Karbon
mist / drizzle Sprühregen
mist / slight fog leichter Nebel

misty dunstig, leicht nebelig
mitochondrion (*pl.* mitochondria/
  mitochondrions) Mitochondrion
  (*pl.* Mitochondrien)
mitosis/nuclear division/duplication
  division Mitose, Kernteilung
mixed crop/mixed stand Mischkultur
mixed forest Mischwald
moat Wassergraben
moder (humus layer) Moder
moiety/part/section Teil
  (des Ganzen)
moisture capacity/water holding
  capacity of soil Wasserkapazität
mole/jetty/breakwater Mole
monocarpellate fruit Einblattfrucht
monochasium/monochasial cyme/
  simple cyme Monochasium,
  eingablige Trugdolde
monochlamydeous/haplo-
  chlamydeous monochlamydeisch,
  haplochlamydeisch, einfachblumenblättrig, mit einfacher Blütenhülle
monocotyledon/monocot
  Monokotyle, Monokotyledone,
  Einkeimblättrige
monocotyledonous einkeimblättrig
monoecious/monecious einhäusig
monolayer/monomolecular layer
  einlagige/monomolekulare Schicht
monophyletic monophyletisch
monopodial (indeterminate)
  monopodial
monopodial branching system
  monopodiales Verzweigungssystem
monopodium Monopodium
monosymmetrical/zygomorphic
  monosymmetrisch, zygomorph
monsoon forest Monsunwald
montane forest Bergwald
  (immergrüne Coniferenstufe)
montane heathland Bergheide
montane perennial herb Hochstaude
montane rain forest Bergregenwald,
  Nebelwald
montane zone/region Bergstufe,
  Bergwaldstufe, montane Stufe
moor Hochmoor, Torfmoor, Moor,
  Bergheide; Heidemoor
moorland Moorlandschaft,
  Sumpflandschaft; Heideland
mor humus (acid pH) Rohhumus,
  saurer Auflagehumus; Trockentorf

moraine/till/glacial till Moräne,
  Gletscherschutt, Gletschergeröll
mordant (fixing dye onto specimen)
  Beize, Beizenfärbungsmittel
morphogenesis Morphogenese
morphology Morphologie
morphology, comparative
  vergleichende Morphologie
mortality Sterblichkeit
mortality rate Absterberate
moss Moos, Laubmoos
moss carpet Moosteppich,
  Moospolster, Mooskissen
moss "flower" Moosblüte
moss layer Moosschicht
moss mat Moosdecke
moth-pollinated flower Mottenblume
mother plant Mutterpflanze
motile beweglich
motor cell/bulliform cell Motorzelle,
  motorische Zelle, Gelenkzelle
  (im Schwellkörper des Blattes)
mottled gefleckt, gesprenkelt
mould (fungus) Schimmelpilz
mould/mildew (rot) Schimmel, Moder
mouldy/putrid/musty moderig
  (Geruch)
mound Erdhügel, Erdwall, Erddamm,
  Erhebung, kleiner Hügel
mountain Berg (*pl.* mountains
  Berge, Gebirge)
mountain chain/mountain range/
  mountain ridge Bergkette,
  Gebirgskette
mountain forest/montane forest
  Bergwald, Gebirgswald
mountain ridge/mountain crest
  Gebirgskamm, Berggrat, Bergrücken
mountainside/mountain slope
  Berghang
mountant/mounting medium
  Einbettungsmittel, Einschlußmittel
mucilage/slime (plant) Schleim
  (pflanzlich)
mucilage cell Schleimzelle
mucilage gland Schleimdrüse
mucilaginous/glutinous/slimy
  schleimig
mucilaginous canal schleimführender
  Kanal
muck Sumpferde
mucronate (sharp/hard pointed)
  stachelspitz

mucus / mucilage / slime / ooze Schleim
mud / silt / sludge (alluvial) Schlamm,
  Schlick
mud bottom Schlickgrund
mudflat Watt, Schlickwatt
mulch Mulch
mull / mull humus (near neutral pH)
  Mull (milder Dauerhumus)
multicellular vielzellig, mehrzellig
multicellular lifeform Vielzeller
multilayered vielschichtig,
  mehrschichtig
multinucleate vielkernig, mehrkernig
multiple fruit / infructescence
  Fruchtstand, Fruchtverband
multiseriate / multiple rowed / in
  several rows multiseriat,
  mehrreihig, vielreihig
mushroom / fungus Ständerpilz, Pilz
muskeg Tundramoor; Moor
  (ombrogen / oligotroph),
  Sumpfmoor, Torfmoor
mutability Mutierbarkeit
mutagenic mutagen,
  mutationsauslösend
mutation rate Mutationsrate
mutual / mutualistic gegenseitig
mutualism / mutualistic symbiosis
  Mutualismus, Gegenseitigkeit,
  gemeinnützige Symbiose
mutualist Symbiont (in gegenseitiger
  Lebensgemeinschaft)
mycelium Myzel
mycologist Mykologe
mycology Mykologie, Pilzkunde
myrmecochory / ant-dispersal
  Ameisenausbreitung

N

Nacré wall / nacreous wall Nacréwand
nacreous perlmutt(er)artig glänzend
nacreous layer Nacréschicht
nacrine / mother-of-pearl colored
  permuttfarben, perlmutterfarben
nail / unguis / ungula Nagel, Unguis
name / term / designation
  Namensbezeichnung, Bezeichnung
name tag (for plants) Namensetikett,
  Namensschildchen (für Pflanzen)
naming (nomenclature)
  Namensgebung (Nomenklatur)
nanism / dwarfishness / dwarfism /
  microsomia Nanismus,
  Zwergwuchs, Kümmerwuchs;
  Verzwergung
nanophanerophyte (shrubs under
  2 meters in height)
  Nanophanerophyt, Strauch
nascent entstehend, werdend,
  in Entstehung begriffen
nastic nastisch
nastic movement Nastie
national park Nationalpark
native / indigenous heimisch,
  einheimisch
native / original im Urzustand,
  naturbelassen, ursprünglich
native meadow Naturwiese
native plant einheimische Pflanze
natural enemy natürlicher Feind,
  natürlicher Fressfeind
natural environment / natural setting
  Naturlandschaft
natural history Naturgeschichte
naturalization / acclimatization /
  settlement / establishment
  Einbürgerung
naturalize / acclimatize einbürgern
nature conservation movement
  Naturschutzbewegung
nature protection / nature
  conservation / nature preservation /
  environmental protection
  Naturschutz, Umweltschutz
nature reserve / wildlife reserve /
  wildlife sanctuary / protected area
  Naturschutzgebiet, Naturreservat

Ne

neck cell/neck canal cell Halskanalzelle
necron unzersetztes totes Algen-/
Pflanzenmaterial
necron mud/gyttja Grauschlamm,
Halbfaulschlamm, Gyttia, Gyttja
nectar guide/honey guide Saftmal,
Honigmal
nectar leaf/honey leaf Nektarblatt,
Honigblatt
nectariferous leaf Honigblatt
nectariferous scale Honigschuppe
nectary/nectar gland Nektarium,
Nektardrüse, Honigdrüse
needle Nadel
needle arrangement Benadlung
needle litter/needle litter layer
Nadelstreu
needle-shaped/acicular nadelförmig
nekton (high mobility) Nekton
(starke Eigenbewegung)
neoteny Neotenie
neritic zone/neritic province
neritische Region, Flachmeerzone
nest leaf Nischenblatt, Mantelblatt
netted/meshy/reticulate vernetzt,
netzartig
network Netzwerk
névé/firn Firn, Gletschereis
niche Nische
nicked/notched kerbig, gekerbt,
eingekerbt
nidulant/nesting/nestling nistend,
eingebettet (in kleiner Aushöhlung)
nitrification Nitrifizierung
nitrogen fixation Stickstofffixierung
nitrogen-fixing bacteria Knöllchenbakterien, stickstofffixierende
Bakterien
nival zone nivale Stufe
nocturnal plant Nachtpflanze,
Nachtblüher
nodding nickend
node Nodium, Knoten
nodule Knöllchen
nodule, bacterial Bakterienknöllchen
nomenclature/designation/name
Nomenklatur, Benennung,
Bezeichnung, Name
nomenclature/system of terms
Nomenklatur, Gesamtheit der
Fachausdrücke

nomenclature, binomial/binary
binominale/binäre Nomenklatur,
zweigliedrige Benennung/
Namensgebung
non-point source Flächenquelle
notch Kerbe, Einschnitt
notched/nicked kerbig, gekerbt,
eingeschnitten, grob gesägt
(gezähnt)
nucellus Nuzellus, "Knospenkern"
nuciferous/nut-bearing Nüsse bildend
nuclear division/mitosis Kernteilung,
Mitose
nuclear envelope Kernhülle
nuclear membrane Kernmembran
nuclear pore Kernpore
nucleoplasm Nucleoplasma,
Kernplasma
nucleus/karyon Nukleus, Zellkern
nursery, tree Baumschule
nut Nuß
nutation Nutation
nutlet Nüßchen
nutlet, mericarpic/cell Klause
nutrient Nährstoff
nutrient cycle Nahrungskreislauf,
Stoffkreislauf
nutrient deficiency Nährstoffarmut
nutrient demand/nutrient
requirements Nährstoffbedarf
nutrient medium Nährboden
nutrient solution Nährlösung
nutrient tissue Nährgewebe
nutrient uptake Nährstoffaufnahme
nutrient-deficient/oligotrophic
nährstoffarm, oligotroph
nutrient-rich/eutrophic
nährstoffreich, eutroph

O

obcordate / obcordiform / inversely heart-shaped verkehrt herzförmig
obdiplostemonous obdiplostemon
objective (lens) Objektiv
oblanceolate / inversely lanceolate verkehrt lanzettförmig
oblique schief, schräg
obliterate verwüsten
oblong länglich
obovate / inversely egg-shaped verkehrt eiförmig
obturator (outgrowth) Obturator (Gewebewucherung)
obtuse (blunt or rounded end of leaf) stumpf
occurrence / presence Vorkommen, Anwesenheit, Präsenz
ocean Ozean
ocean floor / seafloor / seabed Meeresboden, Meeresgrund
ocean spray Sprühwasser
oceanic ozeanisch
oceanic location / coastal location Meeresküstenlage
oceanic zone / oceanic region / oceanic province ozeanische Region, Hochsee
ochrea / ocrea / mantle Ochrea, Tute
ocular / eyepiece Okular
odd-pinnate / unequally pinnate / imparipinnate (pinnate with an odd terminal leaflet) unpaarig gefiedert
offset kurzer Seitentrieb (am Wurzelhals); Wurzelsproß, Wurzeltrieb
offset bulb / bulblet / bulbil Brutzwiebel
offshoot / lateral shoot Nebentrieb, Seitentrieb
offshoot / offset / slip / sucker Wurzelsproß, Wurzeltrieb
offshore wind Landwind
offspring / descendant / progeny Abkömmling, Deszendent, Nachkomme
oil cavity Ölbehälter
old-growth / old-growth forest / mature forest Altbestand, alter Baumbestand (Wald)

olericulture Gemüseanbau
Oligocene / Oligocene Epoch Oligozän (erdgeschichtliche Epoche)
oligotrophic oligotroph, nährstoffarm
onshore wind Seewind
ontogenesis / ontogeny Ontogenese, Entwicklungsgeschichte (des Einzelorganismus)
ontogenetic ontogenetisch, entwicklungsgeschichtlich
oogamy Oogamie, Eibefruchtung
open sea / pelagic zone offenes Meer
opening / aperture / perforation / entrance Öffnung
opening / dehiscent öffnend
opercular / operculate / operculiferous mit Deckel versehen, gedeckelt, Deckel…
operculiform / lid-like deckelförmig, deckelartig
operculum / opercle / lid Operkulum, Deckel
opportunistic opportunistisch
opposite / opposing (position) gegenständig, gegenüberliegend
optional / facultative fakultativ
orbicular / circular kreisförmig, kreisrund
orbiculate / nearly round kreisförmig, fast rund
orbicule (pollen) kleine kreisförmige Erhebung auf Pollenexine
orchard / grove Baumgarten, Baumhain
order Ordnung
Ordovician / Ordovician Period Ordovizium (erdgeschichtliche Periode)
organ Organ
organic debris / organic waste organischer Abfall, organische Abfallstoffe
organic matter organisches Material
organism / lifeform Organismus, Lebewesen
organizational form Organisationstyp, Organisationsform
organizational level Organisationsstufe
orifice / mouth / opening Öffnung, Mund, Mündung
origin / descent / provenance Ursprung, Abstammung, Herkunft, Provenienz

original / basic / native / primitive
ursprünglich
ornamental garden / amenity garden
Ziergarten
ornamental grass Ziergras
ornamental plant Zierpflanze
ornamental shrub Zierstrauch
ornithochory / bird-dispersal
Vogelausbreitung
ornithophile / bird-pollinated flower /
bird flower Vogelblume
ornithophilous / bird-pollinated
vogelblütig
orthotropism Orthotropismus
orthotropous / orthotropic / atropous
orthotrop
osmosis Osmose
osmotic potential osmotisches
Potential
outcrop zutage treten, zutage liegen
outer layer / exterior layer
Außenschicht
outgrowth / protrusion Auswuchs
outwash / outwash plain Sander
ovary Ovar, Ovarium, Fruchtknoten
ovary wall / fruit wall / pericarp
Fruchtwand, Perikarp
ovate / egg-shaped eiförmig
overgrazing Überweidung
overgrow zuwachsen, überwachsen,
überwuchern; verwildern
overlapping / imbricate überlappend
overpopulation Überpopulation;
Überbevölkerung, Übervölkerung
overstory / overstory growth Oberholz, Oberstand, Schirmbestand,
Überwuchs
overtopping (unilateral dominance)
Übergipfelung
overwinter / hibernate überwintern
ovulate cone / ovuliferous cone
weiblicher Zapfen
ovule Samenanlage
ovuliferous scale / seed scale
Samenschuppe, Fruchtschuppe
oxygen-deficient / turn anaerobic
(water body) umkippen (Gewässer)

P

P-protein body / phloem protein body /
slime body / slime plug Protein-
körper, Schleimkörper, Schleim-
pfropfen (in Siebröhren)
palatable genießbar, schmackhaft
palea / pale / glumella / inner glume
Vorspelze
paleobotany / paleophytology
Paläobotanik, Paläophytologie,
Phytopaläontologie
Paleocene / Paleocene Epoch
Paläozän (erdgeschichtliche Epoche)
paleola / lodicule / glumellule Schwellkörper, Lodicula, Schüppchen
(Grasblüte)
paleontology Paläontologie
Paleophytic Era / "Age of Ferns"
Paläophytikum, Florenaltertum,
Farnzeitalter
Paleozoic / Paleozoic Era
Paläozoikum, Erdaltertum
(erdgeschichtliches Zeitalter)
palisade parenchyma
Palisadenparenchym
palm frond Palmwedel
palmate / fingered / hand-shaped
gefingert, handförmig
palmately partite fingerteilig,
handförmig geteilt
palmately veined handnervig
palmfern / cycad Palmfarn
palsa bog Palsenmoor, Torfhügelmoor
palynology Pollenkunde
pamphlet / brochure / booklet
Broschüre, Informationsschrift
pan Pfanne
panacea Panazee, Panaze,
Universalmittel, Allheilmittel,
Wundermittel
panduriform / fiddle-shaped
geigenförmig
panicle Rispe, Blütenrispe
paniculate / panicular paniculat,
rispig
papilionaceous / butterfly-like
(flower) schmetterlingsartig,
schmetterlingsblütig

pappus Pappus, Haarkelch, Federkelch (Haarkranz des Blütenkelchs)
paracarpous coeno-parakarp
paracorolla Parakorolle, Nebenkrone
parallel veined parallelnervig
parallel venation Paralleladerung, Parallelnervatur
parasite Parasit, Schmarotzer
parasitic parasitär, schmarotzend
parenchyma/ground tissue/ fundamental tissue Parenchym, Grundgewebe
–, boundary Kontaktparenchym
–, cortical Rindenparenchym
–, palisade Palisadenparenchym
–, pseudo-/paraplectenchyma Pseudoparenchym
–, ray Markstrahlparenchym
–, spongy Schwammparenchym
–, storage Speicherparenchym
–, traumatic Wundparenchym
parenchymatous parenchymatisch
parent rock/bedrock/base (unmodified) fester Untergrund, Muttergestein, Grundgestein, Ausgangsgestein
parietal/borne on the wall parietal, wandbürtig, wandständig
parietal placentation Parietal-plazentation, wandständige Plazentation
paripinnate/equally pinnate paarig gefiedert
park tree Parkbaum
parkland Parkwald
parted/partite (leaf margin) teilig, geteilt
parthenocarpic parthenokarp
parthenocarpy Parthenokarpie
parthenogenesis Parthenogenese, Jungfernzeugung
partite/parted (leaf margin) teilig, geteilt (Blattrand)
partition/cross-wall/dividing wall/ dissepiment/septum Scheidewand, Septe, Septum
passage cell Durchlaßzelle
pastoral economy/pastoralism/ pasture farming Weidewirtschaft
pasture/pasturage Weide (Grünland), Trift (Heide)
pasture, permanent Dauerweide

pasture farming/pastoral economy/ pastoralism/agropastoralism Weidewirtschaft
pasturing Beweidung
patch/flowerbed Beet, Blumenbeet
pattern Muster
pear-shaped/pyriform birnenförmig
peat Torf
peat, granulated/garden peat Torfmull
peat bank/peatery Torfstich
peat bog Sphagnum-Moor, Torfmoor
peat clay/organic silt Mudde, organogener Schlamm
peat moss/bog moss (*Sphagnum*) Torfmoos
pebble Kieselstein
pedate fußförmig
pedicel Blütenstiel (einzelner Infloreszenzblüten)
peduncle/flower stalk Blütenstiel, Blütenschaft; Blütenstandsstiel
pedunculate/stalked (flower stalk) gestielt
peel/skin Haut
peg Pflock
pelagial zone Freiwasserzone, Pelagial
pelagic/pelagial/open-sea pelagisch, pelagial
pelagic community Pelagos (Organismen des Pelagial)
pelagic organisms Pelagial
pelagic zone/open sea Pelagial, Hochseebereich, Freiwasserzone
pellicle Pellicula
pellucid/translucent (not hyaline) durchscheinend, lichtdurchlässig
peltate/peltiform/shield-shaped schildförmig
peltate leaf peltates Blatt, Schildblatt
pendulous hängend, frei schwebend
peninsula Halbinsel
penninerved/pinnately nerved/ pinnately veined fiedernervig, fiederadrig
Pennsylvanian/Upper Carboniferous Spätes Karbon
pentameric fünfzählig
pepo/gourd Kürbisfrucht, Gurkenfrucht, Panzerbeere
perceptible empfindbar, wahrnehmbar
perception Perzeption, Wahrnehmung (Reiz)

percolation (flowing through)
Durchsickern, Durchfluß
perennial perennierend, ausdauernd,
mehrjährig
**perennial herb (hardy/with woody
base)** Staude
**perfect flower/bisexual flower/
hermaphroditic flower** zwittrige
Blüte, Zwitterblüte
perfoliate durchwachsen,
durchwachsenblättrig
perforated löcherig
perforation plate (xylem)
Perforationsplatte, perforierte
Endwand (Xylem)
**performing an experiment/
performance of an experiment**
Versuchsdurchführung
perianth Perianth, differenzierte
Blütenhülle, differenzierter
Blütenhüllkreis/Blütenhüllblattkreis
pericambium/pericycle
Perikambium, Perizykel
pericarp Fruchtwand, Perikarp
perigon Perigon, einheitliche
Blütenhülle, einheitlicher
Blütenhüllkreis/Blütenhüllblattkreis
perigynium Fruchtsack,
Fruchtknotenhülle (Gräser)
perigynous mittelständig
periodicity Periodizität
peripheral meristem/flank meristem
Flankenmeristem
perishable, highly (fruit) leicht
verderblich (Früchte)
perisperm Nährgewebe (nucellar)
peritrichous peritrich
permafrost soil Permafrostboden,
Dauerfrostboden
permanent mount/permanent slide
mikroskopisches Dauerpräparat
permanent pasture Dauerweide
permanent tissue/secondary tissue
Dauergewebe
permanent wilting percentage
permanenter Welkungsgrad
permeability Durchläßigkeit
permeable durchlässig
persistence/hardiness/perseverance
Ausdauer
persistent spore Dauerspore
pest Schädling

pest control Schädlingskontrolle,
Schädlingsbekämpfung
pesticide/plant-protective agent
Pestizid, Schädlingsbekämpfungsmittel, Pflanzenschutzmittel
petaloid petaloid, kronblattartig
petals/corolla Kronblätter,
Blütenkronblätter
petiolate/stipitate/stalked gestielt
petiole/leaf stalk Blattstiel
petrified versteinert
petrophyte/rock plant Felspflanze
**phanerophyte (woody plant; aerial
dormant buds)** Phanerophyt,
Holzgewächs (Bäume/Sträucher)
pharmacognosy Pharmakognosie
pharmacopeia Arzneibuch
phase boundary Phasengrenze,
Phasentrennlinie
phase contrast (microscopy)
Phasenkontrast
phellem/cork Phellem
phelloderm/secondary cortex
Phelloderm, Korkrinde
phellogen/cork cambium Phellogen
phenology Phänologie
phenotype Phänotyp
philopatry/homing Philopatrie,
Ortstreue
phloem Phloem, Siebteil, Bastteil
phloem loading Phloembeladung
phloem sap Phloemsaft
phloem unloading Phloementladung
photoallergenic photoallergen
photosynthesis Photosynthese
phreatophyte Phreatophyte
phycology Algenkunde
phyletic phyletisch
phyllary/involucral bract
Involukralblatt, Involukralschuppe
**phyllid/leaflet/blade/lamina (algas/
mosses)** Phylloid
phylloclade Phyllokladium,
Phyllocladium (Flachsproß eines
Kurztriebs)
phyllode Phyllodium, Blattstielblatt
phylloid/leaf-like blattartig
phyllome Phyllom, Blattorgan
**phyllotaxis, phyllotaxy, leaf
arrangement/position**
Blattstellung, Blattanordnung,
Blattfolge, Phyllotaxis
phylogenesis Phylogenese

phylogenetic / phyletic / evolutionary phylogenetisch, phyletisch, stammesgeschichtlich, evolutionär

phylogeny / phylogenesis / evolution Phylogenie, Phylogenese, Evolution, Stammesgeschichte, Stammesentwicklung, Abstammungsgeschichte

physiological physiologisch

phytocoenon / community type / nodum / abstract plant community Phytozönon, Pflanzengesellschaft (allgemein / abstrakt)

phytocoenose / concrete plant community Phytozönose, Pflanzengesellschaft, spezifische

phytogeography / plant geography / geobotany Pflanzengeographie, Geobotanik

phytohormone Phytohormon, Pflanzenwuchsstoff

pier / quay Pier

pigment / colorant Pigment, Farbstoff

pileate / cap-shaped / having a pileus haubenförmig, kappenförmig

pileus / cap (fungi) Hut, Schirm, Haube, Kappe, Pilzhut

piliform / trichoid haarartig

pillar / column Säule

pilose / piliferous / bearing hairs (hairy) behaart (haarig)

pinch trap Klemmfalle

pinch-trap flower Klemmfallenblume, Klemmfallenblüte

pine Kiefer, Föhre

pinecone / "pine" Kiefernzapfen, Kienapfel

pinewood chip Kienspan

pinna / leaflet Fieder, Fiederblatt, Fiederblättchen (ersten Grades), Teilblatt

pinnate / pennate pinnat, pennat, gefiedert, fiedrig, fiederig, fiederblättrig, federförmig

pinnate venation Fiederaderung, Fiedernervatur

pinnately incised / pinnatisect fiederschnittig

pinnately lobed fiederlappig

pinnately parted / innately partite fiederteilig

pinnately split / pinnately cleft / pinnatifid fiederspaltig

pinnately veined / pinnately nerved / penninerved fiedernervig, fiederadrig

pinnately-leaved palm Fiederpalme

pinnatifid fiederspaltig, pinnately split, pinnately cleft

pinnation Fiederung

pinnatisect / pinnately incised fiederschnittig

pinnule / pinnula Fiederblättchen (zweiten Grades)

pioneer plant Pionierpflanze

pipe Rohr

pistil Pistill, Stempel

pistillate / carpellate / female pistillat, weiblich

pistillate flower / carpellate flower / female flower Stempelblüte, weibliche Blüte

pit (phloem) Tüpfel

pit, fenestriform Fenstertüpfel

pit / fovea Grube, Loch, Vertiefung

pit / putamen / pyrene / stone Stein, Steinkern, Putamen (Endokarp), Obststein

pit aperture Tüpfelapertur, Tüpfelöffnung

pit casing Steinschale

pit cavity Tüpfelhöhle

pit chamber / pit cavity Tüpfelhof

pit connection (red algas) Tüpfelverbindung (mit Tüpfelkanal)

pit field Tüpfelfeld

pit membrane Tüpfelschließhaut

pit plug (red algas) Tüpfelpfropfen

pit-pair Tüpfelpaar

pit-pair, aspirated verschlossenes / aspirates Tüpfelpaar

pit-pair, boardered behöftes Tüpfelpaar

pitcher / ascidium Krug, Kanne, (*sensu lato*: Schlauch)

pitcher leaf / ascidiate leaf Kannenblatt, (*sensu lato*: Schlauchblatt)

pitcher plant Kannenpflanze

pitfall trap / slippery-slide trap Kesselfallenblume, Gleitfallenblume

pith / medulla / core Mark

pith ray / medullary ray Markstrahl

pithy / medullary markig, markhaltig, medullär

pitted (phloem) getüpfelt

pitted (removal of pit/stone) entkernt

pitted/foveate mit einer Grube versehen, vertieft

pitting Tüpfelung; Entkernung, Entkernen

placenta Plazenta, Samenleiste

placentation Plazentation

–, axile zentralwinkelständige Plazentation

–, basal basale Plazentation, basiläre Plazentation, grundständige Plazentation

–, free central Zentralplazentation

–, laminary/lamellate laminale Plazentation, flächenständige Plazentation

–, marginal randständige Plazentation

–, parietal Parietalplazentation, wandständige Plazentation

placer Seife (geol.)

plagiotropic/plagiotropous/obliquely inclined plagiotrop

plagiotropism Plagiotropismus

plain Ebene

plainsawn/flatsawn/tangential section (wood) Sehnenschnitt, Fladerschnitt (Holz)

planation Planation

plane/level eben

plank Planke, Bohle

plankton (passive drifters) Plankton (passiv schwebend)

planktonic planktonisch

plant (to set/put in ground for growth) pflanzen

plant/cultivate/grow anpflanzen

plant/flower/growth/wort Pflanze, Blume, Gewächs

plant community Pflanzen-gesellschaft, Pflanzengemeinschaft

plant consumer Pflanzenkonsument

plant cover/vegetational cover/ vegetation Pflanzendecke

plant debris Pflanzenmaterial, sich zersetzendes

plant disease Pflanzenkrankheit

plant diversity Pflanzenvielfalt

plant geography/phytogeography/ geobotany Pflanzengeographie, Geobotanik

plant kingdom Pflanzenreich

plant pest Pflanzenschädling

plant pigment Pflanzenfarbstoff

plant production/cropping Feldbau

plant protection Pflanzenschutz

plant show Pflanzenschau

plant sociology/phytosociology Pflanzensoziologie

plant specimens Pflanzenmaterial

plant waste Pflanzenabfälle

plant-protective agent/pesticide Pflanzenschutzmittel, Pestizid

plantation Plantage, Pflanzung, Anpflanzung

plantlet Pflänzchen

plasma membrane/plasmalemma Plasmamembrane, Zellmembrane, Plasmalemma

plasma streaming/cytoplasmic streaming/cyclosis Plasma-strömung, Dinese

plasmodesm/plasmadesma Plasmodesma, Plasmodesmos (pl. Plasmodesmen)

plasmodial tapetum Periplasmodialtapetum

plasmolysis Plasmolyse

plasticity Plastizität

plastid Plastide

plate meristem Plattenmeristem

plateau/elevated plane/tableland Hochfläche, Hochebene

Plattierungsmethode plating method

platyclade Platycladium, Flachsproß

plectenchyma Plectenchym, Flechtgewebe

pleiochasium/pleiochasial cyme Pleiochasium, vielgablige Trugdolde

Pleistocene Epoch/Glacial Epoch/ Diluvial/Ice Age Pleistozän, Diluvium, Glazialzeit, Eiszeit

pleurocarpic/pleurocarpous pleurokarp, seitenfrüchtig

pleuronematic flagellum/tinsel flagellum/flimmer flagellum Flimmergeißel

pliable/flexible biegsam

plicate/pleated/folded gefaltet, faltig

plication/fold/wrinkle Falte

Pliocene/Pliocene Epoch Pliozän (erdgeschichtliche Epoche)

plotting/mapping Kartierung

plowing/till/tiling pflügen

plumed seed Samen mit fedrigen Flughaaren

**plumule/plumula/terminal
embryonic bud** Plumula, Keim-
knospe, Stammknospe, Sproß-
knospe, terminale Embryoknospe
pluriennal plurienn, mehrjährig
wachsend bis zur Blüte (z. B. *Agave*)
plurilocular/multilocular plurilokulär,
mehrkammerig
plywood Sperrholz
pneumathode Pneumatode,
Atemöffnung
**pneumatophore/air root/aerating
root** Pneumatophore, Atemwurzel
pod/legume Hülse
podetium Podetium
poikilohydrous poikilohydrisch,
poikilohydr, wechselfeucht
point source Punktquelle
pointed/acute/sharp spitz, zugespitzt
poisonous plant Giftpflanze
poisonous/toxic giftig, toxisch
polar nucleus Polkern
pole Stange
**pollarding/beheading of tree/
decapitation of tree** Kappen,
Köpfen (eines Baumes)
pollen Pollen, Blütenstaub
pollen case/theca Pollensackgruppe,
Theca, Theka
pollen chamber Pollenkammer
pollen grain Pollenkorn
pollen sac (saccus/locule/loculus)
Pollensack, Pollenfach (Lokulament)
pollen tube Pollenschlauch
pollen tube cell Pollenschlauchzelle
pollenkitt/pollen coat Pollenkitt
pollinarium Pollinarium
pollination *sensu stricto:* Bestäubung
(Befruchtung *see* fertilization)
pollination (cross~)
Kreuzbestäubung, Fremdbe-
stäubung
pollination (self~)/autophily
Selbstbestäubung, Autophilie
pollination by animals/zoophily
Tierbestäubung, Tierblütigkeit,
Zoophilie
pollination by bats/chiropterophily
Fledermausbestäubung, Fledermaus-
blütigkeit, Chiropterophilie
pollination by birds/ornithophily
Vogelbestäubung, Vogelblütigkeit,
Ornithophilie

pollination by insects/entomophily
Insektenbestäubung, Insekten-
blütigkeit, Entomophilie
pollination by water/hydrophily
Wasserbestäubung, Wasser-
blütigkeit, Hydrophilie
pollination by wind/anemophily
Windbestäubung, Windblütigkeit,
Anemophilie
pollination drop/pollination droplet
Bestäubungstropfen, Befruchtungs-
tröpfchen
pollinator Bestäuber
pollinium Pollinium
pollution/contamination
Verschmutzung
polyenergid polyenergid
polystemonous polystemon
pomaceous fruit Kernobst
pome Apfelfrucht
pomology Obstbaukunde
pond/pool Teich, Tümpel
pond, small (e.g. fish pond) Weiher
(z. B. Fisch~)
pond scum Kahmhaut (auf Teich)
**poor grassland/rough pasture/rough
meadow** Magerwiese
population/reproductive group
Population, Fortpflanzungs-
gemeinschaft; Bevölkerung
population curve Populationskurve
population density Populationsdichte
**pore mushroom/pore fungus/boletus
mushroom** Porling, Röhrenpilz,
Röhrling
poricidal poricid, porizid, lochspaltig
poricidal capsule Porenkapsel,
Lochkapsel
porosity Porosität
porous porig
post Pfosten
postfloration Postfloration, Nachblüte
pot eintopfen
potherbs/greens Suppenkraut,
Blattgemüse (gewisses gekochtes)
pothole/deep pool Kolk, Moorauge,
Blänke
potted plant Topfpflanze
potting soil Topferde
pour/water the plants gießen
prairie Prärie

Precambrian/Precambrian Era
Präkambrium (erdgeschichtliches
Zeitalter)

precipitation Niederschlag

precocious verfrüht

precocious (flowering before leaf
formation) frühblühend (vor der
Beblätterung)

precursor Vorläufer

predation Jagd, Raub, Räubertum

predator Jäger, Räuber, Raubfeind

predatory räuberisch

predatory animal Raubtier

predominate vorherrschen

preferential/favorably associated
(fidelity) preferentiell, hold

prefloration (aestivation)
Präfloration, Knospendeckung der
Blütenblätter

prefoliation/foliation/vernation/
ptyxis Blattlage in der Knospe,
Vernation, Knospenlage der
Laubblätter

pregerminate vorkeimen

prepare/dissect/mount präparieren

presence degree Stetigkeit

preservation Bewahrung

preserved specimen Präparat

pressboard Preßspan

pressure-flow theory/pressure-flow
hypothesis Druckstromtheorie,
Druckstromhypothese

prey Beute

prick/prickle Stachel
(Epidermisauswuchs)

prickly stachelig, stachlig

prickly shrub/bramble stacheliger
Strauch

primary growth Primärwachstum,
primäres Dickenwachstum,
Erstarkungwachstum

primary leaf Primärblatt

primary settlement/primary
succession Erstbesiedlung

primary wall Primärwand

primary xylem Primärxylem

primeval forest/virgin forest/pristine
forest/jungle Urwald

primitive form/basic form/parent
form Stammform, Urform

primocane Erstjahrestrieb einer
zweijährigen Rutenpflanze
(z. B. Himbeere)

primordial/primitive/original/first
formed primordial, ursprünglich,
zuerst angelegt

primordial cell/initial Primordialzelle,
Primane, Initiale, Initialzelle

primordium/anlage Primordium,
Anlage

pristine ursprünglich, urtümlich

pristine forest/primeval forest/virgin
forest/jungle Urwald

process (vb.) verarbeiten

producer Produzent, Erzeuger

productivity Produktivität

profundal Tiefe (Meerestiefe)

profundal zone Untergrundbereich
(Binnensee)

progeny/descendant/offspring
Nachkomme, Deszendent,
Abkömmling

projection/spike/serration Zacke

proliferation Wucherung

prop Stütze

prop root/stilt root Stützwurzel,
Stelzwurzel

propagation/reproduction
Fortpflanzung, Reproduktion

propagule/dispersal unit/diaspore/
disseminule Ausbreitungseinheit,
Propagationseinheit, Fortpflanzungs-
einheit, Diaspore

proper name Eigenname

prophyll (a bracteole/bractlet/
secondary bract) Prophyll, Vorblatt

proplastid Proplastide

prosenchymatous prosenchymatisch

prostrate/procumbent/trailing/lying
niederliegend, liegend

protandry Protandrie, Proterandrie,
Vormännlichkeit

protected geschützt

protected forest Schonwald,
Bannwald

protected forest plantation, young
Schonung

protective device Schutzvorrichtung

Proterozoic Era Proterozoikum
(Spätes Präkambrium)

prothallus Prothallus, Prothallium
(Vorkeim von Farnen)

protogyny Protogynie, Proterogynie,
Vorweiblichkeit

protonema Protonema (Vorkeim von
Moosen/gewissen Algen)

protrude hervorstehen
protrusion/projection/outgrowth
Ausbuchtung, Auswuchs
protuberance/tubercle Auswuchs,
Wölbung (Höcker, Beule, Warze)
proximal proximal, ursprungsnah
prune/trim beschneiden,
zurückschneiden, stutzen
pruning Rückschnitt, Stutzen
(Gehölzschnitt)
pruning of woody plants
Gehölzschnitt
pruning shears Gartenschere
pseudanthium Scheinblüte
pseudaxis/sympodium Scheinachse,
Sympodium
pseudobulb Pseudobulbe, Luftknolle
pseudocarp/false fruit/spurious fruit
Scheinfrucht
pseudofruit Scheinfrucht
pseudoparenchyma/
paraplectenchyma/false tissue
Pseudoparenchym, Scheingewebe
pseudopod Scheinfüßchen
psilopsids Psilopsida, Urfarne,
Nacktfarne
ptyxis/vernation/prefoliation
Blattlage in der Knospe,
Knospenlage der Blätter
pubescence Flaumbehaarung
pubescent/downy feinbehaart,
flaumig
public park/public gardens
öffentliche Grünanlage
puddle Pfütze, Lache
puffballs/globose puffball-type
fungus Bauchpilz, Boviste,
„Stäublinge"
pulp (fruit/stem) Brei (breiige
Masse); Pulpe, Fruchtfleisch;
Stengelmark
pulpwood Faserholz, Papierholz
pulvinate/cushion-shaped
polsterförmig, kissenförmig
pulvinus Pulvinus, Blattpolster,
Blattkissen, Gelenkpolster
punctuated gepunktet
pungency scharfer Geruch,
stechender Geruch
pungent (odor) scharf, stechend
(Geruch)
pungent (with stiff/sharp point)
spitzig

pure culture/axenic culture
Reinkultur
pure-bred/true-bred reinrassig
putrefaction Verwesung
putrefactive bacteria Fäulnisbakterien
pycnoxylic wood dichtfaseriges Holz
pygmy conifer woodland
Zwergnadelwald, Zwergstrauchzone
pyramid-shaped treetop/crown
Pyramidenkrone
pyriform/pear-shaped birnenförmig
pyxidate (with lid) gedeckelt, mit
Deckel
pyxis/pyxidium/circumscissile
capsule/lid capsule Deckelkapsel

Q

quadrifid / deeply cleft in four parts
vierspaltig
quadrilobate / four-lobed vierlappig
quadripartite / divided into four parts
vierteilig
quadripinnate / divided pinnately four
times vierfach gefiedert
quagmire (swampy / muddy ground)
Morast, Sumpfland, Moorboden,
Moorgrund, Schwingrasen
quaking bog / quagmire vibrierender,
schwankender Hochmoorboden,
Schwingrasen
quarry Steinbruch
quartersawn / radial section vierteilig-
aufgesägt (Holzstamm / Stammholz),
Radialschnitt, Spiegelschnitt
Quaternary / Quaternary Period
Quartär (erdgeschichtliche Periode)
quay / wharf Kai
quiescence (exogenous) Quieszenz
quiescent bud / resting bud ruhende
Knospe
quiescent center / quiescent zone
ruhendes Zentrum
quillwort Brachsenkraut (*Isoetes*)
quinquefoliolate fünfblättrig gefiedert
quinquepartite fünfteilig

R

raceme / botrys Traube, Botrys
racemose / botryoid / botryose /
grape-cluster-like razemös,
racemös, racemos, botrytisch,
traubig, traubenförmig
rachilla Blütenstiel einzelner
Grasblüte, Ährchenachse, kleine
sekundäre Rhachis
rachis (midrib of compound leaf)
Rhachis, Blattachse, Blattspindel,
Blattrippe, Blattstiel (an gefiedertem
Blatt), Fiederblattachse
radial / cyclic (whorl) radiär,
strahlenförmig
radial section / quartersawn
Radialschnitt, Spiegelschnitt (Holz)
radial symmetry Radiärsymmetrie
radially symmetrical / actinomorphic
radiärsymmetrisch
radiant energy Strahlungsenergie
radiation intensity Strahlungsintensität
radication / rootage / rooting
Bewurzelung
radicle / radicula / embryonic root
Radicula, Keimwurzel,
Hauptwurzelanlage
radicle sheath / root sheath /
coleorhiza Wurzelscheide,
Koleorhiza, Coleorhiza
rain forest Regenwald
rain shadow Regenschatten
rain showers Regenfälle
rain-shadow desert
Regenschattenwüste
raised bog / (upland / high) moor / peat
bog Hochmoor
ramentum / chaffy scale / palea / pale
Spreuschuppe
ramification / branching Ramifikation,
Verästelung, Verzweigung
ramify / branch sich verästeln, sich
verzweigen
rand / slope community of raised bog
Randgehänge
range / field Freiland, Feld, Weidefläche
range of occurrence / geographic
range / area of occurrence
Verbreitungsgebiet, Areal

rangeland/grazing land/pasture/
   pastureland/pasturage Weideland,
   Weidefläche
raphe Raphe, Samennaht, Samenwulst
rare/scarce selten
rare species seltene Art
rarity/scarcity Seltenheit
ratio/relation Quotient, Verhältnis
ratoon Schößling (speziell:
   Zuckerrohr~); Schößlinge treiben
ravine Schlucht, Bergschlucht,
   Klamm, Hohlweg
raw material Rohstoff
ray Strahl
ray, pith/medullary ray Markstrahl
ray, wood Holzstrahl
ray floret/ray flower/ligulate flower
   Strahlenblüte, Zungenblüte
ray initial Markstrahlinitiale
ray parenchyma Markstrahlparenchym
reaction wood Reaktionsholz
reactivity/reactiveness
   Reaktionsfähigkeit
receiving water Vorfluter
Recent/Holocene/Recent Epoch/
   Holocene Epoch Jetztzeit, Holozän
receptacle/receptaculum Rezeptakel,
   Rezeptakulum
receptacle/receptaculum/torus (of a
   flower) Blütenbasis, Blütenachse,
   Blütenboden, Torus
receptor Rezeptor, Empfänger
recreational forest/amenity forest
   Erholungswald
recycling Recycling, Wiederverwertung
red tide Rote Tide (rötliche
   Wasserblüte)
reduction Reduktion, Verminderung;
   Verarmung
reduction division/meiosis
   Reduktionsteilung, Meiose
reed Ried, Schilfrohr, Schilfgras,
   Schilfröhricht
reed bank/reeds Röhricht
reed swamp Riedsumpf
reedmace/cat's-tail Rohrkolben
reestablishment/resettlement
   Wiederbesiedlung
reforestation/reafforestation/
   afforestation Wiederaufforstung,
   Wiederbewaldung
refraction, optical optische Brechung,
   Lichtbrechung

refractive index Brechungsindex
refractory period/refractory stage
   Refraktärphase, Refraktärstadium
regenerate/regrow/reestablish
   regenerieren, nachwachsen
regional association Gebietsassoziation
regular regelmäßig
rejuvenation/regeneration
   Verjüngung, Regenerierung
relationship Beziehung,
   Verwandtschaft
relic/relics Überbleibsel
relict Relikt
removal of side shoots/suckers
   Geizen, Ausgeizen
removing side shoots/removing
   suckers geizen, ausgeizen
renewal bud Erneuerungsknospe
reniform/kidney-shaped
   nierenförmig
reorientation Reorientierung;
   Umstimmung (physiologisch)
repand (slightly uneven and waved
   margin) leicht gewellt, geschweift,
   randwellig
repellent/deterrent Schreckstoff,
   Abschreckstoff
repent/creeping/crawling kriechend
   (am Boden entlang/an Nodien
   bewurzeld)
replant/transplant verpflanzen
repot umtopfen
reproduction/propagation
   Reproduktion, Fortpflanzung,
   Vermehrung
reproduction, asexual
   ungeschlechtliche Fortpflanzung
reproduction, sexual geschlechtliche
   Fortpflanzung
reproduction, vegetative vegetative
   Fortpflanzung
reproductive cell Fortpflanzungszelle
reproductive organ
   Vermehrungsorgan
reproductive rate Vermehrungsrate
reserve/nature reserve Reservat,
   Naturreservat
reserve material/storage material/
   food reserve Reservestoff,
   Nahrungsreserve
resin canal/resin duct Harzkanal,
   Harzgang
resin Harz

resin gall Harzgalle
resiniferous harzabsondernd
resinification/becoming resinous Verkienung, Verharzung
resinous/resiny harzig, kienig, harzreich
resinous gum Gummiharz
resinous pinewood Kien, Kienholz
resist resistieren, widerstehen, ausdauern
resistance/hardiness Resistenz, Widerstandsfähigkeit
resistant resistent, beständig, widerstandsfähig; abweisend
resistive widerstehend
resolution, optical optische Auflösung
respiration/breathing Respiration, Atmung
response Antwort
resting bud/dormant bud ruhende Knospe, schlafende Knospe
resting potential Ruhepotential
restitution Restitution
resupination (inversion) Resupination
resurrection plant Auferstehungs-pflanze, Wiederauferstehungspflanze
retarded zurückgeblieben
reticulate/netted/meshy vernetzt, netzförmig; netznervig
reticulate venation/net venation/netted venation Netznervatur, Netzaderung
retrogressive development/retrogressive evolution Rückentwicklung
retrorse rückwärts gerichtet/gebogen, nach unten gerichtet/gebogen
retting rösten, rötten (Flachsrösten)
retuse eingebuchtet (Blattspitze)
reuse Wiederverwendung
revolute/rolled backward zurückgerollt, umgerollt
reward (nectar) Belohnung
rhipidium (fan-shaped cyme) Fächel
rhizodermis/epiblema Rhizodermis, Wurzelepidermis
rhizoid/rootlet Rhizoide, Würzelchen
rhizoid/rootlike wurzelartig
rhizomatous tuber Rhizomknolle
rhizome/rootstock (creeping underground stem) Rhizom, Erdsproß, Erdausläufer, Wurzelstock

rhizosphere Rhizosphäre
rhomboid rhombisch, rautenförmig
rhytidome/tertiary bark/dead outer bark Rhytidom, Borke
rib, mid~/midvein/costa Mittelrippe, Costa (mittlere/zentrale Blattrippe)
rib/vein (leaf) Rippe, Ader, Nerv (Blatt~)
rib meristem/file meristem Rippenmeristem
ribosome Ribosom
rich meadow/pasture Fettwiese
ridge (range of hills/mountains) Hügelkette, Bergkette, Gebirgskette
ridge/crest Gebirgskamm, Berggrat, Bergrücken
rill/bog drainage Rülle
rime fest aufgefrorener Reif/Rauhreif, Rauhfrost
ring/inferior annulus (remains of velum partiale) Ring, Kragen, Annulus inferus
ring porous (wood) ringporig (cyclopor)
ringing/girdling Ringelung, Gürteln (Baumrinde)
ringing (by browser) Rundfraß
riparian forest Uferwald
riparious uferbewohnend, am Ufer lebend
ripe/mature reif
river plain/river valley Flußniederung, Flußtal
riverbank/bank/embankment Flußufer, Uferböschung, Flußböschung, Böschung
riverbed Flußbett
riverbed filtration Uferfiltration
riverine floodplain Aue, Flußaue
riverine floodplain meadow Auwiese, Auenwiese, Flußauenwiese
rivulet/streamlet/rill Rinnsal, Bächlein; Rülle
rock Stein, Gestein, Fels
rock base/bedrock Grundgestein
rock debris/loose stones Geröll
rock plant/petrophyte Felspflanze
rocky felsig
rod-shaped rutenförmig
rolled backward/revolute zurückgerollt
root Wurzel
root (vb.) bewurzeln

root, adventitious Adventivwurzel,
  Luftabsenker
root, buttress Brettwurzel
root, central cylinder of Wurzelstele
root, region of maturation of
  Wurzelhaarzone
root apex/root tip Wurzelspitze,
  Wurzelpol (Embryo)
root bud/root sucker/tiller
  Stockausschlag, Stockreis
root bulbil Wurzelbulbille
root cap/calyptra Wurzelhaube,
  Wurzelhäubchen, Kalyptra
root climber Wurzelkletterer,
  Wurzelklimmer
root crop/root vegetable Hackfrucht,
  Wurzelgemüse
root crown Wurzelhals, Wurzelkrone
root cutting Wurzelsteckling
root graft Wurzelpfropf
root grafting Wurzelpfropfung
root hair Wurzelhaar, Wurzelhärchen
root nodules Wurzelknöllchen
root pressure Wurzeldruck
root primordium Wurzelanlage
root rot Wurzelfäule
root sheath/radicle sheath/
  coleorhiza Wurzelscheide,
  Koleorhiza, Coleorhiza
root sucker/offshoot/offset/slip
  wurzelbürtiger Sproß,
  Wurzelausschlag, Wurzeltrieb,
  Wurzelschößling, Wurzelreis
root tendril Wurzelranke
root trace Wurzelspur
root water tension
  Wurzelsaugspannung
root-collar shoot/sucker/offshoot
  Wurzelhalsschößling
root-tuber/tuberous root
  Wurzelknolle
rootage/rooting/radication
  Bewurzelung
rootage (system of roots) Wurzelwerk
rootless/arrhizous/arrhizal wurzellos
rootlet Würzelchen
rootstock/caudex Wurzelstock, Caudex
rootstock/rhizome (creeping
  underground stem) Erdsproß,
  Rhizom, Erdausläufer
rootstock/stock (base for grafting)
  Wurzelpfropfgrundlage,
  Wurzelpfröpfling

rosehip/hip Hagebutte
rosette (whorl) Rosette (Wirtel/Quirl)
rosette of leaves/whorl of leaves
  Blattrosette, Blattwirtel
rosette plant Rosettenpflanze
rostellum/adhesive body (part of
  gynostemium) Rostellum,
  Klebkörper
rot/foul/putrefy/decompose/decay/
  disintegrate (*vb.*) faulen, verfaulen,
  verwesen, modern, vermodern,
  sich zersetzen
rot/mold/mildew/blight Fäule
rotational grazing
  Umtriebsbeweidung
rotund/rounded rundlich, abgerundet
rotundifolious/with rounded leaves
  rundblättrig
rough-leaved/trachyphyllous
  rauhblättrig
roughened/scabrid aufgerauht
round (rounded/rotund) rund
  (abgerundet, rundlich)
roundwood/log timber Rundholz
rubble/debris/detritus Schutt;
  Gesteinsschutt (= coarse rock debris)
ruderal/growing among rubbish or
  debris ruderal, auf Schutt wachsend
ruderal plant Ruderalpflanze,
  Schuttpflanze
rudimentary/(sensu lato: vestigial)
  rudimentär
ruffle/ruffled (strongly wavy leaf
  margin) kräuseln, gekräuselt (Blatt)
rugate/rugose/wrinkled runzelig,
  gerunzelt
rugulose/finely wrinkled feinrunzelig
runcinate/retroserrate/hook-backed
  (e.g. dandelion leaf)
  schrotsägeförmig
runner/sarment oberirdischer
  Ausläufer, photophiler Ausläufer,
  Kriechsproß
runner/sucker/offshoot Ableger,
  Ausläufer
runoff Abfluß (oberflächlich
  abfliessend)/Abschwemmung
rural ländlich
rush Simse
rush-shaped/junciform binsenförmig
rushy/rushlike/juncaceous
  binsenartig
rust (fungus) Rostpilz

S

sagittal / median longitudinal sagittal, in Pfeilebene, in Pfeilrichtung
sagittal section / median longisection Sagittalschnitt (parallel zur Mittelebene)
sagittate / sagittiform / arrowhead-shaped pfeilförmig, pfeilspitzenförmig
salinity / saltiness Salinität, Salzgehalt
salinization Versalzung
salt flat Salzsteppe
salt gland Salzdrüse
salt lake Salzsee
saltmarsh Salzsumpf
saltpan / salina Salzpfanne
saltwater Salzwasser
salty / saline salzig
salvage logging / salvage felling Kalamitätennutzung (Holzernte)
sample Probe
sampling Probenahme
sandbank Sandbank
sandbar längliche Sandbank
sandflat Watt, Sandwatt
sandy soil Sandboden
sap, plant / xylem & phloem fluid Pflanzensaft
sapling Sprößling, Bäumchen
saprophage / saprotroph / saprobiont Fäulnisfresser, Fäulnisernährer
saprophyte / saprobiont Saprophyt, Fäulnispflanze, Fäulnisbewohner
sapwood / alburnum Splintholz
sarcotesta Sarkotesta
sarment / runner Ausläufer, Kriechsproß (oberirdisch / photophil)
sarmentose (oberirdische) Ausläufer bildend, kriechend
saturation Sättigung
savanna Savanne
sawdust Sägemehl
sawmill / timber mill Sägewerk
scab Schorf, Wundschorf
scab lesion (crustlike disease lesion) Schorfwunde
scabrid / roughened aufgerauht
scabrous / rough schuppig, rauh

scaffolding / framework / stroma / reticulum Gerüst, Netzwerk
scalariform / ladder-shaped leiterförmig
scalariform vessel Leitertrachee
scale Schuppe
scale-leafed schuppenblättrig
scale-like schuppenförmig
scale-like bracts / scale leaves / bracteole / bractlet Schuppenblätter
scaly / scabrous schuppig
scandent / climbing kletternd, klimmend
scandent plant / climber / (climbing) vine Kletterpflanze
scanning electron microscope Rasterelektronenmikrosop
scape / leafless stalk Blütenschaft (blattlos / bodenbürtig)
scar Narbe, Wundnarbe
scarce / rare selten
scarcity / rarity Seltenheit
scatter / spread / distribute streuen, verstreuen, ausstreuen, verteilen
scavenger / carrion feeder Aasfresser
scent gland Duftdrüse
schizocarp / schizocarpium Schizokarp, Spaltfrucht
schizogenic schizogen
science / natural sciences Naturwissenschaften
scientist Naturwissenschaftler
scion / cutting / slip / sarment Ableger, Pfropfableger, Pfropfsteckling
scion grafting Reisveredelung, Pfropfen
sciophilous / shade-loving schattenliebend
sciophyll / shade leaf Schattenblatt
sciophyte / skiophyte / skiaphyte / skiophyte / shade-loving plant / shade plant Schattenpflanze
sclerenchyma Sklerenchym, Sclerenchym
sclerenchymatous fiber Sklerenchymfaser
sclerification / lignification Sklerotisierung, Verholzung, Lignifizierung
sclerocarp Sklerokarp
sclerophyll / hard-leaved plant / hard-leaf Hartlaub
sclerophyllous forest Hartlaubwald
sclerophyte Sklerophyt

sclerotesta Sklerotesta
sclerotium Sklerotium, Dauermyzel
scorch (through heat/climate)
  Versengung, Brandfleck
scorpioid cyme/cincinnus Wickel
scouring rush/horsetail Schachtelhalm
scraping (mount) Schabepräparat
scree/talus (on mountain slope)
  Geröllhalde (rounded/eroded rock),
  Schutthalde (coarse rock debris)
scrub/brush/thicket/thick
  shrubbery Gestrüpp, Dickicht,
  Buschwerk
scrub/sclerophyll scrub/sclerophyllous
  shrub Hartlaubgebüsch,
  Hartlaubgehölz
scum/film/mat Kahmhaut,
  Oberflächenfilm (in stehendem
  Binnengewässer)
scurf Schorf, Blattschorf, Grind
scurfy/scabby schorfig
scutellum (a shield-shaped structure)
  Scutellum, Schildchen (Saugorgan
  am Keimblatt des Graskeimlings)
sea/lake See (Binnensee)
sea/ocean Meer, See, Ozean
sea level/elevation Meereshöhe,
  Meeresspiegel
sea spray/ocean spray Gischt,
  Spritzwasser
seafloor/seabed/ocean floor
  Meeresboden, Meeresgrund
seam/suture/raphe Naht, Fuge,
  Verwachsungslinie
seam, protuberant/bulge/collar
  Wulst
seashore/seaboard/seacoast
  Meeresküste, Meeresufer
season Jahreszeit
season/store (wood) (vb.) lagern,
  ablagern
seasonal saisonal, jahreszeitlich
seasonal change Jahreszeitenwechsel
seasonal forest Saisonwald
seasoning (wood) Ablagern (Holz)
seawater/saltwater Meerwasser
seawater intrusion/saltwater
  intrusion Meerwasserintrusion
seaweed Tang, Seetang, Seegras
secondary bract/bracteole/bractlet/
  prophyll Vorblatt, Prophyll
secondary cortex/phelloderm
  Korkrinde, Phelloderm

secondary growth/secondary
  thickening Sekundärwachstum,
  sekundäres Dickenwachstum
secondary meristem Folgemeristem
secondary wall Sekundärwand
secondary xylem Sekundärxylem
secretion Sekretion, Ausscheidung;
  Sekret (allgemein)
secretory sekretorisch
secretory cell Sekretzelle
secretory gland Sekretdrüse
secretory tapetum Sekretionstapetum
secretory tissue Sekretionsgewebe
section/part/moiety Abschnitt
  (Teil des Ganzen)
section/slice (microscopy) Schnitt
  (thin section Dünnschnitt)
sectionalization/division Fächerung,
  Unterteilung
sedge Segge, Riedgras (Sauergräser)
sedimentation/deposition
  Ablagerung
sedimentation, filling by/silting up
  Verlandung
seed Same
seed bed Saatbeet
seed case/seed casing (fruit/
  capsule) Samengehäuse (Frucht/
  Samenkapsel)
seed coat/testa (develops from
  integuments) Samenhülle,
  Samenschale
seed company Sämerei
seed cone/female cone
  Samenzapfen, weiblicher Zapfen
seed dormancy Keimruhe,
  Samenruhe, Dormanz
seed pan Saatkasten
seed repository Samenbank
seed stalk/ovule stalk/funicle/
  funiculus Nabelstrang, Samenstiel,
  Funiculus
seed starting Anzucht, Samenanzucht
seed stock/seeds Saatgut
seed-bearing plant/spermatophyte
  Samenpflanze, Spermatophyt
seedbed Saatbeet
seedless kernlos
seedless fruit leerfrüchtig, kenokarp,
  kernlose Frucht
seedlessness Kenokarpie, Kenocarpie,
  Leerfrüchtigkeit

seedling/sprout Keimling, Sämling,
Setzling
seedtime Saatzeit
seepage/infiltration Versickerung
segregation Segregation, Aufspaltung
(genetisch)
selection Selektion, Auslese
selective advantage Selektionsvorteil
selective breeding/breed selection
Zuchtwahl
selective pressure Selektionsdruck
self-dispersal/autochory
Selbstausbreitung
self-pollinating/autophilous
selbstbestäubend
self-pollination/autophily
Selbstbestäubung
self-sterile selbststeril
selfing/self-fertilization/autogamy
Selbstbefruchtung, Autogamie
semiarid semiarid, halbtrocken
semidesert Halbwüste
seminal Samen…, den Samen
betreffend
semiparasite/hemiparasite
Halbparasit, Halbschmarotzer
semipermeable halbdurchlässig
senesce/become old altern
senescence/ageing/aging Seneszenz,
Alterung
sensibility/sensitiveness Empfindbarkeit, Empfindungsvermögen
sensible empfindlich, reizempfänglich
sensitive sensitiv, empfindlich, leicht
reagierend
sensitive hair Reizhaar
sensitivity Sensitivität, Empfindlichkeit
sepal Sepalum (*pl.* Sepalen),
Kelchblatt, Blütenkelchblatt,
Blumenhüllblatt
sepal-like bracts Außenkelch,
Hochblatthülle
septate/divided/compartmentalized
unterteilt
septicidal septizid, wandspaltig,
scheidewandspaltig
septicidal capsule septicide
Spaltkapsel, Bruchkapsel
septifragal septifrag, wandbrüchig,
scheidewandbrüchig
septum (*pl.* septa) Septum
(*pl.* Septen), Scheidewand

sere (a successional series) Serie
(Sukzessionsfolge)
sericeous/sericate/silky seidenhaarig
series Serie (Rangstufe der
Klassifizierung)
serotinous/late in developing
(e.g. cone) spät auftretend,
spät öffnend, spät aufbrechend
(z.B. Zapfen)
serrate/serrated/sawed/saw-edged
(leaf margin) sägeförmig gezackt,
gesägt
serration/serrature (saw-like
formation) Auszackung
serrulate/serratulate/finely serrate/
finely saw-edged feingesägt,
kleingesägt
sessile/sedentary/attached/not
stalked sitzend, aufsitzend,
festsitzend, ungestielt
set/layer Senker, Absenker
seta Seta, Stiel (Moossporogon)
setaceous/bristle-like borstenartig
setiform/bristle-shaped
borstenförmig
setose/bristly/set with bristles
borstig
sewage/wastewater Abwasser
sewage fields Rieselfelder
sewage sludge Klärschlamm
sewage treatment Klärung
sewage treatment plant Kläranlage,
Klärwerk
sewer Kanalisation
sex cell/gamete Keimzelle (sexuelle),
Geschlechtszelle, Gamet
sexual sexuell, geschlechtlich
sexuality Sexualität, Geschlechtlichkeit
shade Schatten
shade (*vb.*) schattieren
shade leaf/sciophyll Schattenblatt
shade-loving/sciophilous
schattenliebend
shade-loving plant/shade plant/
sciophyte Schattenpflanze
shading Beschattung
shady schattig
shaft/leafless stem/leafless shoot/
rachis/axis Schaft, Achse
shallow-rooted plant Oberflächenwurzler
shape/form/appearance/contour
Gestalt

sharpness/focus Schärfe (Bild)
shear strength/shear resistance
Scherfestigkeit, Schubfestigkeit
shearing scheren
sheath Scheide, Blattscheide
sheathe scheidenförmig umhüllen
sheathed/vaginate scheidenförmig,
röhrenförmig
shed/drop/abscise abwerfen,
abstoßen
shedding/abscising/deciduous
abwerfend
shedding/abscission/dropping off/
falling off Abwurf, Abwerfen,
Abfallen
shedding of leaves/leaf fall Laubfall,
Blattfall, Blattabwurf
shell/testa/coat/(enclosing cover)
Schale, Hülle
shelterbelt/windbreak Windschutz
(Windschutzbäume)
shelterwood Mutterbestand,
Schirmbestand, Plenterwald
shelterwood method Femelhieb,
Femelschlag, Plenterschlag
(uneven-aged); Schirmschlag
(even-aged)
shifting agriculture/shifting
cultivation/swidden agriculture/
swidden cropping Wanderackerbau
shimmering body Flimmerkörper
shingle Schindel
shock resistance Stoßfestigkeit
shoot/sprout/sprig Schößling,
Sproß, Schoß (kleiner Sproß), Trieb
shoot, adventitious Adventivsproß,
Adventivtrieb, Zusatztrieb
shoot apex/shoot tip Sproßspitze,
Sproßpol (Embryo)
shoot apex/vegetative cone
Sproßscheitel, Vegetationskegel
shoot elongation Sproßzuwachs
shoot tendril Sproßranke
shore/banks/coast Ufer, Küste
short shoot/axis Kurztrieb
short-day plant Kurztagspflanze
show Schau
showcase Schaukasten, Vitrine
shrub Strauch
shrub savanna Strauchsavanne
shrubbery/thicket/underbrush
(in forest) Buschwerk, Gebüsch

shrubby/bushy/fruticose/frutescent
buschig, strauchig
shrubby herb Halbstrauch
shrubland Buschformation
shuttle Pendelverkehr, Schleusen
sickle-shaped/drepanoid/crescent/
falcate/falciform sichelförmig
side crown Seitenkrone
side shoot/lateral shoot/sucker
Geiz, Geiztrieb, Seitensproß
sieve areas Siebfelder
sieve cell Siebzelle
sieve element Siebelement
sieve plate Siebplatte
sieve tube Siebröhre
sieve tube element
Siebröhrenelement
sieve tube member Siebröhrenglied
siliceous Kieselsäure..., kieselsäurehaltig
silicle Schötchen
silique/siliqua Schote
silk (corn stigma-style) Maisgriffel
silky/sericeous/sericate seidenhaarig
silt Schluff
silt/warp Schlamm, Flußschlamm
Silurian/Silurian Period Silur
(erdgeschichtliche Periode)
silvics Forstbaumkunde
silviculture Forstkultur, Waldbau
similar-structured gleichgestaltet
simple cyme/monochasium
eingablige Trugdolde, Monochasium
simple fruit/apocarpous fruit
Einblattfrucht
simple umbel einfache Dolde
single fruit Einzelfrucht
single rowed/uniseriate/uniserial
einreihig
sink/depression Senke, Bodensenke
sink (importer of assimilates) Senke,
Verbrauchsort
sinuate (strongly waved margin)
buchtig, gebuchtet
siphon/tube Schlauch; Zellschlauch
siphoneous/siphonaceous/tubular
siphonal, tubulär, röhrenförmig,
schlauchförmig
siphonogamy Siphonogamie,
Pollenschlauchbefruchtung
sister cell Schwesterzelle
site/location/place Fundort, Lage

site assessment Lagebewertung,
(*sensu lato*: Standortbewertung)
size reduction Verkleinerung
(z. B. photographisch)
skin / peel Haut, Schale
slab Holzschwarte
slash-and-burn Brandrodung
slash-and-burn agriculture
Brandrodungsfeldbau
sleep movement / nyctinasty
Schlafbewegung, Nyctinastie
sleet / glaze / frozen rain Eisüberzug,
überfrorene Nässe, gefrorener
Regen; Graupelschauer
slender-stemmed / leptocaulous
dünnstämmig, schlankstämmig
**slime body / slime plug / P-protein
body** Schleimkörper,
Schleimpfropfen, Proteinkörper
slime mold (*Myxomycetes*)
Schleimpilz (Myxomyceten)
slimy / mucilaginous / glutinous
schleimig
slip / sucker / offset / offshoot
Wurzelsproß, Wurzeltrieb
slope / incline Hang, Abhang
slope / scarp Böschung, Abhang
sloping terrain / rolling hills hügelig
(leicht hügelige Landschaft)
slow growing schwachwüchsig,
langsamwachsend
sludge / mud (alluvial) Schlamm,
Schlick
sludge / sewage sludge Faulschlamm
sludge, activated Belebtschlamm
smear (for microscopy) Abstrich
smell / scent Geruch, Duft
smooth / even glatt, eben
smut (fungus) Brandpilz
snag Aststumpf, Knorren,
Baumstumpf (z. B. toter stehender
Baum in Sümpfen)
snap mechanism Klappmechanismus,
Schnappmechanismus
snap trap Klappfalle, Schlagfalle
soak / steep / swell (water uptake)
quellen (Wasseraufnahme)
soak up / absorb aufsaugen,
durchtränken
soaked durchtränkt
soaker hose Tropfberieselungsschlauch

sobole / root sucker Wurzelreis,
Wurzelschößling, Erdsproß
sobole / sobolifer Wurzelausläufer,
Wurzelsproß, Gehölzausläufer
soboliferous wurzelsproßbildend
sociability / gregariousness
Soziabilität, Geselligkeit
social fallow Sozialbrache
**sod / turf / grass cover (nonforage
grass)** Sode, Grasnarbe,
Rasenstück, Rasendecke
sodded mit Rasen bedeckt
soft bast Weichbast
soft wood Weichholz
soggy durchnäßt, durchweicht
soil / earth / ground Erdboden, Boden,
Erdreich
soil, acidic / acid soil saurer Boden
soil compaction Bodenverdichtung
soil components Bodenbestandteile
soil conditioner Bodenverbesserer
soil conditions Bodenbedingungen
soil conservation Bodenschutz
soil erosion Bodenerosion
soil fertility Bodenfruchtbarkeit
soil horizon Bodenhorizont
soil indicator Bodenzeiger
soil organism Bodenorganismus
soil particle Bodenteilchen
soil particle size Korngröße
(Bodenpartikel)
soil profile Bodenprofil
soil science / pedology Bodenkunde,
Pedologie
soil structure Bodengefüge
soil surface / topsoil Erdoberfläche
soil texture Bodentextur, Bodenbeschaffenheit; Bodenpartikelgröße,
Teilchengröße (Bodenpartikel)
soil type Bodenart
soil-moisture tension / suction
Saugspannung
soilage / green forage / greenstuff
Grünfutter
solar tracking / heliotropism Sonnenwendigkeit, Sonnenorientierung,
Lichtwendigkeit, Heliotropismus
solifluction Solifluktion
solitary / single solitär, einzeln
solitary flower / single flower
Solitärblüte, Einzelblüte
solitary plant Solitärpflanze,
Einzelpflanze

solubility Löslichkeit
solute gelöster Stoff
solute potential Löslichkeitspotential
solution Lösung
solvent Lösungsmittel, Lösemittel
soredium Soredium
sorocarp Sorokarp
sorosis/fleshy multiple fruit
　Beerenverband, Beerenfruchtstand
sort/type/kind/variety/cultivar Sorte
sorus/"fruit dot" Sorus
source Quelle; Produktionsort
source vegetation Quellflurvegetation
sow säen
spadix (*pl.* spadices) Spadix, Kolben,
　Blütenkolben (Infloreszenz)
spathaceous/spathal scheidenförmig,
　blütenscheidenförmig
spathe Spatha, Scheide, Blütenscheide
spathed/furnished with a spathe mit
　Spatha versehen
spathose (with or like a spathe)
　spatelartig, spatelig
spathulate/spatulate/spoon-shaped
　spatelförmig
speciation Speziation, Artbildung
species/kind Spezies, Art
species diversity Artenvielfalt
species importance value
　Artmächtigkeit
specific gravity (wood density)
　spezifisches Gewicht
　(Dichte von Holz)
specimen Exemplar
sperm/sperm cell (male gamete)
　Samenzelle, Samen, Sperma
　(männliche Geschlechtszelle)
spermatophore Samenträger,
　Samenkapsel
spermatophyte/seed-bearing plant
　Spermatophyt, Samenpflanze
sphenoid/wedge-shaped/cuneate/
　cuneiform keilförmig
spherical sphärisch, kugelig
spice Gewürz
spicule/spikelet Ährchen
spike (inflorescence) Ähre
spike/fastigium Spitze
spike/serration/projection Stachel,
　Zacke
spike moss (*Selaginella*) Moosfarn
spiked/spiky/spikey spitz, stachelig,
　stachlig; ährentragend

spikelet/spicule Ährchen,
　Blütenährchen
spindle Spindel
spindle fiber Spindelfaser
spindle-shaped/fusiform
　spindelförmig
spine/thorn Stachel; Blattdorn,
　Nebenblattdorn
spiny/thorny stachelig
spiral/helix Spirale, Schraube, Helix
spiral grain Spiraltextur
spiraled/spiral/twisted/helical
　spiralig
spirally coiled/strombuliform spiralig
　aufgewickelt
spire (inflorescence) Blütenähre
spire (point) zulaufende Spitze, spitz
　zulaufender Grashalm
splash zone Spritzwasserzone,
　Spritzzone
split/cleaved/cracked/...fid
　gespalten, spaltig
spongiose fungus/polypore/pore
　fungus Schwammpilz, Porling
spongy parenchyma (mesophyll)
　Schwammparenchym,
　Schwammgewebe
spoon-like/cochleate löffelartig,
　cochlear
sporangiocarp Sporangienbehälter
sporangiophore Sporangiophor,
　Sporangienträger
sporangium Sporangium,
　Sporenbehälter
spore Spore
spore case/theca Theca, Theka
sporophore (spore-bearing
　structure) Sporenträger
sporophyte Sporophyt
sport/rogue (deviation usually by
　somatic mutation) Abart, Spielart,
　Variation, aus der Art schlagende
　Pflanze, Mißbildung
spray (young shoot) junger Zweig,
　junges Ästchen, kleiner Blütenzweig,
　Reis
spray zone Gischtwasserzone
spreading/dispersal/dissemination/
　propagation Ausbreitung
spring fen Quellmoor
springwater Quellwasser
springwood/earlywood Frühlings-
　holz, Weitholz, Frühholz

sprinkle/spray besprengen, beregnen

sprinkler Sprinkler, Sprenger, Beregnungsanlage, Berieselungsanlage

sprinkler irrigation Spritzbewässerung, Beregnungsbewässerung, künstliche Beregnung

sprout/bud/put forth sprießen, ausschlagen, austreiben

sprout/seedling (e.g. bean sprout) Keimling (z. B. Bohnenkeimling)

sprout/sprouting/budding sprießen, knospen; Austrieb, Sprossung, Knospung

spur, floral Blütensporn

spur shoot/fruit-bearing bough (short shoot) Fruchtholz (Kurztrieb), Lateralorgan; Infloreszenz-Kurztrieb

spurious/false falsch

spurious fruit/pseudocarp/false fruit Scheinfrucht

spurred gespornt

squared timber Kantholz

squash (mount) Quetschpräparat

stage (microscope) Objekttisch

stage (phase) Stadium (Phase)

stain/staining (microscopy) Färben, Färbung, Einfärbung

stain (dye) Farbstoff (mikroskopisch)

stain (vb.) beizen, färben (Holz)

stake (for plant support) Stütze (zusätzliche Pfahlstütze), Pfahlstütze für Pflanzen

stalk/axis/spindle Stiel, Achse, Stengel, Halm, Spindel

stalk cell (pollen of cycads) Stielzelle, Wandzelle, Dislokatorzelle, Dislocatorzelle

stalk/stem Strunk (Stengel)

stalked/petiolate/stipitate gestielt

stamen Staubblatt, „Staubgefäß"

staminate/male staminat, männlich

staminate flower Staubblüte, männliche Blüte

staminode/staminodium Staminodium

stand/stock Bestand

stand, low-density (forest) lichter Wald

stand, small/small tree stand/thicket Horst

stand of timber Holzbestand

standard (tree stem) Hochstamm

standard petal/banner petal/vexillum Fahne (Fabaceen-Blüte)

standing crop Erntebestand, auf dem Halm stehende Ernte

staple Haupterzeugnis

staple crop Hauptanbauprodukt

star-shaped/stellate/radial/actinomorphous sternförmig, radiär, aktinomorph

starch Stärke

starch granule Stärkekorn

state forest Staatswald

steep/soak/swell (water uptake) quellen (Wasseraufnahme)

stelar theory Stelärtheorie

stele/central cylinder Stele, Zentralzylinder

stellate/star-shaped sternförmig

stellate hair Sternhaar

stem/trunk/shaft Baumstamm, Holzstamm

stem cell/initial/primordial cell Stammzelle, Initiale, Primordialzelle

stem culture/stock culture Stammkultur

stem bundle/shoot bundle Sproßbündel

stem succulent Stammsukkulente

stem-borne achsenbürtig, sproßbürtig

stem-clasping/amplexicaul stengelumfassend, amplexikaul

stemlet Stämmchen

stem-tuber Sproßknolle (oberirdisch)

steppe Steppe

sterile/infertile steril, unfruchtbar

sterility/infertility Sterilität, Unfruchtbarkeit

stick/cane Stock/Stecken

sticky/glutinous/viscid klebrig, glutinös

stiffness/pliability Biegsamkeit

stigma/eyespot Stigma, Augenfleck

stigma head (clublike swollen stigma) Narbenkopf

stigma (pistil/carpel) Narbe (Fruchtblatt~)

stimulation/excitation Stimulierung, Anregung

stimulus Stimulus, Reiz

stimulus threshold Reizschwelle

stimulus transduction Reizumwandlung

stinging hair / urticating hair / urticating trichome Brennhaar

stipe / stalk Blattstiel (Algen, Farne, Palmen), Strunk (Blattstiel), Stengel, kurzer Stiel

stipe (certain algas: *Laminaria*) Algenstiel, Cauloid, Kauloid

stipe (fungal) Pilzstiel

stipitate / petiolate / stalked gestielt

stipular spine Stipulardorn

stipule Stipel, Nebenblatt

stock (grafting) Pfropfgrundlage, Pfropfunterlage

stock (inventory) Bestand, Besatz

stock culture / stem culture Stammkultur

stolon (aboveground horizontal stem) Stolon, Ausläufer, Ausläufersproß

stolon (algas / fungi) rhizomartige Hauptachse (Algen / Zygomyceten)

stolonial tuber Ausläuferknolle

stoma / stomatal pore (*pl.* stomata) Spaltöffnung

stone / drupe / drupaceous fruit Steinfrucht

stone / pit / putamen / pyrene Stein, Steinkern, Putamen (Endokarp)

stone cell / sclereid Steinzelle, Sklereide

stone plants lebende Steine

storage material / reserve material / food reserve Reservestoff, Nahrungsreserve

storage parenchyma Speicherparenchym

storage root Speicherwurzel

storage tissue Speichergewebe

storied / stratified stockwerkartig, etagiert, geschichtet

storied cambium / stratified cambium Stockwerk-Cambium / Kambium, etagiertes Cambium / Kambium

"stork's nest", Storchennest (stunted treetop / crown; sign of damage by acid precipitation) Storchennest

story Etage, Stockwerk

straight grain Fasertextur

strain (bacterial strain) Stamm (Bakterienstamm)

strain (caused by stress) *sensu stricto*: Belastungsursache (*siehe*: stress)

strand Strang

strangler (tree strangler) Würger (Baumwürger)

strap-shaped / ligulate streifenförmig

Strasburger cell / albuminous cell Strasburger Zelle, Eiweißzelle

stratification / layering Stratifizierung, Stratifikation, Schichtenbildung, Schichtung

stratified / storied geschichtet, etagiert, stockwerkartig

straw Stroh, Strohhalm

strawflower Strohblume, Trockenblume

stream Strom (großer Fluß)

streamlet / rivulet Rinnsal, kleines Bächlein

stress *sensu stricto*: Belastungszustand (*siehe*: strain)

stress tolerance Belastbarkeit

striate feinstreifig

striate veined / striately veined längsnervig, längsaderig, streifennervig, streifenadrig

striate venation Längsnervatur, Längsaderung, Streifennervatur, Streifenaderung

striated feingestreift

striation Streifen, Riefe; Streifenbildung, Riefenbildung; Riefung

strigose borstig (mit kurz-gestrichenen Borsten / striegelig)

string bog / aapa mire Strangmoor, Aapamoor

strip cropping Streifenanbau

striped gestreift

stripped of leaves entlaubt

strombuliform / spirally coiled spiralig aufgewickelt

strophiolar plug / operculum Keimwarze (des Samens)

strophiole Strophiole, Samenwarze (Auswuchs der Raphe)

stubby stummelartig (kurz und dick)

stump / stub / stool / caudex Strunk, Stumpf

stump sprout / sucker / tiller Stumpfaustrieb

stumpage Holz auf dem Stamm; Holzpreis; Schlagrecht, Fällrecht

stunt / dwarf zwergwüchsig, im Wachstum gehemmt

stunted/crippled verkümmert,
krüppelig, krüppelhaft, verkrüppelt
stunted forest/miniature forest/
Krummholz Krummholz
stunted growth/stuntedness
Krüppelwuchs, Krüppelform
stunted pine Krüppelkiefer
style Griffel, Stylus
stylopodium Stylopodium,
Griffelpolster
subalpine subalpin
subalpine zone/region Gebirgsstufe/
subalpine Stufe
subcanopy/lower canopy mittlere
Kronenregion, mittlere
Baumkronenschicht
subdivided untergliedert
subdivision Untergliederung
suberification Verkorkung
suberization/suberinization
Suberisierung, Suberinanlagerung,
Suberinauflagerung
suberized layer/lamella
Suberinschicht
suberous/corky verkorkt
subgroup Untergruppe
submerged/submersed submers,
untergetaucht
submerged leaf Wasserblatt
suborder Unterordnung
subsidence Senkung, Absinken,
Erdabsenkung
subsidiary/accessory/auxiliary cell
Nebenzelle (Spaltöffnung)
subsistence Subsistenz
subsistence economy
Selbstversorgerwirtschaft
subsoil (zone of accumulation/
illuviation) Unterboden, unterer
Mineralhorizont (B-Horizont)
subspecies Subspezies, Unterart
substrate Substrat
subtend unterliegen (ein Blatt dem
anderen)
subtended by unterlegt von
subtending untereinanderliegend
subterranean/underground
unterirdisch
subulate/awl-shaped pfriemlich
succession Sukzession
succubous succub, unterschlächtig
succulence Sukkulenz,
Dickfleischigkeit

succulent (*adj./adv.*) sukkulent,
dickfleischig
succulent plant/succulent (*n.*)
Sukkulente
sucker (attachment organ)
Haftscheibe
sucker/coppice-shoot Wasserreis
sucker/stolon/sobole Gehölzausläufer
sucker/tiller Schößling, Wasserreis
(an Wurzel oder Baumstumpf),
Seitentrieb (am Wurzelhals)
suction root/sucking root Saugwurzel
suction trap/suctory trap
Schluckfalle, Saugfalle
suffrutecsent plant/half-shrub
Halbstrauch
suffruticose/suffrutescent/base
slightly woody halbstrauchig
(am Grunde verholzt)
sugar cane Zuckerrohr
sulcus/furrow/groove Furche, Rinne
sulfur bacteria Schwefelbakterien
summerwood Sommerholz
summit/peak Spitze
sun leaf Sonnenblatt, Lichtblatt
sun plant/heliophyte Lichtpflanze,
Heliophyt
sunscald Sonnenbrand, Rindenbrand
superficial oberflächlich
superorder Überordnung
supporting cell Stützzelle
supporting tissue (collenchyma/
sclerenchyma) Festigungsgewebe,
Stützgewebe
surculose/producing suckers Ableger
treibend
surf/breakers Brandung,
Meeresbrandung
surface Oberfläche
surface cover/ground cover
Bodenbedeckung
surface runoff Oberflächenabfluß
surface tension Oberflächenspannung
surface water Oberflächenwasser
susceptibility Anfälligkeit,
Empfindlichkeit
suspended (floating) suspendiert,
schwebend; fein verteilt;
aufgehängt
suspended matter/suspended
material Schwebestoffe
suspensor Suspensor, Träger,
Embryoträger

suspensor/zygosporophore
Trägerhyphe
sustainable development dauerhaft-
umweltgerechte Entwicklung
swamp Sumpf, Flachmoor, Morast;
Luch
swamp forest Sumpfwald
swamp forests, carboniferous
Steinkohlenwälder
**swamp woods/swamp forest/paludal
forest** Bruchwald, Sumpfwald
swampland/quagmire Sumpfland
swampy/boggy sumpfig
swarm cell/zoospore Schwärmer,
Zoospore
swell/swelling/turgescent quellen,
schwellen, anschwellen, turgeszent
swelling Schwellung
**sword-shaped/ensiform/gladiate/
xiphoid** schwertförmig
syconium Syconium
syllepsis Syllepsis
sylleptic shoot sylleptischer Trieb
symbiont Symbiont
symbiosis Symbiose, symbiotische
Lebensgemeinschaft
symbiotic symbiotisch (*sensu lato*:
mutualistic gegenseitig)
sympetalous sympetal, verwachsenblättrig, verwachsenblumenblättrig,
verwachsenkronblättrig
symphysis/coalescence Symphyse,
Verwachsung
sympodial/determinate sympodial
sympodial branching system
sympodiales Verzweigungssystem
sympodium/pseudaxis Sympodium,
Scheinachse
syncarpous synkarp, coenokarp,
coeno-synkarp, verwachsenblättrig
(Fruchtblätter)
syncarpous without septa parakarp
synchronizer/Zeitgeber Zeitgeber
synusia Synusia, Synusie,
Lebensverein, Verein
systematics Systematik

T

take root anwachsen, bewurzeln,
anwurzeln
talus/scree Schutthalde (coarse rock
debris), Schuttflur, Geröllhalde
(rounded/eroded rocks)
**tangential section/flatsawn/
plainsawn (wood)** Tangentialschnitt, Sehnenschnitt, Fladerschnitt
(Holz)
tanniferous gerbstoffhaltig,
gerbsäurehaltig
tap water Leitungswasser
taper verjüngen, zuspitzen
taper-pointed/acuminate lang
zugespitzt (konkav zulaufende
Blattspitze)
tapering/attenuate verjüngt, spitz
zulaufend, (keilförmig) zugespitzt
tapetum Tapetum
taproot Pfahlwurzel
tassel Narbenfäden (Mais)
taxonomy Taxonomie
tea herbs Teekräuter
tegmentum/protective bud scales
Tegment, Knospenschuppe,
Knospendecke
telome Telom
temperate/moderate gemäßigt
temperate zone/temperate region
gemäßigte Zone
tender/fragile empfindlich
(Pflanze/Ökosystem)
tendril/cirrus Ranke
tendril climber Rankenkletterer
tensile strength/breaking strength
Zugfestigkeit, Zerreißfestigkeit,
Reißfestigkeit
tension/suction/pull Zug, Sog
(Wasserleitung)
tension wood Zugholz
tentacle Tentakel, Fanghaar
tepals Tepalen, gleichartige
Blütenhüllblätter
**tepidarium /moderately heated
greenhouse** Tepidarium,
Gewächshaus mit mittlerer
Temperatur

terete (somewhat cylindrical with tapering ends) annähernd cylindrisch/zylindrisch (mit stumpfen Enden); stielrund, walzig

terminal/terminate endständig

terminal bud Terminalknospe, Endknospe

terminal community Schlußgesellschaft

terminal meristem Endmeristem

terminal shoot/apical shoot Terminaltrieb, Endtrieb, Gipfeltrieb

terminology Terminologie, Fachbezeichnungen, Fachsprache

ternate dreizählig

terrace Terrasse

terracing Terrasierung

terrain Gelände

terrestrial/land-dwelling landlebend, irdisch

terrestrial alga Landalge, Luftalge

terrestrial ecosystem Landökosystem

terrestrial plant Landpflanze

territoriality Territorialität

Tertiary/Tertiary Period Tertiär, Tertiärzeit, Braunkohlenzeit

tertiary bark/dead outer bark/ rhytidome Borke, Rhytidom

tertiary swamp forests Braunkohlenwälder

tetramerous/tetrameric/tetrameral tetramer, vierzählig

texture (see grain) Textur, Struktur, Faser, Fibrillenanordnung (Dichte der Leitelemente in Jahresring), Gefüge (Holz)

thallophyte Thallophyt, Lagerpflanze

thallus/thallome Thallus, Lager

theca Theka

theory Theorie

theory of evolution/evolutionary theory Evolutionstheorie, Abstammungstheorie, Deszendenztheorie

thermocline Sprungschicht

therophyte/annual plant Therophyt, Annuelle, Einjährige (Pflanze)

thickening (growth) Dickenwachstum; Verdickung

thicket/scrub/brush/thick shrubbery Gestrüpp, Dickicht

thin out/prune auslichten, zurückschneiden

thistle-like/thistly distelartig

thorn/spine (sensu lato) Dorn

thorn (sharp-pointed modified branch) Sproßdorn

thorn woodland Dornwald

thorny/spiny dornig

thorny bush Dornbusch

thorny shrub Dornstrauch, Dornenstrauch

thorny thicket/thorny brush Dorngestrüpp, Dornbuschformation, Dornstrauchformation

thread-shaped/filamentous/filliform fadenförmig, filamentös, trichal

threatened bedroht

threshold Schwelle

threshold value Schwellenwert

thriving gedeihen

throat (flower) Schlund, Blütenschlund

thyrse/thyrsus Thyrse, Thyrsus

tidal zone/intertidal zone Tidebereich, Gezeitenzone

tides Tiden, Gezeiten

tiers, arranged in etagenförmig, etagiert, stockwerkartig angelegt

till/glacial till/moraine Moräne, Gletscherschutt, Gletschergeröll

till/turn up the soil Boden umgraben

tillage/cultivation/farming Bodenbestellung, Ackern, Ackerbau

tillage/farmland/arable land Ackerland

tillage farming Pflugbau, wendende Bodenbearbeitung

tiller/shoot (grasses) Schößling, Trieb, Sproß

tiller/stalk/sprout (from base) Bestockungstrieb

tillering/sprouting (at base) Bestockung, Bestaudung, Seitentriebbildung

tilth/cultivated land Ackerland

tilth/state of aggregation Anbaufähigkeit/Garezustand/Tiefe des bestellten Bodens

timber/lumber (structural) Bauholz, Nutzholz, Brauchholz

timber, crude/crude wood Derbholz

timber industry holzverarbeitende Industrie

timber yield Holzertrag

timberline/tree line Baumgrenze

tinsel flagellum / flimmer flagellum / pleuronematic flagellum Flimmergeißel

tissue Gewebe

tissue culture Gewebekultur

tolerance Toleranz, Verträglichkeit

tolerance limit Toleranzgrenze

tomentose filzig

tongue-shaped / ligular / oblanceolate zungenförmig

toothed / dentate gezahnt

toothed fungus Stachelpilz

topiary Formbaum / Formstrauch (auch Zierschnitt)

topsoil (zone of leaching / eluviation) Oberboden, Krume, Bodenkrume, Bodendeckschicht, oberer Mineralhorizont

torsion strength / torsional strength Drehfestigkeit

torus / receptacle / receptaculum Torus, Rezeptakel, Rezeptakulum, Blütenbasis, Blütenachse, Blütenboden

touching / boardering / contiguous berührend, angrenzend

toughness / hardness Härte

trace (leaf / branch) Spur (Blatt~, Ast~)

trace element / micronutrient Spurenelement

tracheary elements / xylem Holzteil, Gefäßteil, Xylem

tracheid Tracheide

tracheophyte / vascular plant Tracheophyt, Gefäßpflanze

trade winds / trades Passatwinde

training / form pruning Erziehungsschnitt

trait / characteristic / feature Merkmal

trama (of fungal gill) / dissepiment Trama (Lamellen~)

trample burr Trampelklette

transect / cut through durchschneiden

transection (cutting through) Durchschnitt

transfer rate Umsatzrate

transformation into grassland Versteppung

transhumance / seasonal livestock movement Transhumanz

transillumination / transmitted light illumination Durchlicht

transition Übergang

transition zone / transitional region Übergangszone (Wurzel zu Sproß)

transitional fossil Übergangsfossil

transitory bog Übergangsmoor, Zwischenmoor

transitory form / transient / intermediary form Übergangsform

translator (part of gynostegium with caudicles and adhesive body) Translator

translucent durchscheinend

transmission Übertragung, Übermittlung, Weiterreichen

transmission (of hereditary traits) Vererbung

transmission of signals Erregungsleitung

transmit / pass on übertragen, weiterleiten, weiterreichen

transmit (passing on of hereditary traits) vererben

transpiration Transpiration

transpiration pathway Transpirationsweg

transpiration pull / tension Transpirationssog, Transpirationszug

transpiration stream Transpirationsstrom

transplant / replant umpflanzen, versetzen, verpflanzen, pikieren

transport, active / uphill transport aktiver Transport

transverse section / cross section Hirnschnitt, Querschnitt

trap Falle

trap blossom / trap flower / prison flower Fallenblume, Fallenblüte

trap leaf Fallenblatt

traumatic parenchyma Wundparenchym

tree Baum

tree farm / tree plantation Forst, Wirtschaftswald, Baumplantage

tree fern Baumfarn

tree line / timberline Baumgrenze

tree resin Baumharz

tree savanna Baumsavanne

tree stand / stand of trees // number of trees Baumbestand

tree stratum Baumschicht

tree stump / stub / "stool" Baumstumpf, Stock, Stumpen, Stubbe, Stubben

treeless baumlos
treelike/arboreal baumartig
treetop/crown Krone, Baumkrone, Gipfel, Baumgipfel, Wipfel, Baumwipfel, Stammkrone
trellis/espalier Spalier
trench/ditch/furrow Graben, Einschnitt, Furche
trench, deep-sea Tiefseegraben
Triassic/Triassic Period Trias (erdgeschichtliche Periode)
tribe Tribus, Sippe
tributary Zufluß
trichogyne Trichogyne, Empfängnishyphe
trichome Pflanzenhaar
trichome, absorbing (bromeliads) Saugschuppe, Schuppenhaar
trichome, multicellular glandular/ colleter Drüsenzotte, Leimzotte, Colletere
trickle irrigation/drip irrigation Tropfbewässerung, Tröpfchen- bewässerung, Rieselbewässerung
trifid dreispaltig
trifoliate dreiblättrig
trifoliolate dreiblättrig gefiedert
trigger hair/sensitive hair Reizhaar, Fühlhaar
trim/prune trimmen, beschneiden, zurückschneiden
trimming shears Trimmschere
tripartite dreiteilig
tripinnate (three times pinnate) dreifach gefiedert
triplostemonous triplostemon
trophic/feeding level trophische Stufe
tropics Tropen
tropism Tropismus
trough-shaped muldenförmig
true-bred/pure-bred reinrassig
truncate (leaf) gestutzt
truncate synflorescence Rumpfinfloreszenz
tube Röhre
tube cell (pollen) Schlauchzelle, Pollenschlauchzelle
tuber (general) Knolle
tuber/underground stem-tuber unterirdische Sproßknolle
tubercle/tubercule/tuberculum/ warty protuberance kleine Knolle, Warze (Höcker, Beule, Wölbung)

tuberculate/vaulted gewölbt
tuberous/bulbous knollig
tubular flower/disk flower/disk floret Röhrenblüte, Scheibenblüte *(Asterales)*
tuft Schopf, Büschel
tuft of grass/tussock Grasbüschel
tufted gedrängt
tufted crown Schopfkrone
tumbleweed Bodenroller, Steppenroller, Steppenhexe
turf/sod/grass cover (nonforage grass) Rasendecke
turfgrass Rasengräser
turgescence Turgeszenz (Gespanntheit der Zelle)
turgescent/swollen turgeszent, geschwollen, angeschwollen
turgid/inflated/swollen (slightly swelling with air or water) geschwollen
turgidity Turgidität, Geschwollenheit, Schwellunggrad
turgor Turgor
turgor pressure Turgordruck
turion/turio/detachable winter bud/ hibernaculum Turione, Turio, Winterknospe
turnover Umsatz
tussock gras Bültgras
twig/limb/branchlet/sprig Zweiglein, dünner Zweig, Ästchen, Schößling, Rute
twine sich emporranken
twiner/winder Schlingpflanze, Windepflanze, Winde
twining/winding windend, rankend
twist/coil/winding/contortion Wicklung, Windung
twisted/coiled/contorted/wound gewunden, gedreht, aufgewickelt
twisted shoot/twisted stem krummschaftig
two-parted/bifurcate zweigeteilt
two-row/in two rows/biseriate zweireihig
tylosis/thylosis/tylose Thylle
tylosis formation/tylosis Thyllenbildung

U

ubiquist   Ubiquist
ubiquitous/widespread   ubiqitär,
   weitverbreitet
uliginose/marshy/boggy/growing in
   marshes   Sumpf..., Moor..., im
   Sumpf wachsend
ultrastructure   Ultrastruktur, Feinbau
umbel/sciadium   Dolde, Umbella,
   Sciadium
umbel, compound
   zusammengesetzte Dolde
umbel, simple   einfache Dolde
umbel-like panicle (a corymb)
   Schirmrispe
umbel-like raceme (a corymb)
   Schirmtraube
unbranched   unverzweigt
unciform/hamiform/hook-shaped
   hakig, hakenförmig
uncinate/barbed/hooked   mit Haken
   versehen
undate/undulate   gewellt
undemanding/modest/having low
   requirements/low demands
   anspruchslos
underground/subterranean
   unterirdisch
undergrowth/understory
   Unterwuchs, Unterholz, Untergehölz
underleaf/hypophyll/lower leaf
   surface/abaxial leaf surface
   Unterblatt
underside   Unterseite
understory/undergrowth   Unterholz,
   Untergehölz, Unterwuchs
undulation   Wellenbewegung
uneatable/inedible   ungenießbar,
   uneßbar
uneven-aged stand/plantation
   Plenterwald
unfolding/spreading   Entfaltung
unguis/ungula/nail/claw   Unguis,
   Nagel
ungulate/hoof-shaped/clawed
   genagelt
unicellular   einzellig
unicellular lifeform   Einzeller

unifacial   unifazial (ringsum gleiche
   Oberfläche)
uniform   gleichförmig
unilateral   einseitig
unilocular   unilokulär, einkammerig
union/unification   Vereinigung
uniseriate/uniserial/single-rowed
   uniseriat, einreihig
unisexual   eingeschlechtlich
universal veil/velum universale
   Velum universale
unpalatable   ungenießbar, nicht
   schmackhaft
unstable humus/friable humus/
   crustable humus   Nährhumus
upper leaf surface/adaxial leaf
   surface   Oberblatt
upper montane forest/subalpine
   conifer forest zone   hochmontane
   Stufe, Nadelwaldstufe
upper surface/upperside   Oberseite
upright/erect/straight/strict   aufrecht
urban forest/community forest
   Stadtwald, städtischer Wald,
   Kommunalwald, Gemeindewald
urceolate/urn-shaped (*sensu lato*:
   pitcher-shaped/vase-shaped)
   urnenförmig (kannen-/vasenförmig)
urn-shaped leaf/pouch leaf/"flower
   pot" leaf (*Dischidia*)   Urnenblatt
urticating hair/urticating trichome/
   stinging hair   Brennhaar
utricle/utriculus/small bladder
   Utriculus, Bläschen; Fangblase
utriculate/utricular/bladder-like/
   bladdery/possessing bladders   mit
   kleinen Bläschen versehen,
   blasenartig

V

valley Tal
valvate/chambered gekammert, fächerig, klappig
valve/chamber/case Fach, Kammer
valve (diatom half-shell) Schalenhälfte (Diatomeen)
valve (pressure control) Ventil
variability/diversity Variabilität, Vielfältigkeit, Mannigfaltigkeit; Veränderlichkeit
variant Variante
variegated/mottled gescheckt, panaschiert
variegated-leaved buntblättrig
variegation Variegation, Scheckung, Buntblättrigkeit
variety Varietät
variety/sport (usually by somatic mutation) Abart, Spielart
varve (one year's sediment deposit) Warve
vascular bundle/vascular strand Gefäßbündel, Leitbündel, Leitbündelstrang
vascular bundle, closed geschlossenes Leitbündel
vascular bundle, open offenes Leitbündel
vascular cylinder Leitbündelzylinder, Leitbündelring
vascular plant Gefäßpflanze
vegetable Gemüse
vegetable oil Pflanzenöl
vegetable patch Gemüsebeet
vegetation/plant life Vegetation
vegetation map Vegetationsplan
vegetation(al) zone/region/belt Vegetationsstufe (Höhenstufe see altitudinal zone)
vegetative cone/vegetative pole Vegetationskegel
veil/velum (fungi/mosses) Velum, Schleier; Segel; Pilzhülle
vein/rib (leaf) Ader, Nerv, Rippe (Blatt~)
velamen Velamen
velum/veil (fungi/mosses) Velum, Schleier; Segel; Pilzhülle, Mooshaube

velvet-like/velvety/velutinous samtig
venation Venation, Aderung, Nervation, Nervatur
–, arched/arciform/arcuate/ camptodrome Bogenaderung, Bodennervatur
–, closed geschlossene Aderung, geschlossene Nervatur
–, dichotomous Gabeladerung, Fächeraderung
–, open offene Aderung, offene Nervatur
–, parallel Paralleladerung, Parallelnervatur
–, pinnate Fiederaderung, Fiedernervatur
–, reticulate/net/netted Netzaderung, Netznervatur
–, striate Längsaderung, Längsnervatur, Streifenaderung, Streifennervatur
veneer Furnier
venter Bauch (Archegonium)
venter cell Bauchkanalzelle
ventral/front side bauchseitig, vorderseitig
ventral scale Bauchschuppe
ventral suture/ventral seam (of carpel) Ventralnaht, Bauchnaht
vernacular name/common name Vernakularname, volkstümliche Bezeichnung, volkstümlicher Name
vernalization Vernalisation, Keimstimmung
vernation/ptyxis/prefoliation Vernation, Knospenlage der Laubblätter, Blattlage in der Knospe
verrucose/warty warzig
vertical alignment/vertical orientation (of leaves) Profilstellung
vescicular/vesciculate veszikulär, blasenartig, bläschenartig
vessel Gefäß, Trachee
vessel element/vessel member Tracheenglied
vestige/remnant/trace Überbleibsel, Überrest, Spur
vestigial/underdeveloped/(sensu lato: rudimentary) verkümmert, unterentwickelt
vestiture/vesture/body covering Hülle, Mantel

viable lebensfähig
vicariate vikariieren
vicariism Vikariismus
vicarious vikariierend
victim/prey Opfer
vigorous kräftig
vine Rebe, Weinrebe; rankende
  Pflanze
vineyard Weinberg
**virgin forest/pristine forest/primeval
  forest/jungle** Urwald
**viscidium (a sticky disc of orchid
  gynostemium)** Klebscheibe,
  Klebkörper
viticulture Weinbau
viviparous vivipar (lebendgebärend)
vivipary/viviparity (live-birth)
  Viviparie (Lebendgeburt)
volcanic lake/maar Maar
volva/cup/pouch Volva, Knolle
volva/universal veil Volva, Velum
  universale
voucher specimen Belegexemplar

W

**"Waldsterben"/forest deterioration/
  forest decline** Waldsterben
wall pressure/turgor pressure
  Wanddruck
wanting fehlend
warp (sediment) angeschwemmtes
  Schlicksediment
warp (wood) verziehen, werfen
warty/verrucose warzig
wastage/weathering Verwitterung
waste removal Entsorgung
wasteland Ödland
wastewater/sewage Abwasser
water, brackish Brackwasser
water, retained Haftwasser
water balance Wasserbilanz
water bloom Wasserblüte
water body/body of water Gewässer
**water conductance/conduction/
  translocation** Wasserleitung,
  Translokation
water content Wassergehalt
water flow Wasserströmung
water free space Water free space
  *(used as such in German; not
  translated!)*
water hardness Wasserhärte
water level Wasserspiegel
water loss Wasserverlust
water movement Wasserbewegung
water parting/divide Wasserscheide
water potential Wasserpotential,
  Saugkraft
water quality Wasserqualität,
  Wassergüte
water regime Wasserregime,
  Wasserhaushalt
water reserve Wasserschutzgebiet
water saturation Wassersättigung
water sprout/water shoot/sucker
  Geiltrieb, Wassertrieb, Wasserschoß
water storage Wasserspeicherung
water stress Wasserstreß
water supply Wasserversorgung
water table Grundwasserspiegel
water tank (of certain bromeliads)
  Zisterne

water tension / water suction
Wassersog, Zugspannung
(Wasserkohäsion)
water transport Wassertransport
water transport pathway
Wassertransportweg
water uptake Wasseraufnahme
watercourse / waterway
Fließgewässer, Wasserlauf
water-conducting wasserleitend
water-conducting element / pathway
Wasserleitbahn, Wasserleitungsbahn
water-dispersal / hydrochory
Wasserausbreitung, Hydrochorie
waterlogged mit Wasser vollgesogen
waterlogging / waterlogged (soil)
Vernässung, Staunässe (Boden)
waterproof wasserdicht,
wasserundurchläßig
water-repellent / water-resistant
wasserabweisend
watershed / drainage area / drainage
district / catchment area /
catchment basin Wassereinzugsgebiet, Grundwassereinzugsgebiet
waterway / watercourse
Fließgewässer, Wasserlauf
wave exposure Wellenexposition
wavy / undulate / repand (slightly
undulating) wellig, gewellt
wax Wachs
wax coating Wachsbelag
wax plant Wachsblume
waxy / ceraceus wachsartig
weather Wetter
weathering / wastage Verwitterung
webbing Vernetzung
wedge / peg Keil
wedge-leaved keilblättrig
wedge-shaped / sphenoid / cuneate /
cuneiform keilförmig
weed Krautpflanze; Unkraut
weed control Unkrautbekämpfung,
Unkrautvernichtung
weir basket trap Reusenfalle
well water Brunnenwasser
westerlies Westwinde
wet mount / wet preparation
Naßpräparat, Frischpräparat,
Lebendpräparat, Nativpräparat
wet rot Naßfäule
wetland Feuchtgebiet
wettability Benetzbarkeit

wharf / quay Kai
whip Peitsche
whiplash flagellum / acronematic
flagellum Peitschengeißel
whipping peitschend
whisk fern (*Psilotum*)
Gabelblattgewächs
white frost / hoarfrost (fine / feathery)
fein-flockiger Reif, Rauhreif
whorl / verticil Quirl, Wirtel
whorl, false / pseudowhorl
Scheinquirl, Doppelwickel
whorled (leaf arrangement)
quirlständig, wirtelig (Blattstellung)
widespread / ubiquitous
weitverbreitet, ubiqitär
wild type Wildform
wilderness Wildnis
wildflower Wildpflanze,
wildwachsende Pflanze
wildlife park Naturpark
wilt / wither / fade welken
wilting / flaccid / deficient in turgor
welkend
wilting coefficient
Welkungskoeffizient
wilting percentage, permanent
permanenter Welkungsgrad
wilting point Welkepunkt
wind / twist / coil winden
wind abrasion Windabrasion
wind pollination / anemophily
Windbestäubung, Anemophilie
wind shear / wind abrasion Windschur
windbreak / shelterbelt Windschutz
wind-dispersal / anemochory
Windstreuung, Windausbreitung
windfall / windthrow Windbruch,
Windwurf, Sturmwurf
wind-pollinated / anemophilous
windblütig, anemophil
wine Wein
wing Flügel
winged / alate geflügelt
winged fruit / samara / key Flügelfrucht
winter bud / hibernaculum / turio /
turion Winterknospe, Hibernakel,
Turio, Turione
winter hardiness Winterhärte
witches' broom Hexenbesen
wither / wilt / fade welken, verwelken
wood / lumber / timber Holz
wood, kind of / type of Holzart

wood, ring porous ringporiges Holz (cyclopor)
wood chip Holzschnitzel
wood crate Holzkiste
wood cylinder/wood corpus/wood body Holzkörper
wood felling Holzeinschlag
wood pile Holzhaufen
wood product Holzprodukt
wood pulp Zellstoff
wood ray Holzstrahl (pith/medullary ray Markstrahl)
wood shavings Holzspäne
wood wool Zellstoffwatte
wooden hölzern
woodland Waldsteppe
woodland management/forest management Forstwirtschaft
woodlot Waldstück
woods (*see:* forest) Wald mittlerer Größe
woody/ligneous holzartig, holzig
woody debris Bruchholz
woody plant Gehölz, Holzgewächs
wooly/lanate wollig
wort/herb/weed Kraut
wound Wunde
wound cambium Wundkambium
wound healing Wundheilung
wound overgrowth by bulgy callus Überwallung, Wundüberwallung
wound tissue/callus Wundgewebe
wreath-shaped/coronal kranzförmig
wrinkled/rugose runzelig, gerunzelt

X

xenogamy/cross-fertilization Xenogamie, Kreuzbefruchtung
xeromorphism Xeromorphismus
xerophyte/xeric plant/xerophilic plant/drought tolerator Xerophyt, Trockenpflanze, Trockenheit ertragende Pflanze
xerophytic/drought resistant trockenresistent
xiphoid/ensiform/gladiate/sword-shaped schwertförmig
xylem Xylem, Gefäßteil, Holzteil
xylem sap Xylemsaft

Y

Z

yeast Hefe
yield Ausbeute
young forest Jungwald, junger Wald
young plant/juvenile plant
  Jungpflanze

zonation Zonierung
**zone of accumulation/zone of
  illuviation (B-horizon)**
  Einwaschungshorizont
**zone of cell division (region of root
  apical meristem)** Wachstumszone
**zone of elongation/region of
  expansion (root)** Streckungszone,
  Verlängerungszone
**zone of leaching/zone of eluviation
  (A/E-horizon)** Auswaschungshorizont
**zone of maturation/root-hair zone
  (zone of cell differentiation)**
  Wurzelhaarzone
zone of saturation Sättigungszone
zoochory/animal-dispersal
  Tierausbreitung
zoogamy Zoogamie, Tierbefruchtung
zoophilous tierblütig
**zoophily/pollination by animal
  vectors** Tierblütigkeit
**zygomorphic/zygomorphous/
  monosymmetrical/irregular**
  zygomorph
zygote Zygote

Literatur

1 Bold HC, Alexopoulos CJ, Delevoryas T: Morphology of Plants and Fungi. 5th edn. Harper-Collins, New York, 1987

2 Braune W, Leman A, Taubert H: Pflanzenanatomisches Praktikum. Bd. 1&2. Fischer, Stuttgart, 1990/1994

3 Brockhaus Enzyklopädie, 19te Aufl. (24 Bände) FA Brockhaus, Mannheim, 1986–1994

4 Curtis H, Barnes NS: Biology. 5th ed. Worth Publ, New York, 1989

5 Dahlgren G: Systematische Botanik. Springer, Berlin-Heidelberg-New York, 1987

6 Daubenmire R: Plant Communities. A Textbook of Plant Synecology. Harper & Row, New York, 1968; Plant Geography with Special Reference to North America. Academic Press, New York, 1978

7 Ellenberg H: Vegetation Mitteleuropas mit den Alpen, 4. Aufl. Ulmer, Stuttgart, 1986; Vegetation Ecology of Central Europe. Cambridge Univ Press, Cambridge – New York, 1988

8 Esau K: Plant Anatomy. 2nd ed. Wiley, New York, 1965; Pflanzenanatomie. Fischer, Stuttgart, 1969

9 Fahn A: Plant Anatomy. 4th ed. Pergamon Press, New York, 1990

10 Franke W: Nutzpflanzenkunde, 5. Aufl. Thieme, Stuttgart-New York, 1992

11 Furley PA, Newey WW: Geography of the Biosphere. Buttersworth, London, 1983

12 Gray's Manual of Botany, 8th ed. (Fernald ML, ed.) Dioscorides, Portland OR, 1950

13 Henderson's Dictionary of Biological Terms, 10th ed. (Lawrence E, ed.) Longman, Essex; Wiley, New York, 1989

14 Herren RV, Donahue RL: The Agriculture Dictionary. Delmar Publ, Albany NY, 1991

15 Heywood VH: Flowering Plants of the World. Oxford University Press, Oxford, 1978; Blütenpflanzen der Welt. Birkhäuser, Basel – Boston, 1982

16 Holmes S: Outline of Plant Classification. Longman, London, 1983

17 Hora B: The Oxford Encyclopedia of Trees of the World. Oxford Univ. Press, Oxford, New York, 1981

18 Jacks GV: Multilingual Vocabulary of Soil Science. Agri-culture Division, FAO – United Nations, Rome, 1954

19 Kaufman PB: Plants. Their Biology and Importance. Harper & Row, New York, 1989

20 Kaussmann B, Schiewer U: Funktionelle Morphologie und Anatomie der Pflanzen. Fischer, Stuttgart, 1989

21 Kubitzki K, Rohwer JG, Bittrich V (Hrsg): The Families and Genera of Vascular Plants. Vol. 2. Flowering Plants. Springer, Berlin-Heidelberg-New York, 1993

22 Libbert E: Lehrbuch der Pflanzenphysiologie, 5. Aufl. Fischer, Stuttgart, 1993

23 Lincoln RJ, Boxshall GA, Clark PF: A Dictionary of Ecology, Evolution, and Systematics. Cambridge Univ Press, Cambridge – New York, 1984

24 Little RJ, Jones CE: A Dictionary of Botany. Van Nostrand Reinhold, New York, 1980

25 Lüttge U, Higinbotham N: Transport in Plants. Springer, New York – Berlin – Heidelberg, 1979

26 Macura P: Dictionary of Botany. G/E/F/S/R, 2 Volumes. Elsevier, New York, 1982

27 Magill RE: Glossarium Polyglottum Bryologiae. A Multilingual Glossary for Bryology. Missouri Botanical Garden, St. Louis, 1990

28 Martin EA: A Dictionary of Life Sciences. Pan/Macmillan, London, 1976

29 Mauseth JB: Botany. Saunders, Philadelphia, 1991

30 Mauseth JB: Plant Anatomy. Benjamin-Cummings, Menlo Park, 1988

31 Mohr H, Schopfer P: Pflanzenphysiologie, 4. Aufl. Springer,Berlin – Heidelberg – New York, 1992

32 Nultsch W: Allgemeine Botanik, 9. Aufl. Thieme, Stuttgart – New York, 1991

33 Pijl L van der: Principles of Dispersal in Higher Plants, 3rd ed. Springer, Berlin – Heidelberg, 1982

34 Radford AE, Dickson WC, Massey JR, Bell CR: Vascular Plant Systematics. Harper & Row, New York, 1974

35 Raven PH, Evert RF, Eichhorn SE: Biology of Plants, 5th ed. Worth, New York, 1992

36 Rothmaler W: Exkursionsflora von Deutschland. Band 2, 15. Aufl. (Hrsg. Schubert R, Werner K, Meusel H) Fischer, Jena, 1994

37 Salisbury FB, Ross CW: Plant Physiology, 4th ed. Wadsworth, Belmont, 1992

38 Schmeil O, Fitschen J: Flora von Deutschland. 88. Aufl. (Hrsg. Rauh W, Senghas K) Quelle & Meyer, Heidelberg, 1988

39 Schneider CK: Illustriertes Handwörterbuch der Botanik. Engelmann, Leipzig, 1905

40 Schubert R, Wagner G: Botanisches Wörterbuch. 11. Aufl. UTB-Ulmer, Stuttgart, 1993

41 Schütt P, Schuck HJ, Stimm B: Lexikon der Forstbotanik. Ecomed, Landsberg, 1992

42 Strasburger E: Lehrbuch der Botanik. 33. Aufl. (Hrsg. Sitte P, Ziegler H, Ehrendorfer F, Bresinsky A) Fischer, Stuttgart, 1991

43 Strasburger's Textbook of Botany (tranlation of 30th German ed. by Bell PR & Coombe DE). Longman, London – New York, 1976

44 Springer O (Hrsg.) Langenscheidts Grosswörterbuch: „Der Große Muret-Sanders" Deutsch-Englisch, Englisch-Deutsch, 4 Vols. Langenscheidt, Berlin, 1990 – 1992

45 Stearn WT: Botanical Latin. 4th ed. David & Charles, Newton Abbot, 1992

46 Swartz D: Collegiate Dictionary of Botany. Ronald Press, New York, 1971

47 Taiz L, Zeiger E: Plant Physiology. Benjamin/Cummings, Menlo Park, 1991

48 Tivy J: Biogeography: A Study of Plants in the Ecosphere, 2nd ed. Longman, London-New York, 1982

49 Troll W, Höhn K: Allgemeine Botanik, 4. Aufl. Enke, Stuttgart, 1973

50 Walter H: Die Vegetation der Erde, Bd. 1 & 2. Fischer, Stuttgart, 1964/1968

51 Walter H, Breckle SW: Ökologie der Erde, Bd. 1 – 4. Fischer, Stuttgart, 1991

52 Weberling F, Schwantes HO: Pflanzensystematik. 6. Aufl. Ulmer, Stuttgart, 1992

53 Weberling F: Morphologie der Blüten und der Blütenstände. Ulmer, Stuttgart, 1981; Morphology of Flowers and Inflorescences. Cambridge Univ Press, Cambridge – New York, 1989

54 Webster's Third New International Dictionary. Merriam-Webster, Springfield, MA, 1986

55 Webster's Tenth New Collegiate Dictionary. Merriam-Webster Inc., Springfield, MA, 1993

56 Whittaker RH: Classification of Plant Communities. Junk Publ, The Hague-Boston, 1978

57 Wood CE: A Student's Atlas of Flowering Plants. Harper & Row, New York, 1974

58 Woodland DW: Contemporary Plant Systematics. Prentice-Hall, N. J., 1991

Notizen

Notizen

Notizen

Notizen